Stimmen zu »Armee im Aufbruch«

Entgegen der offiziellen Form werden die nachfolgenden Stellung-nahmen zu diesem Buch in alphabetischer Reihenfolge präsentiert. Wir wollen damit unsere Hoffnung auf einen gleichberechtigten Dialog unterstreichen.

„Es spricht für die geistige Qualität und das Interesse unserer jungen Offizier-anwärter und Offiziere, wenn sie sich couragiert zu Wort melden und ihre Ge-danken, Meinungen, Empfindungen und Vorstellungen zum Beruf des Offiziers niederschreiben. Es muss nicht immer alles von »Oben« kommen oder gar ver-ordnet werden. Vieles lässt sich auf den Ebenen entwickeln, die es vor allem betrifft. Die militärische Führung sollte sich der intellektuellen Herausforderung stellen und die wesentlichen Ideen aufgreifen, diskutieren, fördern und dann ge-meinsam ein Bild des künftigen Soldaten entwickeln, das Orientierung ermög-licht, Berufsstolz, Identifikation und geistigen Zusammenhalt in der Truppe fördert, aber auch in die Politik und die Gesellschaft wirkt.“

Hans-Christian Beck, Generalmajor a.D., Freundeskreis Zentrum Innere Führung

„Ich freue mich am Ende meiner eigenen Dienstzeit über das Engagement unse-res Nachwuchses. Dieses Buch ermöglicht einen tiefen Blick in die Gedankenwelt einer jungen Generation. Wir „Älteren“ sind immer gut beraten zuzuhören. Erfahrung ist durch nichts zu ersetzen, aber unverstellte Gedanken weiten den Blick und zeigen Alternativen auf.“

Wolfgang Born, Generalleutnant, Bundesministerium der Verteidi-gung

„Ich gehöre der gleichen Generation an wie die Autoren in diesem Buch und werde ihnen im Zuge meiner Menschenrechtsarbeit zum Thema Genozidpräven-tion wohl in der Zukunft immer wieder begegnen. Für mich gibt dieses Buch daher Anlass zur Begeisterung: Es zeigt, wie sich die zukünftigen Führungs-kräfte der Bundeswehr differenziert und offen mit ihren Herausforderungen aus-

einandersetzen. Von den Schwierigkeiten von Frauen in der Bundeswehr über den Einfluss des Studiums in der Offizierlaufbahn bis zu der fundierten Auseinandersetzung mit den Führungsaufgaben in den Streitkräften ist alles dabei. Es ist toll, dass den Offizieren und Offizieranwärtern eine solche Gelegenheit geboten wurde!"

Sarah Brockmeier, Genocide Alert

„Ein sinnvolles und anspruchsvolles Vorhaben. Es wäre zu wünschen, dass der gleiche Kreis von Autoren und Bezugspersonen in einigen Jahren wieder Auskunft zu ihren Themen gibt."

Prof. Dr. Michael Daxner, Freie Universität Berlin

„Wenn Soldatinnen und Soldaten Rechenschaft ablegen vor sich selbst, ihren Kameraden und der Öffentlichkeit, dann ist das begrüßenswert. Ermuntern möchte ich die Autoren und ihre Leser dazu, sich auch zu fragen, wie ihr Denken, ihr Handeln und Unterlassen dem gefiele, der allen Menschen Frieden schenkt – im eigenen Herzen ebenso wie zwischen den Menschen."

Prof. Dr. Angelika Dörfler-Dierken, Zentrum für Militärgeschichte und Sozialwissenschaften der Bundeswehr

„Es ist erfreulich, dass sich junge Offiziere der Kampftruppen entschließen, die öffentliche Diskussion über die komplizierte Lage der Kampftruppen anzustoßen. Sie haben die Probleme auszubaden, die durch die de-facto Abschaffung der Wehrpflicht, durch einengende »rules of engagements«, durch Mängel in der einsatzrelevanten Bewaffnung und Ausrüstung entstanden sind. Die Soldaten der Kampftruppen tragen die Hauptlast der Auslandseinsätze. Sie verdienen Aufmerksamkeit und jede mögliche Unterstützung."

Dieter Farwick, Brigadegeneral a.D., International Institute for Strategic Studies

„Dieser Sammelband bietet faszinierende Einblicke in die Gedankenwelt junger Offiziere. Ihre kritischen Reflexionen und innovativen Ideen bieten vielfältige Ansatzpunkte für Gespräche über unser Berufs- und Selbstverständnis. Vor allem ältere Offiziere sollten dieses Gesprächsangebot ihrer jüngeren Kameraden und Kameradinnen wahrnehmen."

Dr. Uwe Hartmann, Oberst, Kommando Heer

„Der Forschungsstand bezüglich organisationaler Subkulturen der Kampftruppen innerhalb der Bundeswehr ist, soweit öffentlich zugänglich, völlig ungenügend. Dabei ist eine gründliche sozialwissenschaftliche Erforschung der »Generation Einsatz« und speziell jener, die hierbei besondere Risiken eingehen, dringend geboten. Insofern bleibt zu hoffen, dass durch diese und weitere Publikationen dieser Art diesem Manko sukzessive abgeholfen werden kann."

Prof. Dr. Kai-Uwe Hellmann, Technische Universität Berlin

„Die Welt wandelt sich frappierend. Und mit ihr die deutsche Sicherheitspolitik. Kriegs- und Kriseneinsätze werden für die Bundeswehr wahrscheinlicher. Kampftruppenoffiziere tragen in ihnen Verantwortung. Wer sie verstehen will, sollte dieses Buch lesen."

Lorenz Hemicker, Frankfurter Allgemeine Zeitung

„Für die Sicherheit unseres Landes und den Schutz unserer Bürger aktiv einzutreten, ist ein ehrenvoller Dienst an unserer Gesellschaft – die Diskussion darüber wollen wir nicht nur anderen überlassen. Die jungen Autorinnen und Autoren leisten hierzu einen bemerkenswerten und mutigen Beitrag."

Bruno Kasdorf, Generalleutnant, Deutsches Heer

„Deutschland wird mehr sicherheitspolitische Verantwortung übernehmen. Vor diesem Hintergrund ist es notwendig, sich, gewissermaßen in einer Art Fünfklang, über die Interessen, Aufgaben, Instrumente und regionalen Schwerpunkte der deutschen Außen- und Sicherheitspolitik zu verständigen. Wir brauchen darüber hinaus eine breit geführte, öffentliche Debatte, quasi im Rahmen einer Kommunikationsstrategie, auch über die Rolle und das Selbstverständnis unserer Streitkräfte in der Gesellschaft. Hierzu leistet der vorliegende Band einen wichtigen Beitrag. Die Texte der jungen Offiziere erlauben einen Einblick in ihre Lebensrealität: was sie bewegt, was sie antreibt, welchen Herausforderungen sie begegnen. Eine lesenswerte, hilfreiche und aufschlussreiche Lektüre!"

Roderich Kiesewetter, MdB, CDU/CSU, Oberst a.D., Verband Reservisten der Deutschen Bundeswehr

„Multinationale Einsätze bringen Soldaten und Offiziere zusammen, deren Länder in den letzten 100 Jahren viele Kriege gegeneinander geführt haben. Im Kosovo waren es über 50 Nationen, die für den Erhalt des Friedens gearbeitet haben. Diese gemeinsame Erfahrung macht Krieg untereinander weniger wahrscheinlich. Ich wünsche mir, dass Sie Ihre Arbeit auch in diesem Sinne verstehen."

Tom Koenigs, MdB, Bündnis 90/Die Grünen

„Die Teilhabe junger Offiziere am gesellschaftlichen Dialog zeigt, dass die Bundeswehr ihren Platz in der Mitte der Gesellschaft hat. Ich begrüße es daher sehr, wenn Menschen, die in recht jungen Jahren Verantwortung als militärische Vorgesetzte übernehmen, ihre Wahrnehmungen öffentlich machen. Nicht zuletzt leisten die Soldatinnen und Soldaten mit dieser Schrift einen wichtigen Beitrag, das Leitbild des Staatsbürgers in Uniform weiter mit Leben zu füllen. Das gilt natürlich ebenso für alle Angehörigen unserer Streitkräfte, die sich in vielfältiger Weise für eine nachhaltige Akzeptanz ihres schwierigen Dienstes in der Bevölkerung einsetzen."

Hellmut Königshaus, Wehrbeauftragter des Deutschen Bundestages

„Jede sicherheitspolitische Debatte in Deutschland ohne Beteiligung von Soldaten ist unvollständig, weil die Perspektive der Pragmatiker fehlt. In der Bundeswehr

herrscht bis heute jedoch nur eine sehr zaghafte Kultur, an solchen Debatten teilzunehmen. Hier nutzen 16 junge Offiziere die Freiheit, über ihren Dienst für unser Land zu berichten. Sie können dies tun, weil wir in einem Land leben, das eben diese Freiheit garantiert – nicht zuletzt auch dank unserer Bundeswehr. Hören wir uns also an, was die Männer und Frauen in Uniform zu sagen haben. Denn wir werden sie in Zukunft noch brauchen."

Marc Lindemann, marc-lindemann.com

„Die hier versammelten Beiträge lösen ein, was die Politik bislang angestrebt hat, aber nicht realisieren konnte. Den Dialog zwischen Streitkräften und Gesellschaft zu beginnen bzw. ihn voranzutreiben. Es sind junge Soldatinnen und Soldaten, die mit ihrer subjektiven Sicht auf ihren Berufs- und Lebensalltag der Gesellschaft ein Dialogangebot unterbreiten. Dabei zeigen die einzelnen Beiträge, wie unterschiedlich das Spektrum an Erfahrungen, Meinungen und Einschätzungen in der Truppe ist. Es wäre zu wünschen, dass der immer wieder geforderte Dialog zwischen Armee und Gesellschaft durch dieses Buch weitergetrieben wird und die Gesellschaft nunmehr den Gesprächsfaden aufnimmt."

Prof. Dr. Carlo Masala, Universität der Bundeswehr München

„Bisher gibt es keine systematische, öffentliche Auswertung der deutschen Kriseneinsätze. Das ist ein schweres politisches Versäumnis. Umso wichtiger ist, dass sich junge Offiziere zu Wort melden. Die Bundeswehr und die viel beschworene breite sicherheitspolitische Debatte brauchen die ungeschminkte Sicht von Staatsbürgern in Uniform. Wünschenswert wäre, wenn sich auch die anderen Akteure des vernetzten Ansatzes so offen äußern würden."

Winfried Nachtwei, ehemals MdB, Bündnis 90/Die Grünen

„Über die Innenansichten der Bundeswehr ist einer breiteren Öffentlichkeit nur wenig bekannt. Umso wichtiger ist es daher, dass sich gerade Angehörige der Kampftruppen zu Wort melden und von ihren spezifischen Wahrnehmungen und Deutungen berichten. So leistet das Buch einen wichtigen Beitrag zur Vertiefung des Dialogs von Zivilgesellschaft und Militär."

Prof. Dr. Sönke Neitzel, London School of Economics and Political Science

„Die Autoren dieses Buches, Offizieranwärter oder Leutnante, gehören zu einer Gruppe junger Soldaten, die das Gesicht der Bundeswehr als zukünftige Führungskräfte prägen werden. Die Fähigkeit zur Selbstreflexion erscheint notwendiger denn je für das Leben in der heutigen Gesellschaft. Für den angehenden Offizier ist diese Fähigkeit noch wichtiger, hat er doch noch jung an Lebensjahren folgenschwere Entscheidungen zu treffen. Er trägt Verantwortung über das Wohlergehen seiner Soldaten und prägt als Botschafter seines Landes das Bild Deutschlands in der Welt. Diese Reflexionen beruflichen Selbstverständnisses sind es, die das Prinzip des Bürgers in Uniform als Leitbild der Inneren Führung der Bundeswehr von einer bloßen Formulierung zum gelebten Alltag, zum ethischen Rüstsatz werden lässt. Es ist die Aufgabe dieser jungen Offiziere, solche Leitbilder mit Leben zu füllen und für Kameraden und Außenstehende greifbar zu machen. Die Bewältigung dieser Aufgabe ist in Zeiten vielfältiger Krisen und Bedrohungen notwendiger denn je. Der Kampftruppenoffizier der Bundeswehr steht im Einsatz und wird mit Situationen konfrontiert, die von ihm Entscheidungen über das Schicksal von Untergebenen und Schutzbefohlenen abverlangen. Der vorliegende Band beweist, dass sich der Führernachwuchs unserer Streitkräfte dieser Herausforderung annimmt und sie besteht."

Henning Otte, MdB, CDU/CSU

„Einsatzorientierung und die dafür notwendige frühzeitige umfassende geistige Auseinandersetzung mit den umfangreichen Aufträgen und Herausforderungen sind besonders wichtig für den Deutschen Offiziersnachwuchs. Dass dies geschieht, dafür ist »Armee im Aufbruch« ein erfreulich positiver Beleg. Bei all den vielfältigen Aufgaben darf, auch für junge Offiziere der Kampftruppen, die Zivil-Militärische Zusammenarbeit nicht außer Acht gelassen werden. Naturgemäß steht sie nicht im Fokus der Ausbildung von Offizieranwärtern. Doch wie wichtig diese ist, hat die Katastrophenhilfe der Bundeswehr bei kleinen oder großen Katastrophenfällen besonders eindrucksvoll unter Beweis gestellt."

Wolfgang Raps, Regierung Unterfranken

„Der Sammelband »Armee im Aufbruch« reiht sich ein in eine Liste von ebenso lesenswerten wie bemerkenswerten Publikationen, die von Soldatinnen und Soldaten unserer Bundeswehr veröffentlicht werden. Für mich sind die Beiträge der jungen Offiziere ein großartiger Beleg dafür, dass der Staatsbürger in Uniform

eigentlich erst in der »Einsatzarmee Bundeswehr« richtig zur Geltung kommt. Das nenne ich: Gelebte Innere Führung! Die Auseinandersetzung mit der gesamten Bandbreite des heutigen Soldatenberufes, gerade auch die Befassung mit den kritikwürdigen Themen, werden in diesem Buch sehr gut abgebildet. Diese jungen Offiziere haben es verdient, dass sie nicht nur gelesen, sondern insbesondere von den politisch Verantwortlichen auch sehr ernst genommen werden."

Reinhold Robbe, Wehrbeauftragter des Deutschen Bundestages a.D., Deutsch-Israelische Gesellschaft

„»Denn Sie überlegen, was Sie tun!« Die Reflexion des eigenen Berufes, vielleicht auch der eigenen Berufung und des Aufgabenfeldes sind wesentlich für Soldatinnen und Soldaten, weil es eben kein 'Job' ist, den man einfach so ausübt. Die Herausforderungen sind – besonders auch in Bezug auf die Einsätze – enorm. Die Offiziere, die hier zu Wort kommen, eröffnen einen höchst interessanten Diskurs und regen zur qualifizierten Diskussion an."

Dr. Michael Rohde, Evangelische Militärseelsorge

„Hier legen junge Offizieranwärter und Offiziere ein Bekenntnis und ihr Verständnis von ihrem künftigen Beruf offen. Sie folgen damit dem einzigartigen Anspruch der Gesellschaft nach Transparenz aus dem Leitbild des Staatsbürgers in Uniform, sich über Sinn und Legitimität ihres Berufes in allen seinen Facetten von Anfang an Rechenschaft abzulegen. Die dabei offenkundige kontroverse Vielfalt kann nur durch derartigen Dialog fruchtbar werden."

Prof. Dr. Claus Freiherr von Rosen, Baudissin Dokumentation Zentrum

„Dem Offiziernachwuchs wird oft nachgesagt, er sei unkritisch, ja opportunistisch. Und es stimmt ja auch: Dieses Phänomen ist in der Bundeswehr weit verbreitet. Umso erfreulicher sind die Äußerungen vieler Autoren in diesem Buch. Sie zeugen davon, dass sie gewillt sind, dem in der Bundeswehr herrschenden Anpassungsdruck nicht nachzugeben. Es wäre sehr im Sinne der Modernisierung der Streitkräfte, wenn diese jungen Offiziere auch in 20 Jahren noch so kritisch hinterfragende Geister wären."

Marco Seliger, loyal – Magazin für Sicherheitspolitik

„Absolut lesenswert, wie sich hier junge Offizieranwärter und Offiziere mit verschiedenen Facetten ihres Berufes auseinandersetzen. Es kommt nicht darauf an, ob sie mit ihren Beobachtungen und Anmerkungen immer Recht haben, entscheidend ist, dass sie es gewagt haben, diese niederzuschreiben und so ihr Berufsbild auch kritisch zu reflektieren. Dazu bedarf es Leidenschaft, Mut und Zivilcourage. Gratulation! Ein Buch, das ich dem Staatsbürger ohne und in Uniform nur wärmstens zur Lektüre empfehle.“

Walter Spindler, Generalmajor, Ausbildungskommando Heer

„Das Diktum von Niklas Luhmann, dass wir das, was wir über die Welt wissen, durch die Massenmedien wissen, gilt auch für die durch das Internet geprägte Gesellschaft. Was wir nicht wissen, ist, wie sich die digitale Vernetzung auf die Entwicklung der soldatischen Identität auswirkt und welche Anforderungen es an Unteroffiziere und Offiziere stellt, Menschen zu führen, deren prägender Kulturraum das Internet ist. Meine Vermutung: Der Rückgriff auf traditionelle soldatische Ideale liegt nahe, ist aber alleine nicht zukunftsfähig. Umso wichtiger ist, dass junge Offiziere über ihre Rolle in einer veränderten Gesellschaft nachdenken.“

Sascha Stoltenow, bendler-blog.de

„Die Bundeswehr besteht nur zu einem kleinen Teil aus Generälen, Kommandeuren und dem Presse-Infostab des Ministeriums. Journalisten und Bürger interessieren sich auch für die Sicht junger Offiziere, die in den Medien zu wenig wiedergegeben wird. Diesen Soldatinnen und Soldaten eine Plattform zu geben, halte ich für ein großartiges Projekt. Die öffentliche und kontroverse Auseinandersetzung von Soldaten mit ihrem Selbstverständnis ist für die Einsatzarmee Bundeswehr von herausragender Bedeutung. Ich wünsche den Autoren Vorgesetzte, die diese Einschätzung teilen.“

Julia Weigelt, sicherlich.net

Eine breite sicherheitspolitische Debatte zu fordern, gehört seit Jahren zum Standardrepertoire der Politik. Das geht meistens ins Leere, und wenn es Beiträge zu dieser Debatte gibt, wird in der Regel über Soldaten geredet. Sie selbst kommen nur selten zu Wort – oder besser: Sie selbst melden sich in der Öffent-

lichkeit auch selten zu Wort. Deshalb freue ich mich, dass junge Offiziere von sich aus die Beteiligung am gesellschaftlichen Dialog suchen. Und diejenigen, die Karriere in den Streitkräften machen, werden sich hoffentlich auch dann noch zu Wort melden, wenn sie eines Tages General sind. Denn von Soldaten und Offizieren hört man bislang hierzulande recht wenig zu ihrer Sicht des Auftrags der Streitkräfte in einem demokratischen Staat.“

Thomas Wiegold, augengeradeaus.de

„Dieses Buch beweist einmal mehr, dass »Bürger in Uniform« in der Bundeswehr nicht Schlagwort, sondern gelebte Wirklichkeit ist. Gemäß der Bundeswehr-eigenen Tradition sind unsere Soldaten als Bürger eben nicht »Bourgeois«, sondern »Citoyen«, also Staatsbürger. Das heißt: Sie setzen sich als Bürger dieses Staates für diesen Staat und dessen demokratische Werteordnung ein — gemeinsam mit Staatsbürgern anderer Demokratien. Sie sind zugleich Patrioten und (!) Weltbürger. Sie denken über sich selbst, ihren Staat und die Werteordnung der Welt nach.“

Prof. Dr. Michael Wolffsohn, Universität der Bundeswehr München

„Zur Verankerung der Bundeswehr in der Gesellschaft gehört, einander zu verstehen und Verständnis für einander zu zeigen. Wer junge Offiziere und damit die künftige militärische Führung verstehen will, der sollte dieses Buch lesen. Der nächste Schritt ist, miteinander in Diskussion zu treten. Wenn das einmal selbstverständlich geworden ist, dann mache ich mir keine Sorgen mehr um die Verankerung der Bundeswehr in unserer Gesellschaft. Dieses Buch wird dazu beitragen.“

André Wüstner, Oberstleutnant, Deutscher BundeswehrVerband

Marcel Bohnert / Lukas J. Reitstetter (Hrsg.)

Armee im Aufbruch

Armee im Aufbruch

Zur Gedankenwelt junger Offiziere
in den Kampftruppen der Bundeswehr

Marcel Bohnert / Lukas J. Reitstetter (Hrsg.)

2014

Carola Hartmann Miles-Verlag

CIP-Kurztitelaufnahme der Deutschen Nationalbibliothek

Marcel Bohnert / Lukas J. Reitstetter (Hrsg.): Armee im Aufbruch.
Zur Gedankenwelt junger Offiziere in den Kampftruppen der Bundeswehr, Berlin 2014

ISBN 978-3-937885-98-8

© Carola Hartmann Miles-Verlag,

(www.miles-verlag.jimdo.com;

email: miles-verlag@t-online.de)

Herstellung: Books on Demand GmbH, Norderstedt

Printed in Germany

ISBN 978-3-937885-98-8

Inhaltsverzeichnis

*Mit einem Stern gekennzeichnete Namen wurden zum Schutze der Soldaten geändert.

Geleitwort Artur Schwitalla

Es ist bemerkenswert, zeigt große Ernsthaftigkeit und verdient Anerkennung, wenn Offiziere, die noch am Anfang ihrer militärischen Karriere stehen und zum Teil noch keinen einzigen Tag Erfahrung in ihrer Truppengattung haben, sich tief und umfassend mit ihrem Beruf auseinandersetzen.

Mit »Armee im Aufbruch – Zur Gedankenwelt junger Offiziere in den Kampftruppen der Bundeswehr« bieten junge Kameradinnen und Kameraden uns einen interessanten Einblick in das, was sie bewegt und was sie von ihrer weiteren Laufbahn erwarten.

Ob als Sorge vor dem ersten Einsatz, als selbstkritische Reflexion zum bisher erlebtem Ausbildungsgang, zum Spannungsbogen zwischen Offizieren und Unteroffizieren, zwischen weiblichen und männlichen Soldaten oder zur Diskrepanz zwischen Anspruch und Wirklichkeit bei der Leitidee des Staatsbürgers in Uniform: Ehrlich und facettenreich stellen sie sich allen geistigen wie praktischen Herausforderungen dieses besonderen Berufs. Dabei verbinden sie ihre Bewertungen und Folgerungen mit einem nicht zu überhörenden Ruf nach Führung, Prägung, Korpsgeist, Wertekanon, Kameradschaft und Hilfestellung durch uns ältere Kameraden.

Ich gratuliere allen Autoren zu den gelungenen Beiträgen und rufe ihnen zu:

WIR. DIENEN. DEUTSCHLAND!

Geleitwort Jan Hecht

Armee im Aufbruch – wie der Titel dieses Buches bereits deutlich macht, ist die Bundeswehr im Wandel. Die Reorganisation zur Freiwilligenarmee, die drastische Reduzierung des Personals, gänzlich neue Rahmenstrukturen, moderne und ausgefeilte Techniken und Einsätze auf verschiedenen Kontinenten, in ganz unterschiedlichen Einsatzszenarien – all dies stellt uns Soldatinnen und Soldaten vor große Herausforderungen.

Sich für den Beruf eines Soldaten zu entscheiden, war von jeher ein Schritt mit weitreichenden Konsequenzen. Es ist keine Berufswahl wie jede andere, es ist die Entscheidung, die die Bereitschaft zum Ertragen größter Entbehrungen genauso innehat, wie den Willen sich der ultimativen Prüfung zu stellen. Soldatinnen und Soldaten treten bewusst für die Freiheit Deutschlands ein und verzichten gleichzeitig zu einem Teil auf ihre persönliche Selbstbestimmung. In Deutschland den Beruf eines Soldaten zu ergreifen, bedarf mehr denn je einer gehörigen Portion Idealismus. Wir Soldaten akzeptieren das Risiko, im Dienst für unser Vaterland verwundet oder getötet zu werden. Wir dienen mit einer hohen zeitlichen Belastung, die oft eine lange Trennung von Familie und Freunden bedeutet. All dies tun die Frauen und Männer der Bundeswehr oft ohne den nötigen Rückhalt in der Bevölkerung. Im Gegenteil, es gibt immer wieder Situationen, in denen sie sogar von der Gesellschaft, der sie mit hohem Einsatz dienen, ausgeschlossen werden.

Es fällt schwer, den Konflikt zu beschreiben, in dem sich ein Soldat befindet, der z.B. aus dem Krieg in Afghanistan zurückkehrt. Er hat vier bis sechs Monate lang, 6000 Kilometer fern der Heimat, in einem für ihn fremden Land gekämpft. Er hat damit einen parlamentarischen Auftrag erfüllt und in seiner Wahrnehmung der afghanischen Bevölkerung geholfen. Zurück in Deutschland muss er sich teilweise als Mörder verunglimpfen lassen, muss mit ansehen, wie Soldaten aus Schulen ausgeschlossen werden, und in Gesprächen über seinen Einsatz in Afghanistan ist er schnell in der Position, diesen grundsätzlich rechtfertigen zu müssen. Kann er dabei auf eine aktive Unterstützung der Politiker, die den Auftrag erteilt haben, hoffen? Man stelle sich nur vor, Polizisten oder Feuerwehrleute, Krankenschwestern oder Angehörige des THW müssten sich für ihren Beruf rechtfertigen. Wer würde sich dann noch für einen gemeinnützigen Beruf entscheiden? Wie gehen wir Soldatinnen und Soldaten damit um?

Immer häufiger machen wir das Erlebte mit uns selbst aus. Unsere Erfahrung teilen wir mit Kameraden, die das Gleiche erlebt haben. Wir grenzen uns ab. Das Verständnis für Menschen außerhalb dieser Gruppe schwindet. Es besteht die Gefahr, dass eine Kluft zwischen der Gesellschaft und ihren Soldaten entsteht.

Hier gilt es entgegen zu steuern. Wir Soldaten dürfen uns nicht hinter Kasernenzäunen verstecken. Wir dürfen uns nicht in einem Umfeld isolieren, in dem wir uns verstanden fühlen. Wir müssen nach außen gehen und der Gesellschaft erzählen, was wir tun und was uns dabei umtreibt.

Soldatinnen und Soldaten der Bundeswehr leisten Beeindruckendes, sei es in der Katastrophenhilfe oder in den Auslandseinsätzen. Ich habe großartige Taten von Soldaten in unglaublich schwierigen und gefährlichen Situationen erleben dürfen. Ich habe gesehen, wie junge Frauen und Männer das Wohl und das Leben anderer schützten und sich selber dabei nicht schonten. Ich rede hier von Menschen im Alter von 19 bis 25 Jahren aus allen Bereichen unserer Gesellschaft. Im Alltag in Deutschland fallen sie meist niemandem auf.

Als militärischer Führer habe ich es immer als einen Teil meiner Verantwortung verstanden, den Einsatz meiner Soldaten sichtbar zu machen, sie nach vorne zu stellen und klar zu machen, dass das, was sie Herausragendes leisten, nicht selbstverständlich ist.

Nach der Aussetzung der Wehrpflicht kämpft die Bundeswehr um ihren Platz in der Gesellschaft. Ich denke, dass das Interesse an unserem Beruf und das Verständnis für uns Soldaten steigt, wenn wir noch mehr und tiefere Einblicke gewähren. Einblicke in unsere Einsätze, in unseren militärischen Alltag und auch in unsere Gedankenwelt. Persönlich kann ich mir kaum einen spannenderen und abwechslungsreicheren Beruf vorstellen als den eines Soldaten.

Wir haben interessante Erlebnisse zu erzählen und können von den Leistungen unserer Frauen und Männer berichten. Militärische Führer auf allen Führungsebenen sind in der Verantwortung, dies zu tun.

Für dieses Buch brachten junge Offiziere und Offizieranwärter der Kampftruppen ihre Gedanken zu Papier. Sie erzählen davon, was sie bewegt, was sie erwarten und wo sie selber an der Entwicklung der Armee mitwirken wollen. Ihre Wahrnehmungen und Berichte sind so vielseitig wie die Menschen in der Bundeswehr. Ihre Geschichten stimmen nachdenklich, aber auch zuversichtlich.

Die Autoren dieses Buches sind Teil der Zukunft unserer Streitkräfte. Dass sie sich hier äußern, zeigt, dass sie auf dem richtigen Weg sind.

Geleitwort Johannes Clair

In den Einsatz. Nach Afghanistan. Als ich in Kunduz landete, war das ein wichtiger Moment, vielleicht sogar der bedeutsamste meines bisherigen Lebens. Der Weg ins Feldlager führte mich über die Entscheidung, meinen Diensteid zu erfüllen. Es schien mir, als sei es der Einsatz, der meinem selbst gewählten Weg als Soldat und Fallschirmjäger erst seine Sinnhaftigkeit implementierte. Ganz sicher war es ein Aufbruch.

Er war in seiner Konsequenz zunächst nur schwer überschaubar. Und noch immer arbeite ich mich an seinen Auswirkungen ab. Sei es, um meine Erlebnisse in Afghanistan aufzuarbeiten, oder um zu verstehen, was es eigentlich bedeutet, Soldat zu sein.

Wenn sich junge Offiziere mit dem Dienst in einer Armee im Aufbruch auseinandersetzen oder mit dem Soldatsein an sich beschäftigen, mag das zunächst selbstverständlich klingen. Doch sind es gerade die Kampftruppen, die eben von jenem Aufbruch in besonderem Maße betroffen sind, über den seit Jahren intensiv gesprochen wird.

In Afghanistan habe ich Pflichterfüllung erleben müssen. Unter dem Eindruck wenig greifbarer Ergebnisse monatelang größte Entbehrungen auf sich zu nehmen. Den Anblick verwundeter Kameraden zu ertragen oder stundenlange Gefechte zu erleben hat mir erst bewusst werden lassen, was dieser Dienst uns im schlimmsten Falle abverlangen kann. Und immer sind es die Offiziere, die voran gehen müssen, deren Entscheidungen von den Untergebenen getragen und ausgeführt werden, deren Befehle die letzte Konsequenz bedeuten können. Denn auch das bedeutet Aufbruch: Sich der Tatsache bewusst sein, dass der eingeschlagene Weg oftmals nicht revidierbar ist.

Schließlich bedeutet ein Aufbruch zu ermessen, wohin die Summe der vergangenen Erfahrungen führt. Eine Armee im Aufbruch hat einen neuen Weg eingeschlagen. Sowohl die Bundesrepublik Deutschland als auch ihr militärisches Organ, die Bundeswehr, haben in den vergangenen 20 Jahren einen neuen Weg beschritten.

Weg von der Binnensicht hin zu internationalem Engagement. Und dies natürlich begleitet von offenen Fragen, von kritischen Bürgern und nicht zuletzt von der Frage nach der ganz persönlichen Verantwortung. Eines steht dabei fest: Militärisches Engagement sollte immer ultima ratio sein und bleiben. Und dennoch: Es ist die manchmal letzte Möglichkeit, um Konfliktparteien zu trennen.

Sie tragen als junge Offiziere die Bürde, mit besonderer Verantwortung zu vertreten, was Ihnen ihr Eid vorgibt. Unter Bedingungen treu zu dienen und tapfer zu verteidigen, die bereits tausende Bundeswehrsoldaten vor Ihnen im Einsatz erlebt haben. Frieden schaffen geht niemals mit Waffen. Aber Frieden schützen setzt das Selbstverständnis voraus, Verantwortung zu tragen und sich einer Entwicklung notfalls mit militärischen Mitteln aktiv entgegen zu stellen. Wenn junge Offiziere begreifen, dass sie als Werkzeuge dienen, als beauftragte Staatsbürger in Uniform, können sie einen solchen Aufbruch sinnvoll mitgestalten und ihren Untergebenen als Vorbild vorausgehen. Dafür wünsche ich allzeit Glück ab und viel Erfolg!

Vorwort Marcel Bohnert

Nach vielen Dekaden einer theoretischen Bedrohung haben inzwischen mehr als 130.000 Soldatinnen und Soldaten der Bundeswehr in Afghanistan erfahren, was es heißt, Verantwortung in einem Kampfeinsatz zu übernehmen. Einige von ihnen haben in schweren Gefechten mit Scharfschützengewehren, Granatmaschinenwaffen und Handgranaten gegen einen asymmetrisch operierenden Feind gekämpft und gezeigt, dass sie ihr Handwerkszeug auch in einem komplexen Umfeld beherrschen. Die Bundeswehr hat damit ihre Bewährungsprobe bestanden. Der Preis, den sie dafür zu zahlen hatte, war hoch: Mehr als 50 Deutsche mussten am Hindukusch ihr Leben lassen, über dreißig davon bei Anschlägen und Gefechten. Etwa 300 wurden verwundet und viele mehr traumatisiert.

Deutsche Soldatinnen und Soldaten haben auch verletzt und getötet. Als tiefe Zäsur der Mission gilt das Bombardement zweier Tanklastzüge auf Befehl des damaligen Oberst Georg Klein im September 2009. Es beförderte die Situation der Truppen in Nordafghanistan in voller Intensität in das Bewusstsein der deutschen Öffentlichkeit. Weite Teile der Bevölkerung waren bis dahin noch der Illusion eines humanitär orientierten Stabilisierungseinsatzes erlegen, obwohl sich die Lage in den Provinzen Kunduz und Baghlan seit spätestens 2008 zunehmend verschärft hatte. Zu einem nachhaltigen Interesse an den regelmäßigen Scharmützeln deutscher Kräfte hatte allerdings auch dieses Ereignis nicht führen können. Eine Situation, die auch über zwölf Jahre nach Beginn der deutschen Beteiligung an der Mission den Status Quo des Verhältnisses von Bundeswehr und Öffentlichkeit noch immer gut beschreibt.

Auch wenn die mangelnde gesellschaftliche Teilhabe mitunter zu Frustration und Resignation geführt hat, blicken deutsche Soldatinnen und Soldaten stolz und selbstbewusst auf den Afghanistan-Einsatz zurück. Er war ihre Feuertaufe und hat sie zu ihren militärischen Wurzeln zurückgeführt. Wichtige Entwicklungen in den Streitkräften wurden angestoßen; sei es in Bezug auf Ausrüstung,

Struktur oder Mentalität. Zudem hat er der Bundeswehr offenbar auch ihre längst vergessene Mündigkeit in Erinnerung gerufen.

In dieser Atmosphäre wächst die Generation junger Kampftruppenoffiziere heran. Sie ist der Bundeswehr in vollem Wissen über die Intensität aktueller Einsätze beigetreten und trifft inzwischen in allen Bereichen der Streitkräfte auf die »Generation Einsatz« – auslandserfahrene Kameradinnen und Kameraden, die sie an ihrem Erfahrungsschatz teilhaben lassen. Hierdurch konnten sie sich bereits die Bedeutung der Pflicht zur Tapferkeit vergegenwärtigen, die Angehörige der Kampftruppen in besonderer Weise fordert. Sie verlangt die Überwindung der Furcht vor konkreten Gefahren und schließt ein hohes Risiko für das eigene Leben sowie die physische und psychische Gesundheit ein. Natürlich haben in Afghanistan nicht nur gepanzerte Kräfte oder Infanteristen gekämpft. In Gefechte waren ebenso Artilleristen, Pioniere oder Sanitäter verwickelt. Anschläge wurden auf Fernmelder, Logistiker oder Aufklärer verübt. Selbst Angehörige von Luftwaffe und Marine waren regelmäßig in Unruhedistrikten eingesetzt. Die personelle Hauptlast der Einsätze außerhalb geschützter Feldlager trugen naturgemäß jedoch Soldatinnen und Soldaten der Kampftruppen. Ihren Kommandeuren, Kompaniechefs und Zugführern oblag zudem die Planung und taktische Führung von Operationen und Gefechten. Das begründet einen besonderen Status dieser Kräfte. Er ist Ehre und Belastung zugleich.

Trotz einer zunehmenden Technisierung und Automatisierung des Gefechtsfeldes werden Bodentruppen auch in den kommenden Jahren noch immer eine entscheidende Rolle in Strategien zur Konfliktlösung spielen. Nicht umsonst werden unsere Streitkräfte trotz einer generellen Verkleinerung auch nach der aktuellen Strukturreform noch über 18 Kampftruppenbataillone verfügen. Ein Blick in die Zukunft macht einen Großeinsatz im Stile der Afghanistan-Mission für die Bundeswehr und ihre Verbündeten auf absehbare Zeit zwar unwahrscheinlich, da die finanziellen und moralischen Folgen des Engagements zu schwer wiegen. Spätestens nach den einvernehmlichen Ausführungen des Bundespräsidenten, des Außenministers sowie der Bundesministerin für Verteidigung auf der Münchner Sicherheitskonferenz zum Jahresbeginn 2014 ist allerdings klar geworden, dass sich Deutschland künftig verstärkt in die

Lösung weltweiter Krisen und Konflikte einbringen wird. Im Kampf für Menschenrechte und das Überleben Unschuldiger dürfe der Einsatz des Militärs als äußerstes Mittel nun einmal nicht von vornherein ausgeschlossen werden. Sie alle verwiesen auf eine hohe Verantwortung in der Welt und forderten die Öffentlichkeit auf, aus ihrer Lethargie zu erwachen.

Diese Ausführungen markieren das Ende der deutschen Zurückhaltung im Rahmen von internationalen Bündnissen und einen Kurswechsel hin zu einer aktiveren Außen- und Sicherheitspolitik. Auch wenn Deutschland derzeit noch hinter diesen Vorsätzen zurückbleibt, zeigen Waffen- und Hilfslieferungen sowie erste Personalabstellungen zur Abwendung eines Völkermordes im Irak, dass diesen Worten nun auch Taten folgen. Konfliktherde, die auch unseren Wohlstand bedrohen und potenzielle Szenarien für Einsätze unserer Streitkräfte darstellen, zeichnen sich darüber hinaus vom nordafrikanischen Bogen bis hin zur türkischen Grenze ab. Wie sich die andauernde Krise zwischen der Russischen Föderation und der Ukraine langfristig auf das weltweite Sicherheitsgefüge und die internationale Verteidigungspolitik auswirken wird, bleibt noch abzuwarten.

In jedem Falle ist die Beteiligung der Bundeswehr an den Einsätzen in Mali, der Zentralafrikanischen Republik und Somalia vermutlich nur ein Vorbote dessen, was unsere Soldatinnen und Soldaten in den kommenden Jahren auf dem afrikanischen Kontinent und anderswo erwarten wird. Sie werden wieder mit irregulär kämpfenden Gegnern konfrontiert sein, die Guerillataktiken anwenden und das humanitäre Völkerrecht missachten. Auch wenn die Schwelle zu Kampfeinsätzen noch immer hoch liegt, werden Angehörige der Bundeswehr über kurz oder lang auch in diesen Regionen ihr Leben lassen müssen.

In den vergangenen Monaten ist immer wieder der Ruf nach einer Beteiligung von Soldatinnen und Soldaten am gesellschaftlichen Dialog erklungen. In diesem Buch kommen 16 junge Offiziere und Offizieranwärter dieser Aufforderung nach. Sie nehmen ihre Chance wahr, sich als uniformierte Staatsbürger in den öffentlichen Diskurs einzubringen und einer breiten Leserschaft einen Einblick in ihre Gedankenwelt zu ermöglichen. Das tun sie auf eigene Initiative und freiwillig – ohne enge Vorgaben, Befehle oder anders gearteten Druck. In regelmäßigen Abendkolloquien an der Helmut-Schmidt-Universität/Universität der Bundeswehr Hamburg nutzten viele von ihnen in den letzten Monaten die Möglichkeit, eigene Texte vorzustellen und zu diskutieren. Hierbei ging es nicht um Gleichmacherei oder Zensur. Alle Beiträge stellen persönliche Meinungen dar und wurden in keiner Weise inhaltlich gelenkt, genehmigt oder an offizielle Sichtweisen angepasst. Vielmehr dienten diese als Denkzirkel gedachten Veranstaltungen dem offenen Austausch und einer Reflexion der Beiträge. Wie sich bei ihrer Lektüre erkennen lässt, blieben Ansichten und Einstellungen dabei durchaus unterschiedlich und kontrovers. In Übereinstimmung mit der Absicht der Herausgeber sind die Autorinnen und Autoren darin übereingekommen, in einigen Jahren über eine Fortsetzung des Projektes zu entscheiden. Ein weiterer Buchband im Jahre 2020 oder 2024 würde die Möglichkeit bieten, einen Realitätsabgleich der hier publizierten Texte vorzunehmen, sich rückblickend zu den bearbeiteten Themen zu äußern oder auch neue Gedanken zu veröffentlichen. Ob und wann dieses Vorhaben realisiert werden kann, ist zum einen von der Verbreitung und Wirkung dieses Bandes, aber sicher auch von der Lebenssituation der dann bereits sehr erfahrenen Offiziere abhängig.

Ich freue mich, neben den Beiträgen der jungen Offiziere und Offizieranwärter auch drei Geleitworte aus anderen militärischen Laufbahngruppen präsentieren zu können. Die aus den Blickwinkeln eines hohen Stabsoffiziers, eines Portepeeunteroffiziers und eines Mannschaftssoldaten formulierten Gedanken und Erwartungen an die künftigen Führungskräfte der Kampftruppen runden den Sammelband inhaltlich ab. Sie zeigen, dass die Ansichten unseres Nachwuchses wichtig sind und ein ehrliches Interesse an einem leistungsstarken und integeren Offizierkorps besteht. Die einzigartigen Illustrationen von Leutnant Nathalie Falkowski verleihen dem Buch darüber hinaus einen besonderen Charakter. Ich bin mir sehr sicher, dass ich ihren Motiven in den kommenden Jahren in vielen Kasernenfluren, Büros und Aufenthaltsräumen wiederbegegnen werde.

Die Beiträge der Autorinnen und Autoren sind teils persönlich, teils journalistisch und teils wissenschaftlich verfasst. Sie zeigen eine große Vielfalt der den Offiziernachwuchs bewegenden Themen. Sie sind mutig, herausfordernd und von großem Idealismus geprägt. In jedem Falle sind sie ein bemerkenswertes Portfolio der Generation junger Kampftruppenoffiziere. Das hier gezeigte Engagement und die Motivation unseres Offiziernachwuchses stimmen mich auch deshalb so optimistisch, weil sie beweisen, dass Gleichgültigkeit für ihn keine Option darstellt. Sehr wahrscheinlich werden alle Autorinnen und Autoren in wenigen Jahren eine hohe Verantwortung tragen. Sie sind die Zugführer und Kompaniechefs von morgen und werden Männer und Frauen in Auslandsmissionen führen. Auch wenn einige von ihnen bereits auf Einsatzerfahrung zurückblicken können, werden sich viele in einer Situation wieder finden, in der ihnen unterstelltes Personal über einen deutlich höheren Erfahrungsschatz als sie selbst verfügt. Dies zu akzeptieren und sich dieser Herausforderung anzunehmen, ist Aufgabe unserer jungen Führungskräfte. Es obliegt ihnen, ihre Ziele mit Nachdruck zu verfolgen und sich auch weiterhin in den bundeswehrinternen und öffentlichen Diskurs einzubringen. Ich bin sehr gespannt darauf, ihr weiteres Wirken beobachten zu können.

Hamburg, Oktober 2014

Der erste Einsatz oder „Was lange währt…"

von Hendrik Müller*

Meine Gedanken kreisen. Sie durchfluten mich, lassen mich aufgeregt zurück und drehen sich dabei, trotz ihrer Komplexität, am Ende doch nur um ein Thema. Nun ist es also soweit. Dieses Mal gibt es kein Zurück mehr. Im Jahr 2014 werde ich endlich zu meinem allerersten Auslandseinsatz aufbrechen. Dabei habe ich ganz bewusst das Wort *endlich* genutzt; wohl wissend, dass dies gerade für Menschen außerhalb der Bundeswehr paradox klingen mag. Als Offizier stehe ich jedoch zu meiner Einstellung. Es wird Zeit. Dies wird möglicherweise für einige Leser nachvollziehbarer, nachdem ich ihnen einen Blick auf mein militärisches Leben der letzten Jahre eröffnet habe.

Wer bin ich? Diese Frage zu beantworten würde schon unter normalen Gesichtspunkten nicht leicht fallen; mit militärischen Maßstäben ist dies erst recht nicht eindeutig zu leisten. Nehmen wir bspw. mein Alter. Ich bin zum Zeitpunkt des Verfassens dieses Textes 30 Jahre alt. Nach meinem eigenen Empfinden bin ich durchaus ein im militärischen Berufsleben gereifter Mann. Nimmt man den jungen Mannschaftssoldaten im Dienstgrad eines Gefreiten, der neu in die Kompanie versetzt wird, bin ich sicherlich ein älterer Offizier und Vorgesetzter. Aus dem Blickwinkel eines altgedienten Stabsoffiziers hingegen bin ich ein noch junger Truppenoffizier, der über die Bundeswehr noch viel zu lernen hat und sich noch in der Aufbauphase seiner Karriere befindet.

Dieses gilt auch für meinen Dienstgrad. Gegenwärtig bin ich Oberleutnant. Auch hier kommt es auf die Betrachtungsweise an. Innerhalb einer Kompanie gehöre ich zum Führungskreis und stehe stets im Rampenlicht meiner unterstellten Soldaten, die - zu Recht - viel von mir erwarten. In einer höheren Kommandobehörde, wie bspw. einem Amt oder einer Division, bin ich hingegen als Oberleutnant nur eine Art *Trainee*, der in die Geheimnisse der höheren Stabsarbeit hineinschnuppert und einer großen Zahl von Stabsoffizieren zuarbeitet.

Diese beiden exemplarischen Beispiele machen deutlich, dass die Beschreibung meiner Person nicht leicht fällt. Für das weitere Verständnis meiner selbst muss daher mein Selbstbild genügen: Ich sehe mich durchaus als erfahrenen Truppenoffizier, der sich bereits im zwölften Dienstjahr befindet.

Im vollumfänglichen Bewusstsein der Tatsache, dass die uns zur Verfügung stehenden Rechte und Freiheiten nicht selbstverständlich sind, sondern dass daraus eine Pflicht zu deren Schutz erwächst, bin ich seinerzeit in die Bundeswehr eingetreten und wurde zum Offizier ausgebildet. Dabei mögen die meine Motivation beschreibenden Worte in den Ohren vieler pathetisch und verklärend erscheinen. Dennoch denke und, was noch viel wichtiger ist, *fühle* ich so.

Ich trat in eine Bundeswehr ein, die sich bereits zu diesem Zeitpunkt seit Jahren in Auslandsmissionen weltweit befand. Nur knapp vier Wochen vor meinem Diensteintritt in die Streitkräfte ereignete sich am 07. Juni 2003 der verheerende Anschlag auf einen Bus der ISAF, in deren Folge die Bundesrepublik Deutschland die ersten Gefallenen in Afghanistan zu beklagen hatte. In meiner eigenen beruflichen Wahrnehmung existierte nie eine Bundeswehr ohne Auslandseinsatz. Einsätze stellten für mich schon immer die Realität dar. Mein gesamtes militärisches Leben bin ich in der Gewissheit ausgebildet worden, dass ich nach dem vollumfänglichen Abschluss meiner Ausbildung ebenfalls in einen Einsatz verlegen werde.

Zu Beginn meiner Dienstzeit schien jener Moment der Beendigung der Ausbildung zum Offizier noch weit entfernt. Viele Jahre, gefüllt mit Lehrgängen und Truppenpraktika, lagen dazwischen. Je näher jedoch der Abschluss meines Studiums kam, desto konkreter wurde ein mögliches Zeitfenster für einen baldigen Auslandseinsatz. Dies liegt nicht zuletzt auch an meiner selbst gewählten Truppengattung innerhalb der Kampftruppen der Bundeswehr. In dieser ist die Einsatzbelastung vergleichsweise hoch. Annähernd 1.000 Einsatztage sind dort – insbesondere für die Feldwebeldienstgrade – keine Seltenheit. Der Einsatz prägt für diese bereits lange die berufliche Realität. Dies mag verschiedene Ursachen haben. Einer der Hauptgründe liegt jedoch darin, dass man letztendlich nur im Realeinsatz das gesamte Fähigkeitsspektrum als Kampftruppensoldat voll einbringen kann. Dies ist die Bewährungsprobe – mehr noch als bei anderen Verwendungen und Truppengattungen. Mir war dieser

Umstand bekannt und ich akzeptierte ihn vollends. Ich muss gestehen: Ich wollte es nicht anders!

Meine Bestrebung wurde es, möglichst früh diese Erfahrungen selbst sammeln zu können. Nichts ist schlimmer, als als Vorgesetzter wie der sprichwörtlich Blinde von der Farbe zu sprechen. Dies mag grundsätzlich für so gut wie alle Fachgebiete gelten, aber nirgendwo ist dieses Problem in der Bundeswehr drängender als in der einsatzvorbereitenden Ausbildung. Offiziell geziemt es sich nicht, die Erfahrung und Führungsfähigkeit von Soldaten daran festzumachen, wie viele Einsatztage diese bereits absolviert haben. Inoffiziell jedoch, beim vertraulichen Kameradengespräch, macht es sehr wohl einen Unterschied, ob man aus erster oder nur aus zweiter Hand berichten kann. Die Wahrnehmung von Vorgesetzten, gerade eines Offiziers durch seine Untergebenen, wird maßgeblich davon beeinflusst, ob man bereits im Auslandseinsatz gewesen ist, und, noch viel wichtiger, sich dort unter den täglich vorherrschenden Bedingungen bewährt hat.

Für den jungen Offizier, der frisch aus dem Studium in die Truppe zurückkehrt, existiert zudem eine weitere Herausforderung. Eine, die ich zu Beginn meiner Ausbildung zum Offizier so noch nicht hatte abschätzen können. Während ich studierte, hatte sich die Lage in Nordafghanistan zeitweise verschärft; Gefechte deutscher Soldaten mit Aufständischen waren an der Tagesordnung. Der Kampf – zu Beginn meiner Ausbildung eher noch der Ausnahmefall in den deutschen Streitkräften – wurde wieder zum alltäglichen Handwerk der Bundeswehr. Dies wirkte sich auch auf den Friedensdienst in den Heimatbataillonen aus. Die Art der Ausbildungsplanung, -durchführung und -überwachung verändert sich massiv, wenn knapp die Hälfte des Unteroffizierkorps eines Bataillons Träger der Einsatzmedaille Stufe »Gefecht« ist. Man hat Soldaten zu führen, die ihren Auftrag bereits im scharfen Schuss durchzusetzen hatten. Dadurch begann sich die Ausbildung insbesondere im Gefechtsdienst deutlich zu ändern: Geübt wurde, was sich im Einsatz bewährt hatte. Unnützes Vorschriftenwissen wurde ad Acta gelegt. Auch das Miteinander wandelte sich. Das Band zwischen Soldaten, die gemeinsam im Einsatz gewesen und möglicherweise sogar gemeinsam gekämpft hatten, war ein besonderes. Hierarchien wurden flacher. Manche mögen sagen, es menschelte inzwischen mehr als früher. Als Vorgesetzter musste ich lernen, diesen Umständen behutsam Rechnung zu tragen. Doch so gut ich mich bemühte, am Ende stand immer zwischen meinen Unteroffizieren, Mannschaften und mir die Tatsache, dass ich bisher noch nicht im Einsatz gedient hatte. Dass ich mich noch nicht hatte bewähren können.

Nun also 2014. *Ich* werde mich stellen können müssen! Ja, ich will diesen Einsatz, ich will es endlich hinter mich bringen, endlich mitreden können! Damit keine eventuellen Missverständnisse bei Ihnen, dem kritischen Leser, aufkommen: Es liegt mir fern, das scharfe Gefecht im Einsatz anzustreben. Ich bin kein Adrenalinjunkie, der den Kick des Kampfes sucht. Vielmehr werde ich froh und dankbar sein, wenn mir am Ende eines hoffentlich langen und erfüllten Lebens eine solche Erfahrung erspart geblieben ist. Auch ist mir bewusst, dass Offiziere mehrheitlich in Stäben und Hauptquartieren planen, während Unteroffiziere und Mannschaften zumeist das ausführende Organ sind. Hier könnte so manch einer durchaus den Vorwurf erheben, dass, wenn ich so empfände, wenn ich das Abenteuer außerhalb der Umfriedung des Feldlagers suchte, ich einfach die falsche Laufbahn gewählt hätte. Doch ein solcher Vorwurf verkennt die Intention, welche mich beschäftigt. Es ist nicht das Streben nach Abenteuer, Medaillen oder profaner Anerkennung durch Dritte. Der mögliche Umstand, von meinen Soldaten Dinge zu verlangen, die ich selbst nie ausgeführt habe, ist es, der mich umtreibt. Denn in meinen Augen heißt Vorbild sein für einen Offizier voranzugehen, von vorne zu führen. In allen Belangen.

Wie soll man mit so etwas umgehen? Mir ist nicht bekannt, wie *man* damit umgehen sollte. Ich weiß höchstens, wie *ich* ganz persönlich damit umgehe. Ich weiß, dass ich nicht der einzige bin, der sich dieser Herausforderung stellen muss. Es gab zahllose Soldaten meiner Dienstgradgruppe vor mir, die vor ähnlichen Herausforderungen standen, sich die gleichen Gedanken gemacht haben und die ihren ersten Einsatz erfolgreich, vor allem aber mit einem guten Gefühl, bestanden haben. Auch werde ich nicht der letzte sein, der sich mit diesem Umstand beschäftigen wird. Ich bin mir sicher, was andere vor mir geschafft haben, kann ich auch.

Zusätzlich ist es wichtig, die Bedeutung der eigenen Arbeit zu erkennen, den eigenen Beitrag zum Gelingen der Mission. Möglicherweise werde ich in meinem ersten Einsatz keine Soldaten außerhalb des Feldlagers zu führen haben. Ganz sicher wird dies zu einem späteren Zeitpunkt meiner Karriere so sein. Dies bedeutet jedoch nicht, dass ich meine eigene Arbeit zu gering bewerten sollte. In erster Linie planen und führen Offiziere. Dies mag keine kurzfristigen, sichtbaren Effekte haben. Langfristig ist mein Beitrag zum Gelingen von Operationen jedoch entscheidend.

Schlussendlich ist einer der wichtigsten Faktoren der menschliche Aspekt. Ich trete weiterhin selbstbewusst als Vorgesetzter auf, verschließe mich jedoch nicht den Erfahrungen anderer. Wo es notwendig und sinnvoll ist, nutze ich die Expertise unterstellter Soldaten. Damit sind auch die der länger dienenden Mannschaften gemeint, die durch ihre speziellen Tätigkeiten ganz neue Blickwinkel eröffnen. So manches Mal trete ich als Offizier auch einen Schritt zurück und lasse mich selbst durch mir formal unterstellte Soldaten ausbilden, um mich so auf den aktuellen Ausbildungsstand, vor allem im Gefechtsdienst, zu bringen. Es ist gerade dieses Zurückstellen des eigenen Dienstgrades, der Willen zum Lernen, der mir viel Respekt aus den Reihen der Unteroffiziere und Mannschaften eingebracht hat. Der Offizier muss und kann nicht alles wissen. Manchmal erlangt man Achtung und Vertrauen der Soldaten, wenn man auch als Offizier seine Unkenntnis eingesteht und gleichzeitig den Willen zur Weiterbildung demonstriert. Das Eingestehen eigener Defizite ist keine Schande. Kritisch wird es erst, wenn man das Erlernte nicht schnell und kompetent umsetzt. Die Lernkurve für einen Offizier ist steil. Sie muss es auch sein, denn die Zeit vor dem Einsatz ist knapp bemessen. Den Einsatz mit all seinen körperlichen und geistigen Belastungen kann man, bei aller Intensität der Ausbildung im Inland, nicht vollumfänglich abbilden. Aber man kann sich so gut es geht darauf einstellen.

Dies habe ich getan. Ich bin mir sicher: Wenn man menschlich offen, aufmerksam und lernwillig ist, wenn man tatkräftig an sich arbeitet, sich weiterbildet und sich nicht zu schade ist, auch nach Dienst eine Waffe zu empfangen, um in mühevollen Einzelstunden sich selbst in die Bedienung einzuarbeiten, dann ist man auf einem guten Weg. Die von mir angesprochenen Maßnahmen lassen zwar meine Gedankenspiele, meine stellenweise existenten Zweifel nicht gänzlich verschwinden. Aber sie lindern die Belastung und bestärken mich darin, dass mein erster Einsatz schon gut gehen wird. Wohl wissend, dass ich Kameraden, gleich welcher Dienstgradgruppe, um mich herum haben werde, die mich unterstützen.

Offizier sein.
Anforderungen an die Ausbildung, Erziehung und das Berufsverständnis künftiger militärischer Führer in der Bundeswehr

von Richard Unger

Seit meinem Dienstantritt frage ich mich immer wieder: *"Bin ich in der Lage, die an mich gestellten Anforderungen des Offizierberufes zu erfüllen?"* Aber welchen Anforderungen hat sich der Offizier von heute überhaupt zu stellen und sind diese alle ausreichend in der Ausbildung und Erziehung zum Offizier abgebildet?

Das Beherrschen soldatischer Fertigkeiten, die Verfügbarkeit von fundiertem Fachwissen, die Fähigkeit zur Menschenführung in Normal- und Extremsituationen und das Vorhandensein organisatorischen Könnens sind die wichtigsten Säulen meines persönlichen beruflichen Selbstverständnisses – das permanente Streben nach diesen Zielen stellt für mich die absolute Herausforderung des Offizierberufes dar. Ein jeder definiert sein Berufsverständnis anders, dies ist völlig legitim. Doch welchen gemeinsamen Nenner sollten die Berufsverständnisse aller Offiziere und Offizieranwärter aufweisen und wie viel Individualismus darf es sein? Es ist in der derzeitigen demografischen Situation schwieriger geworden, genug junge Menschen für den Soldatenberuf zu begeistern. Noch schwieriger ist es, genügend Bewerber zu finden, die die nötigen Qualifikationen für die Offizierlaufbahn mitbringen. Kommt man zum Thema »Attraktivität des Soldatenberufes« und dem Vergleich der Bundeswehr mit zivilen Unternehmen, stehen aus Sicht von Bewerbern in erster Linie harte Faktoren wie Bezahlung, Urlaubstage, Dienstort und Mobilität, Aufstiegschancen und Weiterbildung zum Vergleich an. Spätestens nach der Entscheidung für den Soldatenberuf garantieren diese Faktoren allein keinesfalls eine hohe Berufszufriedenheit.

Jeder Beruf hat eine emotionale Seite, die der Arbeitgeber beeinflussen kann. Das gilt im besonderen Maße für den Soldatenberuf, da dieser Entbehrungen spezieller Art fordert. Doch welche Maßnahmen kann man ergreifen, um die emotionale Verbundenheit deutscher Soldaten zur Bundeswehr zu steigern? Wie kann man ein Selbstverständnis schaffen, das die Besonderheiten des Soldatenberufes repräsentiert?

Auf den folgenden Seiten möchte ich mich dieser Problematik nähern und Anstöße zu Lösungsansätzen im Bereich der Offizierausbildung geben, da ich mich selbst in dieser befinde. In der bisherigen Offizierausbildung vermisste ich ein einheitliches, teilstreitkräfteübergreifendes Leitbild für den deutschen Offizier, eine Art »Kodex«. Es reicht nicht aus, die Grenzen für das Ausüben des Offizierberufes an Gesetzen und Dienstvorschriften zu orientieren. Ein entsprechender Kodex sollte auch nicht dasselbe rationale Gewicht haben. Vielmehr greift dieses Leitbild des Selbstverständnisses tief in die emotionale Seite des Berufes ein. Ein erster wichtiger Schritt wurde bereits mit der Kampagne »Wir. Dienen. Deutschland.« getan. Zwar wurde diese ursprünglich ausschließlich für die Personalwerbung initiiert, sie entwickelte sich jedoch schnell zum neuen Motto sämtlicher Dienststellen aller Organisationsbereiche innerhalb der Bundeswehr, mündlich wie schriftlich. Ein Nachteil der Kampagne ist die fehlende Übertragung und Festsetzung von Werten, nach denen der einzelne Soldat streben kann bzw. mit denen er sich messen kann und muss.

An der Helmut-Schmidt-Universität/Universität der Bundeswehr Hamburg wurden unter der Leitung von Hauptmann Marcel Bohnert, ehemaliger Gruppenleiter 2/B im Studentenfachbereich B, im Rahmen der Ethik-Ausbildung Arbeitsgruppen zur Findung eines gemeinsamen Selbstverständnisses für alle Soldaten und zivilen Mitarbeiter der Bundeswehr gebildet. Die Arbeit in diesen Gruppen zeigte auf, dass es mit enormen Schwierigkeiten verbunden ist, ein Selbstverständnis zu definieren, mit dem sich jeder Bundeswehrangehörige, egal ob Soldat oder Zivilist, identifizieren kann. Doch vielleicht sollte dies nicht der Anspruch sein. Es besteht durchaus die Möglichkeit, eine Trennung auf einer niedrigeren Ebene durchzuführen: Neben dem allgemeinen Bundeswehr-Motto »Wir. Dienen. Deutschland.« legt jeder Organisationsbereich eigene spezielle Grundwerte fest und implementiert diese in der Ausbildung sowie im Tagesdienst. Hier ist auch eine Trennung zwischen Soldaten und dem zivilen Bereich der Bundeswehr zweckmäßig. Auf diese Weise ist es möglich, den individuellen Anforderungen innerhalb der Organisationsbereiche gerecht zu werden.

In vielen Nationen ist es üblich, in der Offizierausbildung und der darauf folgenden Verwendung auf einen Kodex zurückzugreifen, der eine klare Richtlinie für das Verhalten von Kadetten bzw. Offizieranwärtern und Offizieren festlegt. Ebenfalls üblich ist die Verwendung von Schlagworten in einem Motto, welche die geforderten Charaktereigenschaften des Aspiranten hervorheben sollen. Beispiele hierfür sind die United States Military Academy Westpoint mit ihrem Cadet Honor Code »A cadet will not lie, cheat, steal or tolerate those who do« oder das Royal Military College of Canada mit seinem Motto »Truth, Duty, Valour«.

Die Zielsetzungen sind Maßstab, anhand dessen alle Kadetten in Bezug auf ihre »Soft-Skills« evaluiert werden, der aber auch die Möglichkeit zur kontinuierlichen Selbstreflexion gibt. Dieses System ist in den deutschen Streitkräften wenig verbreitet. Das einzige bestehende Reglement stellen Dienstvorschriften und Gesetze dar, in deren Rahmen man sich bewegen kann, ohne eine Angriffsfläche für andere zu bieten. So mancher Leser mag innerlich aufschreien, weil er nun den Vorschlag drastischer Maßnahmen erwartet und das Bild eines völlig homogenen und gleichgeschalteten Offizierkorps vor Augen hat. Dies ist jedoch nicht der beabsichtigte Weg.

Die Berufung auf die drei Traditionslinien der Bundeswehr – die Preußischen Heeresreformen, die Widerstandskämpfer des 20. Juli 1944 und die eigene, fast 60-jährige Geschichte geschieht zur Zeit fast nur noch im Rahmen des militärgeschichtlichen Unterrichts an den Offizierschulen von Heer, Marine und Luftwaffe. Die Lehren aus diesen historischen Phasen werden oft nur unzureichend genutzt. Dabei besteht hier eine optimale Gelegenheit, die überlieferten Werte und Normen sowie die Werte aus der Gegenwart in die Bildung eines Selbstverständnisses einzuflechten. Wenn uns die Traditionslinien so enorm wichtig sind, warum nehmen wir uns die daraus ableitbaren Eigenschaften nicht klar und deutlich als Vorbild? Durch die Berufung und die aktive Ausübung dieser traditionellen Werte schafft man Verbundenheit und Stolz. Wie bereits erwähnt, ist das ein tiefgreifender Faktor für die emotionale Bindung an den Beruf und ebenso wichtig für die Berufswahl und die Berufszufriedenheit. Es reicht nicht aus, den Nachwuchs allein mit rationalen Faktoren wie dem Gehalt, der zur Verfügung gestellten Ausbildung sowie den zivilberufsfördernden Maßnahmen werben und dadurch die Bindung zur Organisation sicherstellen zu wollen. Als Frage formuliert: Ist es wirklich gewollt, dass neue Kameraden zum großen Teil nur noch aus finanziellen Gründen und/oder aufgrund eines lohnenden Studiums als Offizieranwärter in die Streitkräfte eintreten und diese die einzigen Gründe für die Berufswahl und Motivation darstellen?

Wenn das der Fall ist, so sehe ich dies als grobe Fahrlässigkeit des Dienstherrn an: Das Studium und das Gehalt sind nur die materiell-unterstützenden Faktoren des Offizierberufes. Die tatsächliche Herausforderung ist im Schwerpunkt die Menschenführung bis in höchste Ebenen. Es kann angenommen werden, dass diese Gruppe Soldaten, welche ausschließlich durch ausreichende Bezahlung und ein zivil qualifizierendes Studium zum Dienst in der Bundeswehr motiviert wurde, bei der Erziehung ihrer Soldatinnen und Soldaten den Fokus ebenfalls nur auf die materiellen Faktoren legt und damit im Einsatz eine Gefährdung darstellen könnte. Denn schließlich riskiert man im Ernstfall sein Leben nicht allein für Geld, sondern für eine Sache, von der man überzeugt ist. Mir ist durchaus bewusst, dass die Maßnahmen zur Überprüfung der Absichten eines Bewerbers begrenzt sind. Jedoch kann die Bundeswehr mit einer einheitlichen, offenen und ehrlichen Werbung bestimmt geeignete und motivierte Kameraden gewinnen. Fazit: Die Personalwerbung darf nicht primär mit monetären oder erzieherischen Faktoren erfolgen; diese sind sehr wohl ein sehr wichtiger Begleitumstand, aber für die Wahl des Offizierberufs nicht allein entscheidend.

Der Spagat zwischen ziviler Welt und Militär

Die heutige deutsche Gesellschaft ist durch Multikulturalität, großen Wohlstand und ein hohes Maß an individueller Freiheit gekennzeichnet. Immer wichtiger wird demzufolge die Vermittlung zwischen dieser individuellen Freiheit und den entbehrungsreichen Erfordernissen des militärischen Dienstes.

Befindet man sich in einer fordernden und entbehrungsreichen Situation – in einem Auslandseinsatz, auf Lehrgängen mit hoher psychischer und physischer Belastung etc. –, so vermag das Wissen um ein »sicheres Gehalt« nur bedingt zu trösten. Vielmehr zählen in solchen Momenten das Funktionieren der soldatischen Gemeinschaft und Kameradschaft und damit das aufopferungsvolle

Verhalten jedes einzelnen Soldaten für seine Kameraden. Das sollte vor allem für Soldaten in der Funktion eines Vorgesetzten gelten.

Diese ungemein großen Differenzen zwischen ziviler und militärischer Welt sind teilweise schwer zu überbrücken. Der heutige von der Truppe gewählte Lösungsansatz scheint darin zu bestehen, keine Brücken zu bauen und ziviles Verhalten wie eine Schablone auf militärische Kontexte zu übertragen. Dies wird durch einen zunehmend »lockerer« werdenden Dienstalltag gekennzeichnet. Es geht um den Verzicht auf militärische Bräuche und Traditionen, die in den Augen vieler als lästig und unnötig angesehen werden. Der Verzicht auf grundlegende Formen der Höflichkeit (militärischer Gruß und Grußformel), der korrekte Umgang mit nicht bekannten Personen oder die Angst vor der Befehlsgebung auf Seiten der Befehlsgebenden (!), da man die untergebenen Soldaten nur nicht zu sehr einschränken will – das alles signalisiert in meinen Augen Handlungsbedarf.

Die Ursache ist hier neben oft mangelnder Vorschriftenkenntnis (davon ist jeder betroffen, da niemand alle Dienstvorschriften auswendig kann oder diese stets zur Verfügung hat) auch die Angst vor Karrierenachteilen aufgrund einer eventuell möglichen Beschwerde des Untergebenen nach einem Befehl oder einer Weisung. Diese Beschwerdementalität setzt sich unglücklicherweise immer weiter durch. Dies gilt auch für die Universität der Bundeswehr Hamburg. Unliebsame oder lästige Befehle/Weisungen sorgen für lautstarke Aufregung und der beginnenden Suche nach der Flucht aus der Gehorsamspflicht. Selbstverständlich sind dies Einzelfälle, allerdings sorgen diese in keiner Weise für eine Stärkung der Kameradschaft. Erlebt man als Untergebener zwischen anderen Untergebenen die Intensität, mit der gegen den Befehlsgebenden – im Sinne der Befreiung von der Gehorsamspflicht – gearbeitet wird, so hat man manchmal Bedenken vor dem Tag, an dem man selbst das Kommando hat. Auch bei dieser Problematik kann ein einheitliches Selbstverständnis helfen.

Stichworte wie Loyalität gegenüber Vorgesetzten, Gleichrangigen und Untergebenen, Ehrlichkeit in Form von aufrichtigem und wahrhaftigem Verhalten und Verantwortungsbewusstsein in befehlsempfangender und befehlsgebender Position können einen Anhalt dafür geben, welcher Typ Offizier in der Bundeswehr gefordert werden sollte.

Kameradschaft muss kontinuierlich gelebt und auch vorgelebt werden, sie darf nicht nur ein Paragraph des Soldatengesetzes sein. Dazu ist die Erziehung untereinander durchaus eine begrüßenswerte Option: Kommen Missstände auf, müssen fehltretende Kameraden lernen zu akzeptieren, dass in Fragen der Kameradschaft auch die Soldaten des unmittelbaren Umfeldes ein Mitspracherecht haben, da sie indirekt oder direkt betroffen sind. Die gegenseitige Erziehung von gleichrangigen Soldaten auf der Basis eines verbindlichen Kodex würde nicht nur den militärischen Führer entlasten und eine Ahndung von Vergehen nur in dessen Anwesenheit verhindern, sondern im besonderen Maße die gemeinsame Verbundenheit zur Organisation stärken, da alle angehalten sind, die gleichen Ziele zu verfolgen, um gemeinsam Erfolg zu haben. Hier ist Partizipation und das Übertragen von Verantwortung auf Dienstgradgruppen ohne Befehlsbefugnis eine mögliche Maßnahme.

Als militärischer Führer unterliegt man der besonderen Verantwortung zur Menschenführung. Diese beinhaltet u.a. die Pflicht zur Fürsorge für die untergebenen Soldaten sowie eine immerwährende Vorbildfunktion als Führer, Erzieher und Ausbilder. Lebt man seinen Untergebenen also ausschließlich primäres Interesse für eigene, private Angelegenheiten vor und ist den Problemen anderer nicht mindestens genauso zugewandt, so kann man es von Untergebenen auch nicht anders erwarten. Es wird also eine besondere Fähigkeit bzw. ein besonderes Bewusstsein für den vorbildlichen Umgang mit Dienstgeschäften vom Offizier verlangt. Zugleich sollte er zwischen dienstlichen Erfordernissen und privaten Belangen seiner Untergebenen vermitteln und abwägen. Eine fordernde Dienstgestaltung sollte nicht als Bestrafung, sondern als Ziel angesehen werden, solange die Freizeit des Soldaten nach Möglichkeit gewahrt bleibt.

Bereits in der Ausbildung muss eine Förderung entscheidungsfreudigen Verhaltens stattfinden, um die Angst vor der Befehlsgebung zu verhindern. Meiner Überzeugung nach ist eine im

Nachhinein schlechte Entscheidung besser als gar keine Entscheidung. Andauernde Furcht vor negativen Konsequenzen sollte die Entscheidungsfindung und Befehlsgebung militärischer Führer nicht hemmen. Daher: Mut zur Initiative!

Militärisches Brauchtum sowie spezielle Gepflogenheiten und Traditionen gehören zu den zu vermittelnden Grundlagen in der soldatischen Ausbildung. Bereiche wie militärischer Gruß und militärische Meldung, die Anzugsordnung sowie das Verhalten in der Öffentlichkeit werden in der Allgemeinen Grundausbildung gelehrt. Ist diese Grundausbildung jedoch beendet, nimmt man diesbezüglich bei vielen eine offenkundige Ablehnung wahr. Sogar schon vor dem Ende der Grundausbildung wird den Rekruten oft ein gegensätzliches Bild vermittelt. Getreu dem Motto *„Sobald die Grundausbildung vorbei ist, brauchst du es eh nie wieder machen!"* gehen viele Rekruten mit eben dieser Einstellung in ihre Einheiten. Anscheinend sind diese Regularien für viele sehr unbequem und lassen sich heute mit der zivilen Welt nicht mehr vereinbaren.

Doch gerade hier sehe ich viel Potential: Es kommt auf die Art der Vermittlung dieser Inhalte an. Man kann bspw. versuchen, den neuen (und alten) Soldaten nicht die Pflicht zum Gruß, sondern das Privileg des militärischen Grußes nahezubringen. Wer sonst ist in der Bundesrepublik Deutschland dazu befugt, einen militärischen Gruß auszuführen? Auch außerhalb von Kasernen kann der militärische Gruß zweckmäßig sein: Anstatt in Uniform einfach aneinander vorbeizugehen, betont der militärische Gruß gerade in der Öffentlichkeit das gegenseitige, einzigartige Kameradschaftsverhältnis.

Auch auf gewisse Alleinstellungsmerkmale kann und sollte man stolz sein. Die Vermittlung dieses Stolzes (keine Arroganz) gehört ebenso zu den Aufgaben von Vorgesetzten und dienstälteren Kameraden. Dazu gehört auch der Stolz, die Uniform unserer Streitkräfte tragen zu dürfen und dies nicht immer als Zwang zu empfinden. In der Öffentlichkeit ist auch dies ein wichtiger Punkt für die Darstellung der Bundeswehr und des soldatischen Selbstverständnisses. Allgemein sehe ich hier eine große Schwachstelle unserer Streitkräfte: Wir neigen dazu, die emotionale Seite des Berufes zu vernachlässigen und den Soldatenberuf als einen »Job wie jeden anderen« darzustellen.

Verlangt man im Dienst aber etwas, das in einem Durchschnittsberuf nicht verlangt wird, so kommt das Verlangen nach besonderer Menschenführung auf. Dieses kann durch transformationale Führung und inspirierende Motivation befriedigt werden, ist aber nicht durch jeden Vorgesetzten leistbar.[1] Der Kerngedanke ist u.a. die Inspiration von Untergebenen durch die Nutzung von Werten und Idealen sowie die Steigerung der Motivation und Leistung durch die Schaffung einer besonderen Bindung, die auf Vertrauen, Respekt und Überzeugung basiert. Auf das Prinzip »Geld gegen Leistung« allein kann im Soldatenberuf nicht zurückgegriffen werden.

Möglichkeiten des Handelns an den Universitäten der Bundeswehr

Meine Erfahrungen an der Helmut-Schmidt-Universität/Universität der Bundeswehr Hamburg (HSU/UniBwH) bringen mich zu einer Art »Reformvorschlag«, welcher mehrere Bereiche des universitären Lebens und militärischen Dienens an den Universitäten der Bundeswehr betrifft. Studierende Offizieranwärter und Offiziere verbringen etwa vier Jahre ihrer Ausbildung an diesen Bildungseinrichtungen – diese lange Zeitspanne muss militärisch und ethisch noch intensiver genutzt werden.

Zunächst sollte auch während des Studiums der Bezug und die Verbindung zur Truppe sichergestellt werden. Dies kann durch eine studienbegleitende Mitgliedschaft von studierenden Offizieren und Offizieranwärtern in den jeweiligen Truppengattungskameradschaften und durch mindestens ein militärisches Pflichtpraktikum in der vorlesungsfreien Zeit geleistet werden. Auf diese Weise erhalten die jungen Offiziere und Offizieranwärter praktische Führungserfah-

---

[1] Vgl. JOHN, Gary/SAKS, Alan M.: Organizational Behaviour, Canada. 2007. S. 302.

rung und kontinuierliches, wertvolles Feedback aus der Truppe. Im Gegenzug erhält die Truppe die Gelegenheit, ihre zukünftigen Führer kennenzulernen und mitzuprägen. Das angesprochene Feedback soll durchaus auch von Untergebenen bereitgestellt werden.

Durch die vorgeschlagenen Maßnahmen würden die Universitäten nicht mehr so sehr den Eindruck einer vollkommen unmilitärischen und wohlbehüteten Seifenblase vermitteln, aus der die Offiziere am Ende des Studiums in die Realität entlassen werden. Ebenso sollte die regelmäßige Nutzung der für die militärische Ausbildung verfügbaren Nachmittage (AMA, Allgemeine Militärische Ausbildung) eher die Regel als die Ausnahme sein.

Als Führungskraft ist Engagement ein enorm wichtiger Faktor. Dieses sollte an der Universität noch mehr gefördert/gefordert und im gleichen Atemzug auch mehr geschätzt werden. Ohne das Engagement der studierenden Offiziere würden viele Projekte nicht durchführbar sein. Dazu gehören etwa die Solidaritätsläufe zu Gunsten versehrter Soldaten, das Betreiben einer Offizierheimgesellschaft, die Repräsentation der Universität nach außen, militärische Weiterbildungen und vieles mehr. Wenn sich Engagement nicht lohnt, nicht gefördert wird oder sogar zu Nachteilen führt, braucht man sich nicht über zu wenig davon wundern.

Ein Hauptkritikpunkt ist der Konflikt zwischen den militärischen Besonderheiten und dem akademischen Bereich. Zwar ist der Abschluss an der HSU/UniBwH ein zivil anerkannter Hochschulabschluss, jedoch muss man beachten, dass in den Hörsälen keine Zivilisten sitzen. Viele Dozenten verarbeiten die militärischen Anforderungen durch ein gewisses Maß an Ignoranz gegenüber ihren »Studenten«. Unverständnis, welches häufig aus Unwissen resultiert, ist die Regel. Hier ist Aufklärungsarbeit durch den militärischen Bereich gefragt. Will man an einer Universität der Bundeswehr lehren, so sollte man gegenüber dem Soldatenberuf aufgeschlossen sein und diesen nicht verdammen. Diese Aufklärungsarbeit kann im Rahmen einer dienstlichen Weiterbildung für das Lehrpersonal angesetzt werden, das heißt als fakultative Veranstaltung. Der Umgang mit den studierenden Offizieren ist in einigen Fällen vom Niveau der Erwachsenenbildung weit entfernt und eher mit einer Unterrichtsstunde in der frühen Oberschule vergleichbar, bei der die Schüler darüber belehrt werden, was verboten ist. Der Ansatz einer Universität ist in der Erwachsenenbildung anzusiedeln. Diesem Fakt müssen sich einige Dozenten wieder bewusst werden.

Das Studium dient nicht allein der zivilen Qualifikation für das Ende der Dienstzeit, sondern ebenso dem erfolgreichen Offiziersein während der Zeit in der Truppe. Daher sollte schon im Studium der Fokus auf eine sinnvolle Vereinigung zivil-akademischer und militärischer Komponenten gelegt werden, anstatt die größere Wichtigkeit eines einzelnen Bereiches dauerhaft herauszuheben und den anderen zu unterdrücken. Der akademische und militärische Bereich, so unterschiedlich beide sein mögen, sollten ein gemeinsames Ziel haben: Die Förderung von hoher akademischer und militärischer Leistungsfähigkeit sowie die erfolgreiche Charakterbildung der studierenden Offiziere der Bundeswehr.

Das ultimative Argument für die Unterdrückung militärischen Engagements lautet stets: *„Das Studium hat oberste Priorität."* Meiner Meinung nach ist dies eine schwache Ausrede für mangelnde Initiative und Mut zur Veränderung. Das Studium ist ein Teil der Offizierausbildung und hat daher durchaus einen hohen Wert. Es steht jedoch in keinem Fall über dem militärischen Bereich der Ausbildung. Anderenfalls rezitiere ich im späteren Einsatz unter Feindfeuer die zahlreichen Theorien der Sozialisation – in der Hoffnung, dass diese meine Untergebenen beschützen mögen.

Über den Horizont.
Ansichten eines Laufbahnverräters

von Marc Kuhn

Frisch zum Offizieranwärter befördert und stolz die silbernen Litzen tragend ging ich zurück in meine Kompanie und wurde gleich vom ersten Hauptfeldwebel begrüßt: *„Na Laufbahnverräter, ist dir bei der Beförderung auch gleich das Rückgrat entfernt worden?"*

Diese kleine, nicht ganz ernst gemeinte Stichelei beschreibt das grundsätzliche Spannungsverhältnis zwischen Unteroffizieren und Offizieren recht gut. Doch warum wird Offizieren von ihren Untergebenen des Öfteren pauschal unterstellt, kein Rückgrat und keine Ahnung vom praktischen Alltag in der Truppe zu haben?

Als jemand, der die Bundeswehr aus den Perspektiven eines Wehrpflichtigen, eines Feldwebelanwärters und eines Oberfeldwebels sowie derzeit als Offizieranwärter kennen gelernt hat, beschäftigt mich diese Frage seit geraumer Zeit. Der Antwort darauf versuche ich näher zu kommen, indem ich zunächst die Eigenschaften eines guten militärischen Führers anhand von persönlich erlebten Beispielen beleuchte und dann auf deren – meiner Ansicht nach kaum vorhandene – Ausprägung in der aktuellen Offizierausbildung eingehe.

Nichts ist beständiger als die Lageänderung

Als ich im Oktober 2004 von der Bundeswehr eingezogen wurde, gab es noch die Wehrpflicht. Meine Panzergrenadierkompanie bestand auf Ebene der Mannschaftssoldaten zu 90 Prozent aus sog. W9ern, also denjenigen, die neun Monate ihres Lebens bei der Bundeswehr zubrachten. In einem Zug gab es nur einen Hauptfeldwebel und in der Regel mehrere Unteroffiziere als Gruppenführer. Einsatzvorbereitende Ausbildung zur Krisenbewältigung und Konfliktverhütung (EAKK) war ein völlig neuer Begriff, und Frauen in den Kampftruppen waren Exoten.

Heute, im Jahr 2013, besteht meine Panzergrenadierkompanie zu 90 Prozent aus Mannschaftssoldaten, die sich für 4+ Jahre verpflichtet haben – einige sogar für 12, 15 oder 20 Jahre. Drei Hauptfeldwebel pro Zug und Oberfeldwebel als Truppführer sind schon lange keine Seltenheit mehr. EAKK fließt überall in die Ausbildung ein, und Frauen sind inzwischen als Zugführer und Kompaniechefs erfolgreich im Auslandseinsatz gewesen und haben sich in Gefechten bewährt.

Diese kleinen Beispiele sollen verdeutlichen, was sich in einem Zeitraum von nur neun Jahren innerhalb der Bundeswehr ändern kann. Dabei sind noch nicht einmal die drei Strukturreformen in dieser Zeit – »Heer der Zukunft«, »Neues Heer« und »Heer2011« – oder die Änderungen im eigenen Selbstverständnis in Folge des Afghanistan-Einsatzes erwähnt worden. Dieser stetige Wandel zeichnet die Bundeswehr seit der »Zeitenwende« 1990 aus und wird sich im Zuge der »Transformation« vermutlich eher noch beschleunigen als abschwächen.

Daraus lässt sich für zukünftige Führungspersönlichkeiten dieser Armee ableiten, dass sie in enormem Maße *flexibel* sein müssen. Die Sicherheit, die einem der Status eines Berufs- oder Zeitsoldaten bietet, wird immer gepaart sein mit Unsicherheiten in Bezug auf die Zukunft des Standortes und der Einheit sowie natürlich auch auf zukünftige Einsatzgebiete. Wer sich das Weißbuch der Bundesregierung sowie die Verteidigungspolitischen Richtlinien des Bundesministeriums der Verteidigung (BMVg) zu Gemüte führt, wird darin keine Einschränkung in räumlicher Hinsicht finden. Auch darf man nicht mit langen Vorwarnzeiten vor zukünftigen Einsätzen rechnen. Wer hätte vor dem 11. September 2001 schon mit einem über zehnjährigen NATO-Engagement in Afghanistan gerechnet?

Ausbildungszeit

Drei Jahre Feldwebelausbildung waren eine Zeit, die mich stark geprägt und in meinem Berufswunsch meistens bestätigt hat. Doch frei nach dem Motto »Lehrjahre sind keine Herrenjahre« waren sie auch oft frustrierend, hart und ernüchternd.

Eine meiner besten Erfahrungen waren die ersten drei Monate nach der Beförderung zum Unteroffizier. Ich wurde am ersten Tag einer gerade beginnenden Allgemeinen Grundausbildung befördert. Somit wurde ich von jetzt auf gleich ins kalte Wasser geworfen und damit konfrontiert, Vorgesetzter und Vorbild zu sein. Das Glück war mir aber hold und bescherte mir als direkten Vorgesetzten einen Oberfeldwebel, der die für mich perfekte Mischung aus Forderung und Förderung fand. Dazu kam ein lebensälterer Reservist, der nach einem Jahrzehnt ohne Bundeswehr wieder seine »Liebe zu Flecktarn« entdeckt hatte. Ich durfte unter Anleitung Ausbildungen halten, nach und nach mehr Organisatorisches regeln und das alles mit der Freiheit, Fehler machen zu dürfen. Gerade Letzteres war für mein persönliches Weiterkommen entscheidend, denn von mir wurde keine Perfektion erwartet – gleichzeitig aber auch nicht alles haarklein vorgegeben. Diese Kultur der Fehlertoleranz und des »Laufenlassens« innerhalb klar umrissener Grenzen – Auftragstaktik in Perfektion – scheint aber, je höher man kommt, immer weniger Bestand zu haben und ist im aktuellen Ausbildungsgang offenbar nicht gewünscht.

Diese ersten Monate in der noch ungewohnten Rolle als Führer, Erzieher und Ausbilder sind immens wichtig für die Entwicklung eines *eigenen Führungsstils* und auch, um einmal die andere Seite erlebt zu haben. Erst wenn man selbst bis in die Nacht an der Vorbereitung einer Ausbildung gesessen hat, Ausbildungen aufgrund von Materialmangel nicht durchführen konnte oder an der Begriffsstutzigkeit einiger Rekruten fast verzweifelt ist, kann man die Leistungen, die tagtäglich von Ausbildern vollbracht werden, wirklich schätzen und als späterer Zugführer und Kompaniechef auch richtig beurteilen. Leider sieht der derzeitige Ausbildungsgang diesen immens wichtigen Abschnitt nicht für alle Offizieranwärter (OAs) und nicht immer in dieser Form vor. Hier lässt sich nur durch Truppenpraktika in Eigeninitiative während der vorlesungsfreien Zeiträume an den Universitäten der Bundeswehr Abhilfe schaffen, was meiner Meinung nach kein haltbarer Zustand ist und dringend geändert werden sollte.

Wirklichkeiten in Truppe und an Truppenschulen

Mich hat es während diverser Lehrgänge an den Truppenschulen immer wieder fasziniert, wie groß doch der Unterschied in der Wahrnehmung der Bedürfnisse der Truppe ist. Während in Afghanistan 2009 gerade Panzergrenadiere in die schwersten Gefechte seit dem Zweiten Weltkrieg verwickelt waren, wurde uns zukünftigen

Panzergrenadierfeldwebeln (PzGrenFw) an der Panzertruppenschule gepredigt, dass unser Schwerpunkt immer der aufgesessene Kampf auf dem Schützenpanzer Marder und im Zusammenspiel mit Kampfpanzern sei – alles andere würde ja nicht in den Vorschriften stehen. Diese Inflexibilität im Denken und das starre Festhalten an allem Schriftlichen trieb uns fast zur Verzweiflung. Dass die Schwerpunkte der Ausbildung in den Bataillonen längst woanders lagen und dem abgesessenen, infanteristischem Kampf immer mehr Bedeutung zukam, wurde offenbar einfach ausgeblendet. Inzwischen haben dies die Schulen auch erkannt und durch Anpassungen der Lehrgangsinhalte auf die Vorgänge im Einsatzland reagiert.

Jedoch sollte jedem bewusst sein, dass man an den Truppenschulen eben nur einen kleinen Teil seines zukünftigen Aufgabenspektrums beigebracht bekommt und der Alltag dort – insbesondere was die Ausstattung mit Material und Gerät betrifft – nicht mit dem in der Truppe vergleichbar ist.

Afghanistan – eigene Erfahrungen

Als ich im Juni 2010 zum Feldwebel ernannt wurde, stand bereits fest, dass ich mit meinem Zug an einer sechsmonatigen Einsatzvorausbildung teilnehmen würde. Ab Januar 2011 würde ich dann nach Kunduz geschickt und dort als Truppführer eingesetzt werden. Mich begeisterte der Gedanke, endlich meine Lehrzeit hinter mir zu lassen und bald in die Lage versetzt zu werden, alles Gelernte real anwenden zu können. Gedanken daran, ob mir dafür nicht an Erfahrung fehle und ob ich dem gewachsen sein würde, kamen mir kaum bis gar nicht. Die sechs Monate vergingen rasend schnell – Übungsplätze, neue Waffen und Ausrüstung, Taktiken und Standard Operating Procedures (SOPs) und immer wieder aktuelle Informationen aus unserem zukünftigen Einsatzgebiet. Die »Operation Halmazag«[2] verfolgten wir während der letzten Züge unserer Vorbereitung und gingen mit dem Gedanken, dass uns in Kunduz eine heiße Zeit be-

---

[2] Vgl. CLAIR, Johannes: Vier Tage im November: Mein Kampfeinsatz in Afghanistan. Berlin. 2012.

vorstehen würde, in den in der Truppe als »Kuschelwochen« bezeichneten letzten Urlaub vor der Verlegung ins Einsatzland.

Bereits während der Vorausbildung zeichnete sich ab, dass das Führen allein aufgrund eines Dienstgrades im Einsatz nicht funktionieren würde – dies bestätigte sich in der gesamten Einsatzzeit immer wieder. Nur wem man vertraut, dem folgt man auch und auf dessen Befehle hört man noch in erheblichen, durch Selbstmordattentäter, Improvised Explosive Devices (IEDs) oder Beschuss verursachten Stresssituationen.

Für junge Offiziere und Offizieranwärter stellt sich fast zwangsläufig die Frage, wie man dieses Vertrauen aufbauen kann. Im Endeffekt muss jeder selbst eine Antwort auf diese Frage finden. Wichtig ist wohl vor allem, dass man sich nicht verstellt: Wenn man sechs Monate auf engstem Raum ohne Privatsphäre zusammenlebt, fliegt jede Schauspielerei irgendwann auf und einen möglichen Vertrauensverlust kann man kaum wieder gut machen. Weiterhin kann man vor seinem unterstellten Bereich nur bestehen, wenn man als ruhiger Profi seine Aufgaben beherrscht, die Belastungen seiner Soldaten teilt und sich um sie kümmert. Gerade die lange Abwesenheit von zu Hause bringt viele unvorhergesehene Probleme mit sich. Diese kann man nur vorausschauend angehen, wenn man seine Soldaten wirklich kennt und ihre Reaktionen und Verhaltensweisen in Zusammenhang auch mit privaten Ereignissen einordnen kann.

Was man nie vorhersehen kann, ist die eigene Reaktion oder die von anderen auf belastende Ereignisse. Die Verwundung des besten Freundes oder den Tod eines guten Kameraden kann man vorher nicht simulieren. Jeder geht damit anders um. Manche haben einen riesigen Redebedarf, andere ziehen sich in sich selbst zurück und lehnen jedes Gesprächsangebot ab, wieder andere reagieren mit Wut und fast schon Hass. Hier liegt es an jedem Führer, sowohl mit den eigenen Emotionen klarzukommen und sich diese einzugestehen, als auch für die unterstellten Soldaten zu sorgen und ihre Einsatzbereitschaft richtig einzuschätzen.

Als ein zweischneidiges Schwert hat sich unsere Erwartungshaltung erwiesen, mit der wir nach Afghanistan gekommen waren. Aus den Berichten der Vorgänger und unserer Vorausbildung hatte sich bei uns die Erwartung herauskristallisiert, dass wir in offene Gefechte verwickelt werden würden und das nicht nur einmal. Als dann Tage und Wochen vergingen, in denen außer gelegentlichen IED-Funden nichts passierte, bauten sich immer mehr Spannungen auf. Außerdem machte sich bei einigen Soldaten die Überzeugung breit, dass es Hinterhalte nicht mehr geben würde – dementsprechend verhielten sie sich unvorsichtig bei Patrouillen oder Wachdiensten. Dem entgegenzuwirken erforderte ein hohes Maß an Überzeugungskraft und Durchsetzungsvermögen.

Nach der Rückkehr aus dem Einsatzland erwies sich der Übergang zurück in den »Garnisonsdienst« in meinen Augen als schwierig und schleppend. Erst wenn man monatelang ohne bundesdeutsche Bürokratie und mit zweckmäßigen, am Einsatz ausgerichteten Befehlen und Aufträgen gelebt hat, fällt einem wirklich auf, wie schwerfällig und teilweise absurd der Apparat Bundeswehr hier im Frieden funktioniert. Sich darauf wieder einzustellen und sich auch gedanklich von Afghanistan zu verabschieden, fiel vielen nicht leicht und ließ mich selbst des Öfteren sprachlos dastehen, wenn ich Befehle der übergeordneten Führung erklären sollte. Aus der Einsatzarmee war wieder eine Verwaltungsarmee geworden, in der die Nachsorge von verwundeten Soldaten durch zu viele beteiligte Stellen mit ungeklärten Zuständigkeiten erschwert wurde, in der wieder ein großer Mangel an angemessener Ausrüstung bestand und in der die Auftrags- sowie die Material- und Personallage wie Scheren auseinander klafften. Auf Grund dieser Friktionen schwand mein Optimismus und meine Überzeugung, dass es am Ende im großen Zusammenhang schon irgendwie Sinn ergeben würde, immer weiter.

Nebenbei wollten noch die teils stark belastenden Erlebnisse und Erinnerungen aus der sehr intensiven Einsatzzeit verarbeitet werden. Die Angebote der Bundeswehr haben sich in diesem Bereich in den letzten Jahren erheblich verbessert und in der Mischung aus Nachbereitungsseminaren, persönlichen Gesprächen und Präventivkuren fand ich auch nach einigen schwierigen Wochen wieder zu meiner alten Form. Leider ist dies nicht bei allen Soldaten der Fall, und es erfordert großes Einfühlungsvermögen sowie Fingerspitzengefühl, diese in ihrer persönlichen Aufarbeitung zu unterstützen und die richtige Mischung aus Abstand und Nähe, Hilfsangeboten und der Forderung, sich »zusammen zu nehmen«, zu finden. Auch dies ist ein Bereich, in dem man eher durch einen gereiften Charakter als durch Ausbildung besteht.

Erfahrungen in der bisherigen Ausbildung zum Offizier

Mit sehr gemischten Gefühlen trat ich im August 2012 meinen Offizieranwärterlehrgang (OAL) im Offizieranwärterbataillon (OA-Btl) an. Es gibt wohl neben dem Kommando Spezialkräfte (KSK) kaum einen Verband, über den mehr geredet und über den mehr Gerüchte verbreitet werden als über diesen »Elfenbeinturm des Heeres«. Größtenteils geht es dabei um die Verhätschelung des Offiziernachwuchses, den mangelnden Praxisbezug der Ausbildung und die laschen Umgangsformen.

Aus eigenem Erleben heraus versuchen die Offizieranwärter-Bataillone (OA-Btl) einen Spagat zu schaffen zwischen Erwachsenenbildung zukünftiger Führer und einer militärisch fordernden infanteristischen Basisausbildung. Durch den relativ kurzen Gesamtzeitraum von sechs Monaten und eine vorgegebene Stundenzahl für bestimmte Themengebiete, von denen nicht abgewichen werden soll, bleibt Ausbildern nur wenig Spielraum für eigene Ideen und Schwerpunkte. Diese starren Vorgaben dienen sicherlich der Einheitlichkeit der Ausbildung, jedoch zu einem hohen Preis. Die Luftwaffe ist nach mehrjähriger Erprobung inzwischen wieder dahin zurückgegangen, ihre Offizieranwärter (OA) eine reguläre Allgemeine Grundausbildung durchlaufen zu lassen, anstatt sie in Offizieranwärterlehrgängen (OAL) zu integrieren. Wir im Heer hingegen stellen nun sogar noch Feldwebelanwärterbataillone auf, um auch deren Ausbildung zu vereinheitlichen. Ob die positiven Effekte, die sich hieraus ergeben (höherer Korpsgeist und Zusammenhalt der Anwärter, einheitliche Abholpunkte für Folgelehrgänge), die negativen Effekte aufwiegen, wage ich zu bezweifeln. Wenn Soldaten und ihre späteren Führer schon von Beginn ihrer Dienstzeit an getrennt ausgebildet werden, bringt dies nicht viel Verständnis der Führenden für ihren geführten Bereich – sei es in Bezug auf Probleme, Sorgen oder Eigenheiten – mit sich. Im Gegenteil, diese Abgrenzung und Sonderbehandlung beraubt uns des Vorteils, um den wir seit Jahren von unseren Verbündeten beneidet werden: Die Ausbildung in der Truppe und der daraus entstehende Praxisbezug.

Überlegungen zu einer anderen Offizierausbildung

Wie bereits skizziert, bedarf es meiner Ansicht nach vor allem einer gestandenen Persönlichkeit, gepaart mit breitem Fachwissen, um als Offizier zu bestehen. Leider wird der Ausprägung von beidem in der aktuellen Ausbildung sehr wenig Rechnung getragen. Im Grunde bekommen wir gute Offiziere *trotz* dieser Ausbildung und nicht durch sie.

Im alten Ausbildungsgang wurden die OAs 39 Monate lang zum Zugführer ihrer Truppengattung ausgebildet, inklusive Praktika als Gruppenführer (GrpFhr) und Zugführer (ZgFhr), bevor sie studierten. Nach dem Studium gingen sie direkt in ihre erste Verwendung. Aufgrund diverser Probleme wurde das 2006 geändert. Der neue Ausbildungsgang bietet durchaus Vorteile: Durch die Nähe zum Schulabschluss sind die Schulkenntnisse zu Beginn der universitären Ausbildung noch frisch. Weiterhin wird durch die Verlegung der Ausbildung in der Truppengattung auf die Zeit nach dem Studium eine flexiblere Personalplanung möglich und die erworbenen Kenntnisse des ZgFhr-Lehrganges sind noch frisch, was gerade bei der Einführung von neuen Waffensystemen, wie dem Schützenpanzer Puma, ein großer Vorteil ist. Auch entsteht durch die OA-Btl eine gemeinsame Erlebniswelt aller OAs, was durchaus förderlich für den Korpsgeist und den Zusammenhalt ist.

Jedoch stehen dem eine Menge Nachteile gegenüber: Durch den Verzicht auf die Praktika als GrpFhr und ZgFhr wird nicht nur darauf verzichtet, dass jeder Offizier einmal alle Führungsebenen durchlaufen hat. Es wird ihm auch die Chance genommen, in seine Führungsrolle hineinzuwachsen und Führungserfahrung zu sammeln. Diese bekommt man nicht durch »Elfenbeinturmwissen« der Truppenschulen, sondern durch in der Praxis selbst Erlerntes und Angewandtes sowie durch eigene Fehler. Da die OAs die Truppe selbst nicht kennen, sondern nur die heile Welt des OA-Btl und gegebenenfalls einige Grundausbildungskompanien, findet auch eine Entfremdung von der realen Dienstwelt statt. Weiterhin werden alle

Soldaten in ihren ersten Dienstjahren stark geprägt. Anstatt dass dies durch die Truppe geschieht, haben wir den Großteil dieser Prägungsphase an zivile Institutionen abgegeben: Die Universitäten der Bundeswehr. Diese trichtern den OAs ein, dass sie nur einen Nachmittag pro Woche Soldat und sonst Student sind. Zu welch einem Kulturschock dies nach Studienabschluss führt, zeigt die Zahl der Kriegsdienstverweigerungsanträge in dieser Zeit.

Diese Nachteile überwiegen deutlich die wenigen Vorteile und führen dazu, dass in einer Armee im Einsatz die jungen Oberleutnante ihre ersten Führungserfahrungen mit einem Zug machen, der womöglich kurz darauf mit ihm an seiner Spitze in einen Auslandseinsatz geht. Dieser Zustand kann nicht im Sinne einer schlagkräftigen Armee sein.

Da ich von einem weisen Zugführer gelernt habe, dass ich nicht nur meckern, sondern mir auch immer einen eigenen Lösungsansatz überlegen soll, habe ich mir auch einige Gedanken über eine mögliche Änderung der Offizierausbildung gemacht:

Zunächst sollte der Umstand angegangen werden, dass die jungen OAs wenige Berührungspunkte mit der normalen Truppe haben. Hier wäre bereits durch die Absolvierung der regulären Grundausbildung in den diversen Ausbildungs-/Rekrutenkompanien ein Schritt in die richtige Richtung getan, dem die Einheitlichkeit der Ausbildung untergeordnet werden sollte. Wie dargestellt hat die Luftwaffe diesen Schritt bereits erfolgreich durchgeführt. Der anschließende OAL könnte sich dann auf die Ausbildung zum Führer und Ausbilder beschränken, ähnlich wie bei den acht Wochen dauernden Feldwebelanwärterlehrgängen. Die entsprechenden Anteile »Wehrrecht« und »Politische Bildung« würden die zwölf Wochen OAL komplettieren.

Weiterhin sollte es einige Ergänzungen zu den Vorgaben für die Praxisanteile in der Truppe – das sog. Truppenkommando – geben. Die betreuenden Truppenteile sollten z.B. darüber informiert werden, dass die OAs unter Anleitung führen und ausbilden sollen, anstatt Kaffee zu kochen oder Kompanien bei ihrer Auflösung zuzugucken. Wie wichtig diese ersten Führungserfahrungen sind, hatte ich ja bereits dargelegt. Diese Erfahrungen könnten durch ein verpflichtendes Führungspraktikum im Sommer des ersten Studienjahres ergänzt werden. Selbst wenn es nur wenige Wochen dauern würde, hätten dann alle OAs – auch die in den technischen Studiengängen – wenigstens einmal die Ebene »Gruppenführer« erlebt und die Chance gehabt, hier weitere Kenntnisse und Erfahrungen zu sammeln. Das Studium sollte sowohl aufgrund der Attraktivität für eine mögliche zivile Zukunft, als auch durch die Erweiterung des eigenen Horizontes beibehalten werden. Fraglich ist allerdings, ob es in auch dieser Form so bleiben sollte. Vielen OAs fehlt im Studium der Bezug zu ihrem Beruf. In den 1970ern war es Gang und Gebe, dass studierende Offiziere bei über das Wochenende gehenden Übungen mitfahren und Erfahrungen sammeln konnten. Hier wäre ein guter Ansatzpunkt für gezielte Weiterbildungen, auch um den Kontakt zur Truppengattung herzustellen. Eine weitere Überlegung betrifft den Zeitpunkt des Studiums. Derzeit besteht sowohl das Problem, dass die OAs vier Jahre aus der Truppe herausgelöst sind, als auch dass zwischen Ende des Masterstudiums und dem Dienstzeitende etwa acht Jahre liegen. Beides erscheint nicht als optimale Lösung.

Hier gäbe es mehrere Möglichkeiten zur Abhilfe: Die Aufteilung des Studiums wäre bspw. eine sehr sinnvolle Option. Würden der Bachelor zu Beginn der Dienstzeit und der Master am Ende absolviert werden, wären die frisch beförderten Leutnante nicht allzu lange aus der Truppe heraus gelöst und hätten für ihre zivile Zukunft einen aktuellen Studienabschluss. Für Berufssoldaten könnte gegebenenfalls die Führungsakademie der Bundeswehr einen Master anbieten. Eine weitere Möglichkeit wäre die im angloamerikanischen Raum gängige Praxis, das Studium vor der eigentlichen Dienstzeit an einer zivilen Universität zu absolvieren und dafür ein Stipendium zu bekommen. Im Gegenzug müsste sich der zukünftige Offizieranwärter für eine bestimmte Dienstzeit verpflichten, in den USA bspw. bei einem Bachelor-Studium für sechs Jahre. Dies hätte den Vorteil, dass die Offizierausbildung an einem Stück absolviert werden könnte. Als letztes wäre natürlich noch eine Verlegung des Studiums ans Ende der Dienstzeit möglich. Auch hier könnte die Offizierausbildung an einem Stück absolviert werden, jedoch ohne die positiven Nebeneffekte, die ein Studium in der Regel auf die geistige Entwicklung hat.

Wahrscheinlich liegt der Königsweg irgendwo in der Mitte oder in der Möglichkeit, jungen Offizieranwärtern verschiedene Varianten anzubieten. Die nächsten Jahre werden es zeigen.

Wie dienen?
Preußische Tugenden im 21. Jahrhundert

von Florian Rotter

Was bedeutet es, Soldat zu sein? Worin besteht der Unterschied zwischen einem Soldaten und einem Söldner oder Freischärler? Und wozu braucht man überhaupt eine Unterscheidung, die über den Terminus »Soldat« hinausgeht? Was macht einen Soldaten überhaupt aus? Genügt bereits die unterschriebene Verpflichtungserklärung? Der Eid? Sind es die Professionalität, das Fachwissen und die körperliche Leistungsfähigkeit? Ist es das Auftreten, der Schneid und die Härte gegenüber sich und anderen? Oder sind es vielmehr moralische und ethische Einstellungen, das Hochhalten von Traditionen und Werten – nicht nur als Lippenbekenntnis, sondern als wirklich internalisierte Haltung?

Diesen Fragen sollten sich Soldaten – unabhängig vom Dienstgrad – ernsthaft stellen. Die Antworten sind meiner Erfahrung nach höchst unterschiedlich. Für mich beantworte ich diese Fragen mit einem klaren *„Alles zugleich!"* Denn ein Soldat mag noch so leistungsfähig sein und über noch so profunde Fähigkeiten verfügen; ohne die entsprechenden ethischen Werte und eine patriotische Einstellung zu Volk und Vaterland ist er tatsächlich wenig mehr als ein Söldner – wie mancher uns zuweilen auch tituliert. Ebenfalls mag ein Soldat noch so hinter einer Sache stehen und aus Überzeugung oder Idealismus handeln. Fehlt ihm das notwendige Fachwissen und mangelt es ihm an Professionalität, ist er als Soldat kaum zu gebrauchen.

Mit dem Wegfallen der Wehrpflicht und den Erfahrungen aus den Auslandseinsätzen hat die Bundeswehr einen deutlichen Schritt hin zu mehr Professionalität gewagt. Auch wenn es hier und da noch ein paar »Kalte Krieger« geben mag, die Neuerungen im Denken und im Material naturgemäß skeptisch gegenüber stehen, und auch wenn der Grundsatz »Übe, wie du kämpfst« aufgrund von fehlendem Material und Gerät nicht immer anwendbar ist. Dieser Wandel innerhalb der Truppe, der bundeswehrtypisch recht langsam und teils halbherzig erfolgt, hat sicher auch zu einem geänderten Selbstverständnis geführt.

Manch ein Soldat gefällt sich sehr in der Rolle des »Kriegers«, des martialischen Profis seines Metiers. Dies zeigt sich bspw. an den Unsummen, die manch unerfahrener Kamerad in Army-Shops für

Ausrüstung ausgibt, welche hauptsächlich »cool« aussieht und über deren praktischen Nutzen gestritten werden kann. Sicher, ein martialisches Auftreten gehört in angebrachten Momenten zum Bild eines Soldaten, und es ist keinem Kameraden zu verdenken, wenn er seine dienstlich gelieferte Ausrüstung sinnvoll durch privat beschaffte Teile ergänzt. Aber zuweilen kann dies doch groteske Züge annehmen, zumal entsprechende Ausrüstung alleine noch keinen guten Soldaten ausmacht.

Aber wie sieht es mit dem Selbstverständnis außerhalb der Kasernenmauern und des Kameradenkreises aus? Oft höre ich von Kameraden, es sei ihnen unangenehm in der Öffentlichkeit als Soldat erkannt zu werden. Ich kenne erschreckend viele Soldaten, die vor allem Fremden gegenüber nicht gerne über ihren Beruf sprechen. Nicht zwingend, weil sie sich für ihren Beruf schämten – ganz im Gegenteil. Aber sie fühlen, dass der Soldatenberuf oft belächelt und als Ausweg für Menschen betrachtet wird, die sonst kaum berufliche Perspektiven haben.

Hier soll jedoch nicht über den Mangel an Anerkennung lamentiert werden, denn viele Deutsche stehen der Bundeswehr durchaus wohlwollend gegenüber und würden vermutlich ihrer Unterstützung mehr Ausdruck verleihen, wenn sie die Möglichkeit dazu hätten. Aber weshalb sind Soldaten in der Öffentlichkeit so gehemmt und so zurückhaltend? Es gibt hierzulande keine großen öffentlichen Paraden und Feierlichkeiten zu Jahrestagen besonderer Siege wie Waterloo, Sedan oder Tannenberg. Auch ein Veteranentag – in anderen Ländern obligatorisch – wird hierzulande nur von einem sehr kleinen Personenkreis begangen. Die wenigen Gedenkstellen der Bundeswehr sind zwar liebevoll gestaltet und angemessen, befinden sich aber nicht unbedingt an vielbesuchten Plätzen. Somit hat die Öffentlichkeit oft gar keine Möglichkeit, ihre Anerkennung für Soldaten auszudrücken.

Woran liegt es also, dass die Bundeswehr scheinbar Angst vor ihrem eigenen Schatten hat? Die Frage, die sich mir dabei stellt, ist: Kann das Selbstbewusstsein einer Armee und das Selbstverständnis als deutscher Soldat nur aus der Professionalität heraus erwachsen? Seit dem Wegfall der Wehrpflicht fiel des Öfteren der Begriff der »Söldnerarmee«. Gerade Bundeswehr-kritische Kreise bedienen sich häufig dieses Terminus. Sind wir wirklich eine Söldnerarmee?

Ein Söldner ist in der Regel ein professioneller Krieger, der seine Dienste gegen Bezahlung zur Verfügung stellt. Auch ein Soldat macht oberflächlich betrachtet nichts anderes. Als Soldaten der Bundeswehr sind wir ebenfalls »Krieger gegen Bezahlung«. Darüber hinaus stellen wir unsere Dienste nicht nur Deutschland zur Verfügung, sondern sind auch bereit, im Rahmen der NATO oder der EU an internationalen Einsätzen teilzunehmen, über deren Nutzen für Deutschland sich sicher streiten lässt. Was unterscheidet uns also von einem »NATO-Söldner«?

Die Antwort kann nur sein: Die Ethik und Moral, aus denen heraus die Loyalität gegenüber unserem Volk erwächst. Sie sind die gewichtigsten Attribute, die uns von Söldnern unterscheiden. Denn von uns ist zu erwarten, dass wir dem deutschen Volk nicht nur aufgrund des Soldes, sondern aus Überzeugung dienen, wie es unser Credo bereits ausdrückt: Wir. Dienen. Deutschland.

In nahezu jeder Nation ist das Militär nicht nur bloßer Handlanger der Politik, sondern zugleich Hüter nationaler Werte und Traditionen, die über Jahrhunderte gewachsen sind und das Wesen einer Nation ausmachen. Die Bundeswehr definierte sich Jahrzehnte lang als Bürger-Armee. Die Armee existierte nicht als Staat im Staate, nicht als Sammelstelle einer Art Kriegerkaste, sondern als volksnahe Bürgerwehr. Der Bürger selbst sollte, aufgrund von Überzeugung, Vernunft und moralischer Bindung an die Werte des Grundgesetzes, »Staatsbürger in Uniform« sein. Das moralische Selbstbild sollte sich allein über das des aufgeklärten Demokraten herausbilden. Aber ist das heute noch aktuell?

„Der Staatsbürger in Uniform hat ausgedient [...] Wir brauchen den archaischen Kämpfer und den, der den High-Tech-Krieg führen kann"[3]

---

[3] Zitat von Generalleutnant a.D. Hans-Otto Budde, Inspekteur des Heeres, In: Die Welt, 29. Februar 2004.

Dieses Zitat vom damaligen Inspekteur des Heeres, Generalleutnant Hans-Otto Budde, zeigt den Wandel, dem die Bundeswehr seit dem beginnenden 21. Jahrhundert unterliegt. Sicher wurde Generalleutnant Budde für diesen Ausspruch häufig kritisiert, aber er ist ganz sicher nicht der Einzige, der so denkt.

Es wäre zu wünschen, dass sich die soldatischen Werte bloß durch Einsicht und Vernunft generieren ließen; dass jeder Rekrut bloß durch das Lesen des Grundgesetzes zu dem Schluss kommt, dass der Dienst am deutschen Volk eine erstrebenswerte Sache ist und daraus die notwendigen moralischen und ethischen Konsequenzen zieht. Ich stelle aber hier die Hypothese auf, dass dies oftmals nicht ohne Weiteres funktioniert.

Natürlich verlässt sich die Bundeswehr nicht ausschließlich auf die Selbstbildung. Die Zentrale Dienstvorschrift (ZDv) 10/1 legt neben dem Bild des Staatsbürgers in Uniform auch die Tugenden eines Soldaten fest. Wir finden z.B. die Forderung nach Disziplin, Tapferkeit, Wahrhaftigkeit und Treue. Doch Papier ist geduldig. Das erste Mal erfuhr ich von dieser Vorschrift und deren Inhalt im ersten Offizieranwärterlehrgang (OL1), nachdem ich bereits seit zwei Jahren als Soldat diente. In meiner Zeit als Wehrpflichtiger und Mannschaftssoldat wurde der Begriff »soldatische Tugenden« von den meisten meiner Vorgesetzten höchst unterschiedlich definiert – wenn überhaupt darüber gesprochen wurde.

Darüber hinaus kenne ich bis heute nur wenige Soldaten, die den Inhalt der ZDv 10/1 wirklich kennen oder diesen gar internalisiert haben. Dabei sind Werte und auch Traditionen wichtig für eine Armee, gerade für das »Wir-Gefühl« und nicht zuletzt für den soldatischen Stolz.

In unserer hedonistischen Gesellschaft reicht ein bloßes Lippenbekenntnis dazu nicht aus, eben so wenig wie das Vertrauen auf die persönliche Einsicht eines jeden Einzelnen. Eine stärkere Betonung der Erziehung parallel zu der praktischen Ausbildung, wie sie in vielen anderen westlichen Armeen stattfindet, wäre in der Bundeswehr – meines Empfindens nach – mehr als notwendig.

Disziplin, Wahrhaftigkeit, Treue, Weltoffenheit, das Zurückstellen der eigenen Person hinter den Auftrag, Mut, Pflichtbewusstsein, Bescheidenheit, Gehorsam und Leiden ohne zu klagen – die klassischen preußischen Tugenden – haben in unserer individualisierten Gesellschaft nicht mehr den Stellenwert, den sie möglicherweise haben sollten. Daher kann nicht erwartet werden, dass ein Soldat von Grund auf über diese Tugenden verfügt.

Der frische Rekrut kommt eher aus einem Umfeld, in dem Selbstverwirklichung, Konsumlust, Pazifismus und ein gewisser Egoismus die Essenz gesellschaftlicher Werte bilden. Das mag für die Gesellschaft nicht zwingend negativ sein, aber eine Armee kann unter diesen Rahmenbedingungen nicht funktionieren. Eine Armee sollte bewusst einen Gegenpol dazu darstellen und nicht durch Jugendzeltlager und das bewusste Nicht-Zeigen von Waffen in Werbespots versuchen, auf diesen Zug aufzuspringen. Eine Armee ist Teil der Gesellschaft und funktioniert somit auch nach den gesellschaftlichen Prinzipien. Aber nur bis zu einer gewissen Stufe. Egoismus und Pazifismus können in einer Armee keinen Platz haben.

Dabei geht es keineswegs um eine ideologische Rückwärtsgewandtheit, es geht nicht um die Armee als Schule der Nation, in der das Volk umerzogen werden soll. Die Gesellschaft ist wie sie ist und entwickelt sich nach ihren eigenen Gesetzmäßigkeiten. Es kann nicht die Rolle des Militärs sein, die Gesellschaft grundlegend zu verändern, aber es sollte Alternativen aufzeigen. Denn eine Armee ohne festen moralischen Kodex oder einem Kodex, der auf Hedonismus beruht, kann kaum funktionieren. Gelebte Tugenden wie Kameradschaft, Treue und Mut sind wichtig für eine funktionierende militärische Gemeinschaft. Nicht nur innerhalb der Kaserne, sondern ebenso außerhalb. Ein Soldat, der im Dienst Moral und Tugend predigt, aber diese außer Dienst nicht lebt, wirkt unglaubwürdig. Ein Vorgesetzter, der von seinen Untergebenen Treue, Disziplin und Loyalität verlangt, aber im Privaten seine Frau betrügt, ist scheinheilig und kann kein moralisches Vorbild für seine Männer und Frauen sein. Das Soldatsein endet – im Gegensatz zu vielen zivilen Berufen – nicht um 17 Uhr. Ein Soldat ist rund um die Uhr Soldat und muss sich auch im Privaten entsprechend verhalten. Zumal ihn sein Umfeld auch gemeinhin als solchen wahrnimmt. Das bedeutet, dass er die Werte, die er im Dienst vertritt, auch nach außen tragen und verkörpern muss. Um dies zu leisten, müssen diese

Werte aber zunächst internalisiert werden. Dazu reicht es nicht aus, sie in einer Vorschrift oder einem Gesetzestext nachzulesen.

Es fehlt an einer fundierten und tiefgehenden soldatischen Erziehung, die über das bloße Bekenntnis zur freiheitlich-demokratischen Grundordnung hinaus geht. Dabei geht es nicht nur um Unterrichte, sondern darum, durch konkrete und historische Beispiele dazu zu ermutigen, Tugenden zu leben. Tugenden und Tradition dürfen nicht zur bloßen Traditionspflege verkommen, deren tieferer Sinn bereits verloren ist. Wir sind keine rein politischen Soldaten; daher muss unser Wertekonzept über den Staat und die staatlichen Werte hinausgehen. Es reicht keineswegs, Begriffe wie Mut, Treue oder Ehre zu erlernen. Zum Verständnis und zur Internalisierung braucht es auch Vorbilder und Traditionen. Vorbilder schaffen Richtlinien, an denen Soldaten sich einfacher orientieren können als an theoretischen Konzepten. Sie erzeugen Handlungssicherheit und dadurch einen festen Wertekanon. Und nicht zuletzt Stolz. Stolz nicht nur auf persönliche Leistungen, sondern darüber, Teil einer militärischen Tradition zu sein, welche Jahrhunderte zurückreicht. Stolz, für Werte und Grundsätze einzutreten, welche einen permanenten Gegenpol zu unserer Gesellschaft bilden. Das bedeutet natürlich auch ein konsequentes Eintreten für das, woran man glaubt, unabhängig davon, was manche gesellschaftliche Gruppierungen davon halten mögen.

Nun stellt sich natürlich für manchen die Frage nach dem Warum? Warum reicht es nicht aus, ein militärischer Profi zu sein, jemand, der das Handwerk seines Beruf beherrscht? Wieso sollte ein Soldat einen Wertekanon besitzen? Immerhin kommen moderne Betriebe mit vergleichbarer Größe oftmals auch ohne Ethos aus.

Die Antwort kann nur sein, dass die Bundeswehr nicht mit der zivilen Wirtschaft verglichen werden kann, auch wenn zuweilen versucht wird, sie wie ein modernes Unternehmen zu führen. Der Beruf des Soldaten ist kein gewöhnlicher »Job«. Jemand, der das glaubt, belügt sich selbst, denn allein die Anforderungen und der Habitus des Militärs lassen sich kaum mit einem zivilen Beruf vergleichen.

Die Geschichte lehrt uns, wie wichtig gefestigte Werte für eine Armec sind, auch wenn sich diese von denen der Gesellschaft unterscheiden und möglicherweise als anachronistisch angesehen werden. Um dafür Beispiele zu finden, lohnt sich ein Blick in die deutsche Vergangenheit. Betrachtet man die traditionellen preußischen Tugenden, stellt man fest, dass sie grundsätzlich Ehre über Gehorsam stellen. So steht auf der Grabplatte von Friedrich Adolph von der Marwitz, einem preußischen General zur Zeit Friedrichs des Großen, der sich weigerte, auf Befehl des Königs Schloss Hubertusburg zu plündern, und so in Ungnade fiel:

„Er sah Friedrichs Heldenzeit und kämpfte mit ihm und allen seinen Kriegen.
Wählte Ungnade, wo Gehorsam keine Ehre brachte" [4]

Es ist wichtig zu verstehen, dass traditionelle soldatische Tugenden nicht Gehorsam um jeden Preis fordern. Soldatsein bedeutet, auch dann an seinen Wertvorstellungen festzuhalten, wenn dies negative Konsequenzen nach sich ziehen kann. Kadavergehorsam steht den klassischen preußischen Tugenden entgegen und auch die Ausrede *„Ich befolge nur Befehle"* kann für einen deutschen Soldaten niemals gelten. Dessen bewusst waren sich auch die Mitglieder des militärischen Widerstands gegen Hitler. Es fällt auf, dass viele von ihnen wie Henning von Tresckow, Wolf Graf von Baudissin und Richard von Weizäcker zuvor im Infanterie-Regiment 9 dienten. Dieses Regiment galt als besonders traditionsbewusst und war fest verwurzelt in den preußischen Soldatentugenden [5]. Tresckow oder Beck schlossen sich dem Widerstand gegen Hitler an, nicht so sehr, weil sie überzeugte Demokraten gewesen wären, sondern weil sie die Ver-

---

[4] KITTSTEINER, H.D.: Adel, Ehre und Gehorsam. Die preußischen Tugenden und ihre Überwindung im Gewissen. Anmerkungen zum Silvesterbericht 1945 des Carl-Hans Graf von Hardenberg. In: Stiftung Schloss Neuhardenberg (Hrsg.): Ein Traum, was sonst? Preußische Tugenden. München. 2002. S. 164ff.
[5] UTA FREIFRAU VON ARETIN: Preußische Tradition als Motiv für den Widerstand gegen das NS-Regime, In: Thomas Vogel (Hrsg.): Aufstand des Gewissens. Militärischer Widerstand gegen Hitler und das NS Regime 1933 bis 1945. Breitband zu Wanderausstellung des Militärgeschichtlichen Forschungsamtes, Bonn. 2000. S. 278ff.

brechen des NS-Regimes nicht mit der Ehre eines deutschen Solda-
ten vereinbaren konnten. Der Einfluss, den das traditionsbewusste
Infanterie-Regiment 9 dabei hatte, sollte nicht unterschätzt werden.
Von 26 Stabsoffizieren und Hauptleuten des Regiments waren 21
Teil des Widerstandes. Ein hoher Anteil, der sich so in kaum einer
anderen militärischen Einheit dieser Zeit zeigt.

*„Ihr soldatischer Gehorsam hat dort eine Grenze, wo ihr Wissen, ihr Gewissen
und ihre Verantwortung die Ausführung eines Befehls verbietet"[6]*

Diese Worte von General Ludwig Beck, welche er 1938 an die Ge-
neralität der Wehrmacht richtete, entsprangen exakt diesem Geist.
Beck verstand sich selbst als zuvorderst preußischer Offizier, der
sich aufgrund der daraus resultierenden Werte gegen das NS Regime
stellte. Es zeigt sich also auch aus historischer Sicht, wie wichtig militärische Tugenden für eine Armee sind. Sicher können diese miss-
braucht und korrumpiert werden. Aber je fester sie verankert sind
und je mehr diese zum allgemeinen Habitus werden, desto schwerer
wird es, Soldaten für niedere Zwecke einzuspannen.

Was sollte nun also in der Bundeswehr geschehen? Wie bereits angesprochen, müssen soldatische Werte und Tugenden ihren
festen Platz in der militärischen Ausbildung erhalten. Nicht nur in
Unterrichtsräumen, wo sie als abstrakte Konzepte gelehrt werden.
Kameraden und vor allem Vorgesetzte müssen Vorbilder vorleben.
Und das nicht nur innerhalb der Dienstzeit, sondern in allen Lebens-
lagen. Dazu gehört ebenfalls, dass sich die Bundeswehr in der Öffentlichkeit selbstbewusst präsentiert. Ob nun als Einzelner in Uniform in der Öffentlichkeit oder im Großen – in Form von öffentlichen Paraden, Appellen oder Vereidigungen. Kein Soldat und auch
nicht die Bundeswehr als Ganzes sollte gehemmt sein, sich in der
Öffentlichkeit zu präsentieren. Sie sollten ihre eigenen Tugenden
und Traditionen sichtbar und mit Stolz bejahen. Denn der Begriff
»Treue« bedeutet auch Treue gegenüber sich selbst. Auch wenn
manche Gruppen dem möglicherweise ablehnend gegenüber stehen:

---

[6] Zitat Ludwig Becks in: HELMUT KRAUSNICK: Zum militärischen Widerstand
gegen Hitler. S. 162.

Ein selbstbewusstes Auftreten steht jedem Soldaten besser, als aus Angst die eigene Identität zu verbergen.

Ich würde mir wünschen, dass sich die Bundeswehr ihrer preußischen Wurzeln erinnert, anstatt dieses historische Erbe mehr und mehr zu verdrängen. Wir sollten unser militärisches Erbe hochhalten und würdigen und uns wieder mehr darauf besinnen, was es heißt, Soldat zu sein. Wir haben keinen Job, in dem man nur mal eben schnell Karriere macht, wir sind – auch wenn das pathetisch klingen mag – der Hüter der Souveränität des Volkes und sollten uns auch so präsentieren.

„Wer seinen Kinderglauben sich bewahrt in einer reinen, unbefleckten Brust und gegen das Gelächter einer Welt zu leben wagt, die er als Kind erträumt, bis auf den letzten Tag. Das ist ein Mann."

Henning von Tresckow

Wollen und nicht können (oder dürfen?)

von Patrick Schmidt*

Da ich denke, dass sich dieser Beitrag von den anderen unterscheidet, möchte ich ein paar einleitende Worte dazu verlieren: Ich schreibe diesen Text in der »Ich-Form«, weil viele Schilderungen meiner Wahrnehmung entsprechen. Mir ist durchaus bewusst, dass diese verzerrt sein kann und ich sicherlich nicht das »Große Ganze« sehe und bewerte. Im Grunde besitzt dies aber keine Relevanz, da jeder einzelne Soldat vor allem sich selbst und das nahe Umfeld sieht und sich dadurch motiviert. Deshalb möchte ich auch meine persönlichen Erfahrungen mit dem 'Personalwirtschaftssystem der Bundeswehr' schildern, wobei sich diese Bezeichnung in meiner Wahrnehmung deutlich bewahrheitet hat. Ich schildere hier meine Meinung. Ich spreche deshalb auch hier ausdrücklich nicht die weiblichen Soldaten an, da ich mir sicher bin, weibliche Herausforderungen zwar zu kennen, aber diese nicht nachvollziehen zu können, es sei denn, sie beruhten auf Logik.

Weg zur Offizierlaufbahn

Ich habe mich etwa drei Jahre vor dem Abitur für den Beruf des Offiziers entschieden, weshalb ich alles mir Mögliche daran setzte, dieses Ziel zu erreichen. In der zwölften Klasse habe ich die Offizierbewerberprüfzentrale (OPZ) durchlaufen und eine Offiziereignung, allerdings ohne positive Studieneignung, attestiert bekommen. Im Anschluss daran bemühte ich mich um eine Musterung und die Einberufung als Wehrdienstleistender. Die Allgemeine Grundausbildung und Spezialgrundausbildung durchlief ich auf eigenen Wunsch in einem Verband der Kampftruppen. Mein Ziel war es, möglichst viele Erfahrungen zu sammeln, um noch in der Zeit als Grundwehrdienstleistender eine erneute Eignungsprüfung an der OPZ abzulegen. Aufgrund besonderer Leistungen innerhalb der Grundausbildung wurde ich von meinem Gruppenführer für die Offizierlaufbahn vorgeschlagen. Ich hatte mich schon vorher informiert und wählte ein Studium, in welchem die zu erbringenden Leistungen vergleichsweise nicht so hoch waren wie in anderen Studiengängen, so dass die Chance, Berufssoldat zu werden, für mich größer war: Pädagogik, das »Berufssoldaten-Studium«, wie es damals genannt wurde.

Soldat und Leistung

Jedem Gedienten oder noch Dienenden dürfte bekannt sein, dass es sich bei der Bundeswehr um eine ganz spezielle Form der Leistungsgesellschaft handelt. Dies ist notwendig, sichert das »der bessere Soldat sein« doch im Einsatzfalle gegebenenfalls das eigene sowie das Überleben der Kameraden.

Dafür wird Soldaten nicht nur eine gute, verwendungsbezogene Ausbildung zuteil, sondern sie werden in ihrer Laufbahn immer wieder körperlich und psychisch gefordert. Um die vielseitigen physischen und psychischen Belastungen zu überstehen und daran zu wachsen, ist neben einer guten Verfassung auch eine dauerhaft gute Gesundheit von Nöten. Doch schützt eine gute Ausbildung allein nicht vor den Unbilden des Soldatenlebens, zumal die Ausbildung hauptsächlich dazu dient, den dienstlichen Herausforderungen erfolgreich die Stirn bieten zu können.

Schwierigkeiten treten auf, wenn ein Soldat die Leistungen nicht mehr erfüllen kann, sei es aufgrund psychologischer oder physiologischer Beeinträchtigungen.

Hausgemachtes

Auf einen Soldaten warten ähnliche Herausforderungen des täglichen Lebens wie auf jeden anderen Menschen auch. Todesfälle in der Familie, wechselnde Wohnorte und Umzüge, glückliche oder weniger glückliche Lebenspartnerschaften und die eine oder andere Überstunde. Diese Umstände lassen sich als allgemeine Herausforderungen zusammenfassen. Ich habe die Bundeswehr als sehr flexiblen Dienstherrn kennengelernt, der des Öfteren die Möglichkeit bietet, auch kurzfristig Ressourcen für die Bewältigung dieser Herausforderungen zu schaffen.

Neben diesen allgemeinen Herausforderungen des täglichen Lebens gibt es allerdings auch hausgemachte und bundeswehreigene Probleme. Hier meine ich insbesondere die Personalauswahl, die Musterungs- und wiederkehrenden Tauglichkeitsuntersuchungen, das Personalmanagement sowie die dazugehörige Vereinbarkeit von Familie und Dienst.

Das führt u.a. dazu, dass Dienstposten durch unzureichend ausgebildetes Personal besetzt werden oder sogar über längere Zeiträume vakant sind. Das trifft auf viele Bereiche zu, insbesondere litt aber der Bereich der medizinischen Versorgung unter massiven Personalengpässen, was auch durch den Bericht des Wehrbeauftragten in 2013 bestätigt wurde. Das führte u.a. dazu, dass Erkrankungen nicht erkannt und andererseits vielleicht falsch oder überhaupt nicht behandelt wurden. Auch in der Presse wurde dieses Thema des Öfteren diskutiert. Von zu dicken Soldaten in 2008[7] bis hin zum Statement, dass im letzten Jahr jeder fünfte Soldat psychisch erkrankt in den Auslandseinsatz gehen musste.[8]

Vorgeschichte

Vor meiner Dienstzeit bin ich an der OPZ gewesen. Dort wurde ich natürlich auf Herz und Nieren geprüft, auch in Hinblick auf meinen gesundheitlichen Zustand. Das Ergebnis war, dass mir durch meine Brille der Tauglichkeitsgrad 1 und die Fliegerverwendungsfähigkeit verwehrt blieb. Da mir zu diesem Zeitpunkt auch keine Studieneignung attestiert wurde, kümmerte ich mich um die Musterung beim Kreiswehrersatzamt (KWEA), um als Grundwehrdienstleistender eingezogen zu werden. Dort wurde mir erneut das Ergebnis der Gesundheitsuntersuchung aus der OPZ bestätigt. Des Weiteren sei ich besonders für die Fallschirmjägertruppe geeignet und wurde hinsichtlich meiner Sprungwilligkeit noch gesondert befragt. Da ich auch nach mehreren Wochen noch nichts vom KWEA gehört hatte und der Termin meines Abiturabschlusses immer näher rückte, nahm ich meinerseits zum KWEA Verbindung auf. Auf eigenen Wunsch wurde ich dann direkt für die Panzergrenadiertruppe eingeplant, weil das offensichtlich die einzige Möglichkeit war, direkt nach dem Abitur in die Allgemeine Grundausbildung zu gelangen.

---

[7] http://www.spiegel.de/politik/deutschland/unsportliche-bundeswehr-minister-jung-soll-dicke-soldaten-fit-trimmen-a-539260.html [letzter Aufruf 25.01.2014].

[8] http://www.tagesschau.de/inland/bundeswehr696.html [letzter Aufruf 25.01.2014].

Die Panzergrenadiertruppe zeichnete sich durch eine besondere Kameradschaft aus, welche im Bereich der Mannschaftssoldaten, aber auch über ranghöhere Dienstgradgruppen hinweg bestand. Leistungswilligkeit und -fähigkeit gingen einher mit dem Vertrauen von Vorgesetzten und damit verbundenen besonderen Aufträgen und Aufgaben. Als Obergefreiter im sechsten Dienstmonat war ich dauerhaft als stellvertretender Gruppenführer eingesetzt und auch mit der Durchführung von Waffenausbildungen und Gefechtsdiensten als Ausbilder in der Allgemeinen Grundausbildung befasst. In dieser Zeit durfte ich viel lernen und durch die Hilfe der Unteroffiziere auch eine Menge hilfreiches Praxiswissen erwerben. Dies traf allerdings bei Weitem nicht auf die Kameraden zu, welche nur Durchschnittliches leisteten. Ich hatte beispielsweise einen im Dienstgrad über mir befindlichen Hauptgefreiten als Stellvertreter, welcher sich damit begnügte, seinem Aufgabenbereich als Mannschaftssoldat gerecht zu werden. So kam es auch, dass ich eine Empfehlung für die Laufbahn als Offizier von meiner Einheit bekam und erneut zur OPZ reiste, wo ich eine positive Eignung für ein Pädagogik-Studium sowie eine Zuweisung zur Fallschirmjägertruppe erhielt.

Nach einem Jahr Dienstzeit wechselte ich nun also doch zu den Fallschirmjägern und wurde Offizieranwärter. Hart und fordernd war die Ausbildung. Einzelkämpfervorbereitung, viel Sport und militärische Fitness gehörten neben der Gefechtsdienstausbildung zur Tagesordnung. Hier zeigte sich schnell, wer nicht mithalten konnte. Insbesondere traf es die weiblichen Kameraden, welche sehr mit der Ausrüstung und den körperlichen Anforderungen zu kämpfen hatten. Einige Frauen waren allerdings auch im Stande, mehr zu leisten als ihre männlichen Kameraden. Hier trennte sich die Spreu vom Weizen, denn wer hier über längere Zeit nicht mithielt, schaffte Prüfungen nicht und verließ den Jahrgang. Die Schlagzahl war höher als im Regeldienst der Panzergrenadiere, allerdings war auch die Kameradschaft nicht so ausgeprägt, da hier jeder mehr mit sich selbst beschäftigt war.

Im Rahmen der Truppenpraktika als Gruppen- und stellvertretender Zugführer zeigte sich auch schnell, dass Härte oft vor der inhaltlichen Tiefe stand. Das traf zwar nicht auf alle Ausbildungen und bei Weitem nicht auf alle Ausbilder zu; bei dem einen oder anderen galt körperliche Fitness allerdings mehr als die inhaltliche Vorbereitung oder das Praxiswissen. Bei einem Nachtmarsch knickte ich unglücklich um und riss mir mehrere Bänder im Fuß, so dass ich an dem drei Wochen späteren Einzelkämpferlehrgang nicht teilnehmen konnte. Eine direkt anschließende Erkältung mit kurzem Krankenhausaufenthalt folgte dem noch, da ich diese aus falschem Stolz und dem beginnenden Unken der Kameraden nicht auskuriert hatte. Nun machte ich zum ersten Mal die Erfahrung, wie es war, nicht mehr mithalten zu können, und es gefiel mir nicht! Aber konnte ich etwas dafür? Ging es vielleicht den anderen Kameraden, welche schon zurückgestuft wurden, ähnlich? Wollten sie, aber konnten sie nicht? Diese Fragen stellte ich mir in dieser Zeit des Öfteren. Trotz alledem ging diese Phase relativ schnell vorbei und ich fand wieder Anschluss, da der Kameradenkreis aufgrund eines anderen Lehrgangs wechselte. Es wurde quasi wieder neu gewürfelt, und der Fokus lag auf anderen Dingen.

Die Probleme beginnen

Zwischenzeitig stellten sich des Öfteren Rückenschmerzen bei mir ein. Ich empfand dies aufgrund der Belastung als normal und ignorierte sie so gut es ging. Den fordernden Einzelkämpferlehrgang absolvierte ich mit Zulassung zum Teil II und stellte mich auf eine Teilnahme an dieser Ausbildung ein. Die Eingangsprüfung bestand aus einem sieben Kilometer langen Lauf mit 20 Kilogramm Gepäck und der Hindernisbahn, welche in einer bestimmten Zeit zu bewältigen war. In meinem Fall war zuerst die Laufstrecke zu absolvieren und im Anschluss die Hindernisbahn. Den Lauf brachte ich im Zeitlimit hinter mich, allerdings mit erheblichen Rückenschmerzen. Bei der folgenden Hindernisbahn renkte ich mir beim Überwinden der Holzwand einen oder mehrere Wirbel aus und durchlief den Rest der Bahn wie im Nebel. Nach dem Zieleinlauf verlor ich kurzzeitig komplett das Bewusstsein. Es stellte sich heraus, dass ich die vorgegebene Zeit um einige wenige Sekunden verfehlt hatte.

Zum ersten Mal von einem Lehrgang abgelöst mussten meine Wirbel im Sanitätsbereich eingerenkt werden. Die Stellung meiner Wirbelsäule kam dem Arzt seltsam vor, weshalb ich eine Überweisung ins Bundeswehrzentralkrankenhaus in Koblenz erhielt, um dort einem Orthopäden vorgestellt zu werden. Nachdem meine Wirbelsäule geröntgt worden war, erwischte es mich wie ein Schock: Verlust der Sprungtauglichkeit, kein Sport-, Marsch- oder Geländedienst und kein Tragen schwerer Gegenstände. Weiterhin sollte ich regelmäßig zur Krankengymnastik und Physiotherapie. Der Grund war mir unbekannt. Auf Anraten eines Vorgesetzten eröffnete ich ein Verfahren auf sog. »Wehrdienstbeschädigung«. Das war 2007, das Jahr, in dem ich mein Studium begann. Trotz der Therapie stellte sich wenig bis gar keine Besserung ein und auch an meinem Krankenstatus änderte sich über Monate hinweg nichts.

Wollen und nicht dürfen (oder können?)

Aufgrund des laufenden Wehrbeschädigungsverfahrens mussten einige Gutachten erstellt werden. Hier stellte sich heraus, dass eine dauerhafte und bleibende Wirbelsäulenschädigung bei mir vorlag, welche auf eine degenerative Wirbelsäulenerkrankung zurückzuführen war. Deshalb wurde der Antrag auf Wehrdienstbeschädigung, auch nach Eröffnung einer Klage, abgelehnt. Die Begründung war, dass die Erkrankung bis zum Erreichen des 20. Lebensjahres meist abgeschlossen und eine Verschlechterung des Zustandes nur durch harte körperliche Arbeit denkbar sei. Der zurückliegende Dienst bei den Panzergrenadieren und der Fallschirmjägertruppe, inklusive dem Fallschirmsprungdienst, gehöre also offenbar nicht zu den destruktiven Faktoren. Von dem Ergebnis war ich einerseits geschockt und andererseits sehr enttäuscht, zumal diese Schädigung irgendwann hätte auffallen müssen, da ich von 2003 bis 2007 jährlich die Tauglichkeitsuntersuchungen für den Einzelkämpferlehrgang, meine Infanterieverwendungsfähigkeit und die Fallschirmsprungverwendungsfähigkeit zu absolvieren sowie die Musterungen an der OPZ und dem KWEA durchlaufen hatte und dabei nie etwas bemerkt worden war. Der Kommentar des Oberfeldarztes dazu war schlicht: *„Verklagen Sie die Bundeswehrärzte, die haben da wohl gepfuscht.“*

Ich meldete dies dem Leiter meiner Studentenfachbereichsgruppe, meinem Vorgesetzten an der Universität der Bundeswehr Hamburg. Er hielt Rücksprache mit meinem Personalbearbeiter. Auf

dessen Anweisung durchlief ich eine erneute Tauglichkeitsuntersuchung, welche die Diagnose »Irreparable und dauerhafte Wirbelsäulenschädigung« zum Ergebnis hatte. Das hieß für mich: Keine Bord-
verwendungsfähigkeit, keine Tätigkeiten als Militärkraftfahrer, kein
Tragen von mehr als sieben Kilogramm, kein Mitfahren in Ketten-
fahrzeugen und keinen Sport, keine Märsche und keinen Geländedienst mehr. Auf mein Bitten an den Arzt wurde die Sport-, Marsch-
und Geländediensterlaubnis auf »eigenes Ermessen« freigegeben.
Alle anderen Einschränkungen blieben bindend.

Einplanung während und Werdegang nach dem Studium

Kurz danach, etwa eineinhalb Jahre vor Ende meines Studiums, war
der Personalführer für Einplanungsgespräche in Hamburg. Ich
brachte die Ergebnisse meiner Tauglichkeitsuntersuchung mit und
schilderte ihm die damit einhergehende Problematik. Ich wollte auch
nicht mehr in einer Kampfkompanie eingesetzt werden, da ich durch
meine Einschränkungen am Großteil des Tagesdienstes nicht hätte
teilnehmen können. Dafür zeigte der Personalführer Verständnis,
notierte dies und sagte mir zu, die Besonderheit auch in meiner Personalakte zu vermerken, wenn ich dem zustimmen würde – ich bat
darum! Circa ein Jahr später, also ein halbes Jahr vor Ende meines
Studiums, fand sich der Personalführer für die Einplanungsgespräche des Folgejahrgangs in Hamburg erneut ein. Ich reiste aus meinem zivilen Praktikum an die Uni, um nochmals das Gespräch mit
ihm zu suchen. Überrascht von meinem Erscheinen fragte mich
(derselbe Personalführer!), warum ich noch nicht eingeplant sei. Im
Personalwirtschaftssystem schlug er meine Personalakte auf und
wies darauf hin, dass die Tauglichkeitsuntersuchung aufgrund des
einjährigen Zeitraumes abgelaufen und ich demnach voll einsatzfä-
hig sei. Falls dem nicht so wäre, sollte ich erneut eine Untersuchung
durchlaufen.

Weiterhin erfragte ich, warum meine Dienstzeit nicht verlängert worden sei, wie es bei den anderen Kameraden nach dem Bachelorabschluss schon vollzogen wurde, bzw. ob ich auf Grund
meiner Einschränkungen vielleicht nicht verlängert werden sollte.
Darauf erhielt ich keine Antwort, nur die Aussage: *„Das muss ich beim*

Personalamt in Köln prüfen". Ich ging also ohne Ergebnis aus diesem Gespräch. Innerhalb dieser Einplanungsgespräche wurden u.a. auch die Kameraden »bearbeitet«, die ihren Pilotenplatz aufgrund fehlender Waffensysteme in der neuen Bundeswehrstruktur verloren hatten. Sie wurden vor die Wahl gestellt, entweder die Bundeswehr nach dem Studium ohne Regressansprüche zu verlassen oder in einer anderen Funktion innerhalb der Bundeswehr eingesetzt zu werden. Meines Wissens verließen viele dieser Kameraden unsere Streitkräfte, obwohl sie körperlich fit und gesund waren.

Schnellstmöglich lieferte ich das Ergebnis der Tauglichkeitsuntersuchung bei meinem Vorgesetzten ab, der per E-Mail nochmals die Frage nach meiner Verlängerung meiner Dienstzeit an den Personalführer in Köln weiterleitete. Diese und weitere Verbindungsaufnahmen hatten keinen Erfolg – lediglich die Lesebestätigung kam an. Da viele Kameraden die Bundeswehr verließen und ich mir nicht vorstellen konnte, dass die Truppe einen »Krüppel« (so kam ich mir mittlerweile vor) wie mich weiter verpflichten wollte, stellte ich einen Antrag auf ein sog. »Dienstunfähigkeitsverfahren« mit dem Verweis, dass ich im Falle einer Entlassung keine Ansprüche an die Bundeswehr stellen würde. Eine Eingangsbestätigung oder ein Ergebnis hat mich dabei bis heute nicht erreicht. Meine Dienstzeit wurde kommentarlos verlängert, und ich war erneut verwundert.

Das Studium schloss ich auftragsgemäß und ohne Verlängerung mit einem Master ab und hatte noch immer keine Vororientierung für eine Versetzung. Also packte ich meine Ausrüstung und räumte meine Stube an der Hamburger Bundeswehruniversität von allem Privaten – ich war reisefertig, aber ohne Auftrag und ohne Ziel. Lange hielt ich diesen Zustand nicht aus, und auch mein Studentenfachbereichsgruppenleiter konnte mir nicht helfen. Ich unterstützte freiwillig das Projekt »Ethik des Offiziers« und half aus, wo ich konnte – allerdings gab es dort nicht viel zu tun. Auch einem Antrag auf Kommandierung in den Stab des Studentenfachbereiches wurde nicht stattgegeben. Nach mehr als drei Monaten ohne einen Auftrag außer einer Anwesenheitspflicht an der Uni bat ich darum, bei der Planung der sog. »Grünen Woche« zu unterstützen. Man ließ mich gewähren. Nun fühlte ich mich nicht mehr als Schmarotzer oder zu nichts Nutze. Dort konnte ich mich auswirken. Allerdings hatte ich noch immer keine Vororientierung für eine Versetzung erhalten.

Durch die Vorbereitung und meine Anwesenheit bei der Durchführung der »Grünen Woche« wurde mein nächsthöherer Vorgesetzter, der Studentenfachbereichsleiter, auf mich aufmerksam. Nachdem ich meine Geschichte darlegte, glaubte er mir zunächst nicht, versprach aber, der Angelegenheit nachzugehen. Aber auch der Leiter konnte bezüglich meiner Person nichts erreichen. Es war nun schon Mitte April 2012. Ich war bereits seit Ende August 2011 unfreiwillig auf dem Abstellgleis und ohne Auftrag. Ich spielte mit dem Gedanken, einen Antrag auf Kriegsdienstverweigerung zu stellen, um aus diesem Kreislauf, welcher mich zusehends psychisch belastete, zu entfliehen. Von dem Vorhaben brachte mich der Leiter des Studentenfachbereiches ab und versprach, sich weiterhin zu kümmern.

Anfang Juni 2012 war es dann so weit: Ich erhielt ein Personalgespräch, welches bislang wegen »fehlender dienstlicher Notwendigkeit« abgelehnt worden war. Mein Vorgesetzter führte es in Vertretung des Personalamtes mit mir durch. Kurz vorher hatte er auf einer Tagung durch Zufall einen Dienstposten für mich gefunden. Durch das Personalgespräch und den Verzicht auf die Schutzfrist konnte ich zum 18. Juni 2012 endlich in die Truppe versetzt werden.

Resümee

Zusammenfassend möchte ich sagen, dass es nicht falsch ist, wenn in bestimmten Truppengattungen Überdurchschnittliches erwartet wird. Es ist auch nicht falsch, wenn es dort einige nicht schaffen, die körperlichen Anforderungen zu erfüllen. Die Frage ist aber, ob die starren Richtlinien unseres Personalsystems nicht veraltet sind. Kann es sich eine Bundeswehr in der heutigen Zeit noch leisten, Soldaten zu entlassen, welche auf anderen Dienstposten noch verwendbar wären? An der starren Personalverwaltung muss im neu geschaffenen Bundesamt für Personalwesen der Bundeswehr (BAPersBw) unbedingt etwas geändert werden? Ließe sich dadurch vielleicht auch die Vereinbarkeit von Familie und Dienst verbessern? Ich denke, dass in der Personalführung und -bearbeitung ein großes Potential für Verbesserungen besteht und ich hoffe, dass es innerhalb der neuen Struktur genutzt wird, so dass kein anderer mehr in meine Situation geraten muss.

Meine Dienstzeit wird 2015 enden. Ich kann mir nicht vorstellen, dass sie noch verlängert wird. Sollte das Personalamt doch noch auf diese Idee kommen, werde ich dankend ablehnen. Dabei möchte ich nicht falsch verstanden werden: Ich bin gern Soldat und Offizier. Dem Vorbild kann ich nicht entsprechen, nicht weil ich nicht will oder könnte, sondern weil ich nicht darf. Ich würde gern mehr leisten dürfen, aber die Bundeswehr sichert sich aus nachvollziehbaren Gründen ab. Aus meiner eigenen Bewertung bin ich nur jemand, der anderen, die vielleicht gesünder sind und unsere Kameraden im Einsatz durch persönliche Anwesenheit im Einsatzland unterstützen könnten, den Dienstposten verwehrt. Aufgrund meiner persönlichen Einschränkungen kann ich das mit meinem soldatischen Selbstverständnis vom Soldatenberuf nicht vereinbaren.

Da ich mich nicht in einem Auslandseinsatz der Bundeswehr beweisen kann, versuche ich abends nach dem Dienst, etwas für die bessere psychologische Vor- und Nachsorge der dienenden Kameraden zu erreichen und unterstütze ein Forschungsprojekt des Psychotraumazentrums der Bundeswehr. So hoffe ich trotz allem, meinen Teil beizutragen und der Bundeswehr für alles Gute zu danken, das mir durch sie zuteilwurde und damit meine Kameraden zu unterstützen.

Frauen in der Kampftruppe? Lieber nicht!

von Karen Haak

Hauptmann Daniela Klix führte 2010 als erste Frau einen abgesessenen Infanterie-Zug im Feuergefecht. Panzergrenadier Annette Nagel war 2001 eine der ersten Frauen, die bei der Bundeswehr eine Laufbahn in den Kampftruppen begann. Beide Frauen gehören zur Truppengattung der Panzergrenadiere, und beide Frauen standen zeitweise massiv im Zentrum der medialen Aufmerksamkeit. Ihre Namen sind vielen Soldaten ein Begriff, doch die Wahrnehmung kann unterschiedlicher nicht sein.

Daniela Klix bestand mit ihren Soldaten existentielle Situationen im Kampfeinsatz. Annette Nagel hingegen bestand nicht einmal ihre Grundausbildung. Eine SWR-Dokumentation porträtierte die Allgemeine Grundausbildung bei den Panzergrenadieren in Stetten am kalten Markt. »Feldtagebuch – Allein unter Männern« zeigt das Bild einer jungen Frau, die von den Anforderungen ihrer Ausbilder völlig überfordert ist. Doch der eigentliche Vorwurf besteht nicht in der fehlenden körperlichen Leistungsfähigkeit, sondern im fehlenden Willen, sich durch die Ausbildungen durchzubeißen.

Das Interesse deutscher Medien an Frauen in der Bundeswehr ist immer noch hoch. Und das, obwohl sich seit 2001 viel getan hat und Frauen in Uniform keine Besonderheit mehr sind. Seit dem 01. Januar 2001 stehen Frauen alle Karrierewege bei der Bundeswehr offen. Eben auch der Dienst in Kampfeinheiten – wie die Beispiele von Klix und Nagel zeigen.

Auch wenn Medien diese Beispiele in den Vordergrund stellen, ist die absolute Zahl aktiver Soldatinnen in den Kampftruppen eher niedrig. Das belegen die Statistiken des Committee on Gender in International Security. Dieses NATO-Forum zeigt, dass in vielen Mitgliedsstaaten alle militärischen Karrierewege offen sind. Theoretisch. Praktisch sind Frauen in den Kampftruppen im internationalen Vergleich eher die Ausnahme denn die Regel. So hat Frankreich einen Frauenanteil von 15 Prozent. Aber in der leichten Infanterie dienen lediglich 3,5 Prozent weibliche Soldaten.[9]

---

[9] Vgl. MMO: Eine immer gerechtere Allianz. In: Adlas Magazin für Außen- und Sicherheitspolitik (3). 2012. S. 35.

In den deutschen Streitkräften werden Frauen für alle Verwendungen eingeplant. Die Integration weiblicher Soldaten wird seit Jahren heftig diskutiert. Vom Bundesministerium der Verteidigung bis zur Rekrutenkompanie sorgt kaum ein Thema mit so viel Zuverlässigkeit für leidenschaftliche Auseinandersetzungen. Auch dieser Beitrag fragt, ob Frauen in den Kampftruppen[10] die Einsatzfähigkeit eher fördern oder schmälern.

Um das Fazit vorweg zu nehmen: Dieser Text steht Soldatinnen in den Kampftruppen kritisch gegenüber. Vor allem möchte ich mich aber kritisch mit immer wieder auftretenden Argumenten auseinander setzen. Die Argumentation ist dreiteilig angelegt. In einem ersten Schritt untersuche ich den Einfluss von weiblichen Soldaten auf die Kampfgemeinschaft. Im Anschluss frage ich nach dem sogenannten Wesen der Frau, das oft genug als friedvoll, unschuldig und harmlos beschrieben wird. Zuletzt möchte ich mich mit dem am häufigsten vorgebrachten Argument gegen Frauen in der Kampftruppe auseinandersetzen: Die geringere körperliche Leistungsfähigkeit im Vergleich mit gleichaltrigen Männern. Den eigentlichen Argumenten ist ein kurzer Blick auf den gegenwärtigen Sachstand der Integration von Frauen in den Streitkräften vorgeschaltet.

Einen Anspruch auf Objektivität erhebe ich nicht. Es ist wohl kaum möglich, objektiv über Frauen in der Bundeswehr zu reflektieren, wenn man selbst eine Frau in der Bundeswehr ist. Mein Ziel ist es, einen Diskussionsbeitrag mit fundierten Argumenten und klaren Stellungnahmen abzugeben.

Status Quo der Integration

Erfahrungsgemäß hat jeder, der mit der Bundeswehr verbunden ist, eine Meinung zur genannten Fragestellung. Diskussionen darüber

---

[10] Unter Kampftruppen zählen in diesem Beitrag die entsprechenden Heeresverwendungen (Jäger, Fallschirmjäger, Gebirgsjäger, Panzergrenadiere, Panzertruppe) sowie die Einheiten der Luftwaffensicherungstruppe und des Marinesicherungsdienstes.

werden zu oft auf einer Ebene geführt, die man schon nicht mehr als »unangemessen« bezeichnen kann. Schnell fallen Begriffe wie »Tittenbonus« und »NATO-Matratze«. Allerdings soll der vorliegende Text auch keine Generalabrechnung mit all denen werden, über deren Frauen verachtendes Weltbild ich mich in den letzten Jahren geärgert habe. Denn diesen Einzelfällen steht eine viel größere Zahl von Kameraden gegenüber, die konstruktiv an das Thema herangehen.

Das Sozialwissenschaftliche Institut der Bundeswehr legte im Januar 2014 eine Studie zur Integration von Frauen in die Bundeswehr vor.[11] Dazu waren 2011 rund 14.500 Soldatinnen und Soldaten befragt worden. Eine ähnlich angelegte Vorgängerstudie war 2008 veröffentlicht worden.[12] Im Vergleich dazu kommt die aktuelle Untersuchung zu dem Schluss, dass die Integration mindestens auf der Stelle tritt. Der Autor Gerhard Kümmel spricht sogar von einer Eintrübung des Integrationsklimas.

So sind bspw. mehr als 15 Prozent der befragten Männer dafür, die Integration vollständig rückgängig zu machen. Zuvor waren es lediglich 1,3 Prozent. Mehr als verdoppelt hat sich auch die Zahl der Männer, die überzeugt davon sind, dass die Bundeswehr durch weibliche Soldaten an Kampfkraft verloren habe. Der Anteil liegt bei knapp 36 Prozent. Noch mehr Männer, nämlich 55 Prozent, sehen nun mehr Probleme im Dienstalltag. Auch diese Zahl hat sich verdoppelt.

Auch die Soldatinnen zeigten sich in der Befragung kritisch. 27 Prozent denken, dass Frauen für körperlich fordernde Funktionen ungeeignet seien. Dass Frauen gezielt ihre Weiblichkeit einsetzen, meinen 31 Prozent der Frauen und 62 Prozent der befragten Männer.

---

[11] Vgl. KÜMMEL, Gerhard: Truppenbild ohne Dame? Eine sozialwissenschaftliche Begleituntersuchung zur Integration von Frauen in die Bundeswehr. Potsdam. 2014.

[12] Vgl. KÜMMEL, Gerhard: Truppenbild mit Dame. Eine sozialwissenschaftliche Begleituntersuchung zur Integration von Frauen in die Bundeswehr. Strausberg. 2008.

Allerdings wurde nicht gefragt, wie viele Männer ihre Kameraden mit betont männlichen Verhaltensmustern zu beeindrucken suchen. Weibliche Koketterie und männliches Macho-Gehabe gibt es wohl in jedem gesellschaftlichen Bereich. Dagegen wird das eine in der Bundeswehr negativ bewertet, während der entgegengesetzte Fall gar nicht zu Disposition steht.

Die Studie des Bundeswehrinstitutes fragte auch ab, ob Frauen in Kampfverwendungen dienen sollten. 28 Prozent der Frauen und 40 Prozent der Männer sprachen sich dagegen aus.

Frauen und die soldatische Kampfgemeinschaft

Seit der Öffnung der Bundeswehr für Frauen fürchten aktive und ehemalige Soldaten um die soldatische Kampfgemeinschaft und deren Kampfmoral. Die Identifikation des einzelnen Soldaten mit seiner Gruppe (dem Zug, der Inspektion, dem Hörsaal) sowie das Vertrauen in die direkten Vorgesetzten seien zentrale Elemente für eine hohe Einsatzmotivation. Andere motivierende Faktoren wie politische Überzeugungen und finanzielle Anreize seien dem untergeordnet.

Empirische Studien von Soziologen legen den Befund nahe, dass es für das Funktionieren der Kampfgemeinschaft unerlässlich sei, dass die Gruppe möglichst einheitlich ist. Alles, was von der Norm abweicht, stört den Gruppenzusammenhalt und die Bildung des Wir-Gefühls. Von der Norm abweichend sind nicht nur Frauen, sondern auch homosexuelle Männer, Männer mit Migrationshintergrund und Männer, die weder Christ noch Atheist sind.[13] Allerdings sind die entsprechenden Studien in der Zeit nach dem Zweiten Weltkrieg entstanden. Neuere Untersuchungen legen andere Schlussfolgerungen nahe, die die Relevanz der Kameradschaft auf die Einsatzmotivation geringer einstufen. Demnach ist die Homogenität der

---

[13] Vgl. SHILS, Edward; JANOWITZ, Morris: Primary Groups in the German Army. In: BROOM, Leonard; SELZNICK, Philip (Hrsg.): Sociology. A text with adapted readings. Evanston. 1955. S. 146ff.

Gruppe nicht mehr entscheidend – anders als die herrschende Meinung vor mehr als 50 Jahren.

Die neueren Studien rücken die gesellschaftliche und familiäre Bindung des Soldaten in den Mittelpunkt. Der Soldat ist Teil der Gesellschaft und erwartet von seiner Umwelt soziale Anerkennung für seinen Dienst. Verweigert die Öffentlichkeit die soziale Unterstützung, sinkt die Einsatzbereitschaft. Ein Beispiel dafür ist der Vietnam-Krieg der USA. Folgt man diesen Studien, ist also eher das gesellschaftliche Umfeld für die Einsatzmotivation entscheidend.[14]

Damit bleibt die Militärsoziologie eine konkrete und endgültige Antwort auf die Frage, warum Soldaten im Kampf ihr Leben einsetzen, schuldig. Es ist wohl eher eine diffuse Gemengelage. Die These, dass Frauen per se die Funktionsfähigkeit der militärischen Primärgruppe stören würden, kann jedenfalls empirisch kaum gehalten werden. Eine US-Studie aus dem Jahr 1997 verneint diese These sogar deutlich und macht auf positive Entwicklungen wie die Steigerung der militärischen Professionalität durch die Aufnahme von Frauen in den Streitkräften aufmerksam.[15]

Abgesehen vom Sanitätsdienst bilden Frauen in der Bundeswehr stets eine Minderheit. Damit stehen Frauen immer im besonderen Fokus der Aufmerksamkeit. Erfüllt eine Frau die Leistungsanforderungen, wird das oft auf Kompensationsleistungen der – überwiegend männlichen – Gruppe zurückgeführt. In der Wahrnehmung vieler männlicher Kameraden sind sie es, die dafür sorgen, dass die Gruppe die Norm erfüllt. Fehlleistungen hingegen werden allein durch die mindere Leistungsfähigkeit der einzelnen Soldatin erklärt.

---

[14] Vgl. BIEHL, Heiko: Kampfmoral und Einsatzmotivation. In: GAREIS, Sven und KLEIN, Paul (Hrsg.): Handbuch Militär und Sozialwissenschaft. Wiesbaden. 2004. S. 272f.

[15] Vgl. HARREL, Margaret; MILLER, Laura: New Opportunities for Military Women. Effects Upon Readiness, Cohesion, and Morale. Santa Monica. 1997.

Diese Erfahrungen korrelieren mit dem Token-Konzept von Rosabeth Kanter.[16] Die Angehörigen einer Minderheit, die sogenannten Token, sind demnach sichtbarer, weil sie von der Mehrheit herausgehoben sind. Die dominante Gruppe – in der Bundeswehr die männlichen Kameraden – baut einen permanenten Leistungsdruck auf die einzelne Frau auf. Individuelle Fehlleistungen werden stellvertretend auf die gesamte Minderheit übertragen. Hinzu kommt, dass die dominante Gruppe sich von der als unerwünscht geltenden Minderheit abgrenzt. Es wird Distanz geschaffen, indem stets die Unterschiede betont und Gemeinsamkeiten verneint werden.

Die Token-Theorie greift dann, wenn die Minderheit einen Anteil von 15 Prozent an der Gesamtheit unterschreitet. Dies ist in der Bundeswehr mit Ausnahme des bereits erwähnten Sanitätsdienstes der Fall, da der Zielwert zwar bei 15 Prozent liegt, derzeit aber noch durchschnittlich zehn Prozent Frauenanteil die Regel sind. Das Konzept bringt auf den Punkt, womit Frauen konfrontiert sind:

- ständiger Leistungsdruck,
- Verallgemeinerungen und Vorurteile sowie
- Ausgrenzungen durch diejenigen, die eigentlich Kameraden sein sollen.

Solche Erfahrungen sind gewiss nicht angenehm für die einzelne Soldatin. Man kann auch sagen, dass sie entwürdigend und unzumutbar sind. Andererseits: Die Token-Theorie ist ebenso anwendbar für Frauen in den Ingenieurswissenschaften oder in Führungsetagen von Banken. Übrigens ebenso für Männer in erzieherischen Berufen. Wer einen Weg gehen will, der von der gängigen Norm abweicht, muss mit Widerständen rechnen. Das ist eine Binsenweisheit, die mit dem Token-Konzept theoretisch fundiert wurde. Aber es ist immer noch kein Grund, Frauen die Verwendung in Kampftruppen zu verwehren.

---

[16] Vgl. KÜMMEL, Gerhard: Frauen im Militär. In: LEONHARD, Nina und WERKNER, Ines-Jacqueline (Hrsg.): Militärsoziologie. Eine Einführung. Wiesbaden. 2005. S. 124f.

Doch weggehend von theoretischen Modellen und empirischen Studien beginnt der Streit schon bei vermeintlichen Kleinigkeiten wie der soldatischen Frisur. Es ist nur eine Äußerlichkeit, aber gemeinhin gilt die Kurzhaarfrisur unter männlichen Rekruten als einer der ersten Schritte der Sozialisierung zum Soldaten. Bekanntlich ist die Frisur in der entsprechenden Dienstvorschrift zum äußeren Erscheinungsbild von Soldaten geregelt und lässt für Männer kaum Spielraum zu. Weder Ohren noch Augen dürfen bedeckt sein und das Haar darf den Kragen nicht berühren.

Für Frauen gelten diese Vorschriften hingegen nicht: „Die Haartracht von Soldatinnen darf die Augen nicht bedecken. Haare, die bei aufrechter Körper- und Kopfhaltung die Schulter berühren würden, sind am Hinterkopf komplett gezopft auf dem Rücken oder gesteckt zu tragen. Dabei sind Form und Farbe der Haarspangen und -bänder dezent zu halten."[17] Der offizielle Wortlaut erlaubt Frauen also lange Haare. Und tatsächlich ist es doch so, dass Frauen mit raspelkurzen Haaren sowohl von weiblichen wie männlichen Kameraden schräg angeschaut werden. Hinter vorgehaltener Hand wird schnell von der »Kampflesbe« oder dem »Mannsweib« gesprochen.

Die Soziologin Cordula Dittmer bringt das Problem auf den Punkt: „Die Soldatin darf und sollte Frau bleiben, sie bekommt das Recht, sich individuell zu inszenieren, bleibt damit aber letztlich außerhalb der militärischen Gemeinschaft".[18] Die kurzen Haare sind Teil der Uniform und der Uniformität. Auch damit drückt der junge Soldat aus, dass er sich in die militärische Gemeinschaft einfügt. Viele Frauen wollen ihre Haare jedoch nicht militärisch kurz tragen. Damit bleiben sie – bezogen auf die Frisur – draußen.

Doch abgesehen von den vielleicht bestehenden, soziologischen Nachteilen gibt es auch praktische Probleme: Unter dem Ge-

---

[17]Zentrale Dienstvorschrift (ZDv) A-2630/1: *„Das äußere Erscheinungsbild der Soldatinnen und Soldaten der Bundeswehr"*

[18]DITTMER, Cordula: Gender Trouble in der Bundeswehr. Eine Studie zu Identitätskonstruktionen und Geschlechterordnungen unter besonderer Berücksichtigung von Ausländseinsätzen. Bielefeld. 2009. S. 153.

fechtshelm und unter dauerhafter Belastung löst sich auch die sta-
bilste Knotenfrisur. In der Folge sitzt der Helm weniger fest und
Haarsträhnen hängen im Gesicht. Geradezu gefährlich können lange
Haare beim Tragen und Anlegen der ABC-Schutzmaske sein. Sie
erschweren das Anlegen und es ist nicht ausgeschlossen, dass einzelne Strähnen die aufgezogene Maske undicht werden lassen.[19]

Das haarige Problem ist wahrscheinlich vernachlässigbar,
weil Frauen im alltäglichen Dienstbetrieb keine Einschränkung dadurch erfahren. Jede Soldatin entwickelt Strategien, um damit umzugehen. Und nach der Grundausbildung, die die Uniformität besonders betont und fordert, verliert dieses Merkmal auch rapide an Bedeutung. Damit ist dieser ausgesprochen praktische Aspekt ebenfalls
kein triftiger Grund, der gegen die Aufnahme von Frauen in
Kampfverbände spricht.

Im nächsten Argumentationsschritt soll untersucht werden,
ob und inwiefern Frauen aufgrund ihres weiblichen Wesens nicht für
Kampftruppenverwendungen geeignet sind.

Das Wesen der Frau

Frauen werden oftmals mit Attributen wie harmlos, friedvoll, unschuldig belegt. Militärs, die sich gegen die Integration von Frauen in
den Streitkräften aussprechen, sagen eher – zu harmlos, zu friedvoll,
zu unschuldig. Sie sprechen Frauen generell die Fähigkeit zum
Kämpfen und Töten ab. Männer hingegen sprechen sie generell Aggressivität und die Bereitschaft zu, Gefahren und Entbehrungen
durchzustehen. Demnach sind die Rollenverteilungen ganz klassisch:
Der kriegerische Mann, der die schwache Frau beschützen muss.
Und es ist auch nur logisch konsequent, dass in diesem Weltbild für
Frauen in den Kampftruppen kein Raum ist.

Auch einige Feministen lehnen den Einsatz von Frauen im
Militärdienst generell ab. Dabei berufen sie sich ebenfalls auf das

---

[19] Auch an dieser Stelle möchte ich noch einmal die Subjektivität des Beitrages
betonen. Andere Frauen mögen andere Erfahrungen gemacht haben.

harmlose, friedvolle und unschuldige Wesen der Frau, ziehen daraus aber anderc Schlussfolgerungen. Sie argumentieren, dass es in der Moderne an den Frauen liege, für friedliche Konfliktlösungen zu sorgen.[20]

Beide Ansichten, die die angebliche Harmlosigkeit, Friedfertigkeit und Unschuld von 50 Prozent der Menschheit zu Grunde legen, halte ich für sozial konstruierten Unsinn. Eine der Grundannahmen des Sozialkonstruktivismus ist, dass soziale Identitäten von der Gesellschaft gemacht werden. Damit sind die Attribute, die typischerweise mit Männlichkeit und Weiblichkeit verbunden werden, nicht von Natur gegeben, sondern von Menschen definiert und von Generation zu Generation über Jahrhunderte hinweg tradiert worden.

Der Sozialwissenschaftler Pierre Bourdieu entwarf den Begriff des Habitus: Demnach entwickelt jeder Mensch Handlungs- und Denkmuster, an denen er sich orientiert. Diese bestimmen die Identität, das Handeln und schlagen sich laut Bourdieu sogar in der Körperhaltung nieder. Der Habitus ist weder angeboren noch wird er allein durch reflektierendes Lernen erworben. Menschen verinnerlichen Handlungsmuster viel mehr unbewusst durch Beobachtung, Nachahmung und Bestätigung durch die Umwelt bei konformem Verhalten. Frauen erlernen somit das entsprechend weibliche Verhalten, Männer erlernen männliche Verhaltensmuster.[21]

Folglich sind Frauen nur dann harmlos, friedvoll und unschuldig, wenn sie dazu gemacht werden. Die Geschichte ist auch voll von Gegenbeispielen: Frauen, die skrupellos ihre Interessen durchgesetzt haben. Frauen, die als Scharfschützen ihre Heimat verteidigt haben. Frauen, die in Konzentrationslagern barbarische Verbrechen begangen haben. Männer haben kein Monopol auf Aggression - aber auch nicht auf Tapferkeit.

---

[20] Vgl. KÜMMEL, Gerhard: Frauen im Militär. In: GAREIS, Sven und KLEIN, Paul (Hrsg.): Handbuch Militär und Sozialwissenschaft. Wiesbaden. 2004. Verlag, S. 61f.

[21] LIPPUNER, Roland: Pierre Bourdieu. In: ECKARDT, Frank (Hrsg.): Handbuch Stadtsoziologie. 2012, S. 132f.

Somit sind die Annahmen über das angebliche Wesen der Frau aus meiner Sicht keine Begründung, um allen Frauen den Dienst in den Kampftruppen zu verweigern. Es gibt harmlose, friedvolle und unschuldige Frauen. Aber das alle Frauen so wären, ist schlicht nicht wahr.

Über das Wesen von Geschlechtern nachzudenken, ist aber eine ausgesprochen abstrakte Diskussion. Im Folgenden soll es konkreter werden. Dabei wird das oft bemühte Argument der biologischen Ungleichheit zwischen Mann und Frau untersucht.

Körperliche Leistungsfähigkeit: Wenn es nicht mehr weiter geht

Die männliche und weibliche Physis ist wohl das Argument, das am häufigsten in der Debatte um weibliche Soldaten vorgebracht wird. Matthias Trautvetter, Diplom-Sportwissenschaftler und Leiter Planung und Steuerung an der Sportschule der Bundeswehr in Warendorf, äußert dazu im Interview eine klare Meinung: *„Das Basistraining der Bundeswehr ist für alle geeignet. Es gibt keine Belege, dass Frauen darin schwächer oder weniger ausdauernd sind.“*

Das liegt vor allem daran, dass die körperlichen Anforderungen im Allgemeinen auf einem niedrigen Niveau liegen. *„Je weiter das Niveau sinkt, desto stärker reduziert sich der Unterschied zwischen den Geschlechtern“*, so Trautvetter im Interview. Die Unterschiede zeigten sich demnach im Spitzensport. Wenn austrainierte Sprinter gegeneinander antreten, spiegeln sich die physiologischen und anatomischen Unterschiede in den Zeiten wieder.

Sportwissenschaftler Trautvetter nutzt einen bildlichen Vergleich, um die unterschiedlichen Leistungsniveaus innerhalb der Bundeswehr zu illustrieren: *„Das Basistraining der Bundeswehr ist die Kreisliga, die Einsatzfähigkeit ist die Bundesliga.“* Und in der Kreisliga zeigen Frauen, dass sie mit einem Mehraufwand an Training die gleichen Leistungen bringen können wie ihre männlichen Kameraden. Matthias Trautvetter berichtet aus seiner Erfahrung, dass sich Frauen oftmals *„zäher, bissiger und mit mehr Durchhaltewillen“* präsentieren. Allerdings werden diese vorbildlichen Leistungen nicht generalisiert.

85

Selbstverständlich gibt es auch Frauen, die schneller laufen, schneller schwimmen oder weiter springen als ihre männlichen Kameraden. Klar, wer seit seiner Jugend eine Disziplin trainiert, ist darin besser als der Durchschnitt. Aber im Einsatz zählen athletische Disziplinen, die sich in Europa großer Beliebtheit erfreuen, nicht. In der heutigen Einsatzrealität kann der Soldat nicht mehr auf die Physis reduziert werden. Die körperliche Fitness ist nur ein Teil der Leistungsanforderungen. Das gilt nicht nur, aber gerade auch für Soldaten in Führungsfunktionen.

Allerdings ist die körperliche Belastbarkeit immer noch grundlegend. Sie ist die Basis, auf der weiteres militärisches Können aufbaut. Denn ein Offizier, der aufgrund erlebter Belastungen körperlich extrem erschöpft ist, ist nicht mehr fähig, umfassend und schnell die Lage zu beurteilen und darauf aufbauend sinnvolle Befehle zu geben.

Fazit

Die Bundeswehr hat sich für Frauen geöffnet, weil sich die Gesellschaft verändert hat. Das entsprechende Urteil des Europäischen Gerichtshofs aus dem Jahr 2000 ist nicht der Grund – sondern der Anlass. In der Urteilsbegründung verwiesen die Richter auf den Gleichheitsgrundsatz. Und sie ließen den Streitkräften Spielraum zur Umsetzung des Urteils. Das Urteil wurde in Deutschland so umgesetzt, dass Frauen ohne Wenn und Aber alle Verwendungen offen stehen. Grundsätzlich betrachtet, ist damit jede Diskussion überflüssig. Denn das Gesetz ist eben so und nicht anders.

Dass zunehmend mehr Frauen auch in den Kampfverbänden der Bundeswehr Dienst tun, ist aber immer noch eine Entscheidung der Judikative über die Exekutive. Es waren nicht die männlichen Entscheidungsträger im Bundesministerium der Verteidigung, die der Meinung waren, dass Frauen ebenso gute Soldaten seien wie Männer. Und die Kritiker verstummen nicht, die die Bundeswehr nun in einem schleichenden Prozess der Selbstauflösung sehen.

Insgesamt ist die Öffnung der Bundeswehr trotz aller Kritik zu begrüßen – die Bundeswehr braucht Frauen, um handlungsfähig bleiben zu können. Sie konkurriert auf dem Arbeitsmarkt mit der zivilen Wirtschaft um Nachwuchskräfte. Angesichts des demografischen Wandels kann es sich die Bundeswehr als Arbeitgeber nicht erlauben, in jeder Generation auf 50 Prozent des potentiellen Nachwuchses zu verzichten.

Die Bundeswehr braucht Frauen – die Kampftruppen brauchen sie nicht

Ausschlaggebend sind dabei in meiner Beurteilung nicht Argumente, die sich auf ein antizipiertes Wesen der Frau beziehen. Oder die Frauen die Fähigkeit absprechen, sich in die militärische Gemeinschaft einzufügen. Wirkliche Relevanz hat für mich lediglich die körperliche Leistungsfähigkeit, die Männer und Frauen ab einem Punkt unterscheidet.

Ja, ein Infanterist muss taktisch denken können und darf in komplexen Situationen nicht den Überblick verlieren. Und ja, das können Frauen ebenso gut wie Männer. Aber ein Infanterist muss auch in modernen Einsätzen mit modernster Technik weite Strecken mit zusätzlichem Gewicht laufen können. Diese körperliche Anstrengung darf den Soldaten nicht so weit erschöpfen, dass das taktisch-logische Denken gemindert wäre.

Weite Strecken mit zusätzlichem Gepäck laufen – das klingt nach einer einzigen Kleinigkeit. Daran soll es scheitern, dass Frauen ihr im Grundgesetz versprochenes Recht auf Gleichheit verwehrt wird? Ja. Denn es darf nicht dazu kommen, dass in kämpfenden Verbänden die Leistungsstandards gesenkt werden. Weder die kognitiven, aber eben auch nicht die physiologischen Standards.

Das gilt sachlogisch auch für alle männlichen Anwärter der Kampftruppenverbände, die zusehends immer öfter die körperlichen Zielsetzungen verfehlen. Die insgesamt gesunkene Leistungsfähigkeit lässt sich u.a. daran ablesen, dass es dem Kommando Spezialkräfte (KSK) nicht gelingt, ausreichend Nachwuchs zu rekrutieren. Seit Jahren werden in diesem Verband die personellen Zielvorgaben mangels qualifizierter Bewerber verfehlt. Angesichts dieser Tatsache scheint es lächerlich, dass sich so viele über die potentielle Aufnahme von Frauen in die Kommando-Kräfte echauffierten.[22]

Meine Argumentation ist dahingehend kritisch zu beurteilen, da die Entscheidung auf einem einzigen Argument beruht. Allerdings ist die körperliche Leistungsfähigkeit der wichtigste Aspekt, wenn es um abgesessen wirkende Kampftruppen geht. Das schwächste Mitglied kann im Zweifelsfall eine ganze Gruppe in Gefahr bringen. Das ist keine Diskriminierung, das ist eine Tatsache.

Im abgesessenen Kampf sind Laufausdauer und Kraft immanent wichtig. Es ist nicht einsichtig, warum ein Soldat weniger leisten sollte als ein anderer. Da sich Kampftruppen per Definition in existentiellen Situationen befinden können, kann solch eine ungleiche Behandlung existentielle Konsequenzen nach sich ziehen. Die Diskussion um eine Quotierung zu Gunsten von Frauen in Aufsichtsräten bewegt sich auf einer anderen Ebene als die gleiche Quote in kämpfenden Verbänden. Denn im Aufsichtsrat stirbt keiner, wenn ein Mitglied versagt.

Wie gravierend die biologischen Unterschiede nun wirklich sind, beurteilt wahrscheinlich jeder und jede anders. Um diesen Konflikt zu lösen, gibt es ein einfaches, aber probates Mittel: Frauen können sich in den Streitkräften auf jegliche Verwendung bewerben. Aber sie müssen die gleichen Anforderungen erfüllen wie die männlichen Mitbewerber. Eine Art Probezeit, wie sie in der Wirtschaft üblich ist, kann dazu dienen, ungeeignete männliche und weibliche Bewerber auszusieben.

Problematisch bewerte ich in diesem Zusammenhang auch das Agieren der Zentren für Nachwuchsgewinnung sowie der Offizierbewerberprüfzentrale, inzwischen umbenannt in Karrierecenter bzw. Assessmentcenter für Führungskräfte der Bundeswehr. Oft genug stehen dort junge Männer und Frauen, die gerade erst einen

---

[22] Dieser Vorstoß entsprang dem Umstand, dass in entsprechenden Kulturkreisen Soldatinnen die Personenkontrolle von Frauen durchführen sollten. Derzeit bedient sich das Kommando Spezialkräfte (KSK) in solchen Fällen weiblicher Feldjäger.

Schulabschluss in der Tasche haben und deren Vorstellungen vom Truppendienst geprägt sind von Medienberichten, Hochglanz-Broschüren und vagen Erzählungen ehemaliger Soldaten.

Haben die jungen Bewerber alle Hürden genommen, werden sie direkt vor Ort und noch am selben Tag in eine Laufbahn eingeteilt, die mindestens die kommenden Lebensjahre, vielleicht auch das ganze Leben prägt. Dabei haben die angehenden Soldaten über die Berater gewisse Einflussmöglichkeiten. Aber wie sollen sie fundierte Entscheidungen treffen, wenn ihnen wesentliche Erfahrungen fehlen? So geraten Frauen in Einheiten der Kampftruppen und sehen sich später mit körperlichen Leistungsanforderungen konfrontiert, denen sie nicht gewachsen sind. Und die sie auch nicht so erwartet hatten. Das muss nicht so laufen. Das ist aber schon so gelaufen.

Im Falle eines Offiziers werden die Bewerber von damals erst Jahre später zu einer Einheit ihrer Truppengattung versetzt. Es ist legitim, dass sich bei einem jungen Menschen während der Offizierschule und während des Studiums Einstellungen und auch Vorstellungen von der eigenen Lebensplanung verändern. Ein Verwendungswechsel ist dann aber nur noch schwer zu realisieren. Was bleibt, ist ein frustrierter Soldat. Ist dieser Punkt erreicht, ist es auch nicht mehr relevant, ob der Soldat ein Mann oder eine Frau ist.

Das System der französischen Offizierausbildung birgt an diesem Punkt Vorteile. Denn dort erfolgt die Zuteilung erst im Anschluss an die Offizierschulen und die akademische Ausbildung. Ein leistungsbezogenes Ranking ermöglicht den jungen Offizieren Mitsprache: Je besser derjenige oder diejenige im Vergleich abgeschnitten hat, desto mehr Auswahl zwischen den Verwendungen besteht. Der Jahrgangsbeste kann also frei wählen. Traditionell sind die infanteristischen Verwendungen ausgesprochen begehrt.

Dabei sind alternative Verwendungen keine Verwendungen zweiter Klasse. Im Gegenteil: Spezialisierte und unterstützende Einheiten sind in den asymmetrischen Konflikten der Gegenwart unverzichtbar. Prädestiniert dafür sind vor allem die hochgradig technikaffinen Teilstreitkräfte Luftwaffe und Marine. Darin gibt es zahlreiche Verwendungen, für die Muskelkraft und Muskelausdauer im Vergleich zu den kognitiven Anforderungen zweitrangig sind. Auch für diese Posten muss das geeignete Personal gefunden werden – völlig unabhängig vom Geschlecht.

Am Ende zählt für jeden Soldaten und für jede Soldatin nur eines – der Auftrag. Wer einen Auftrag erfüllt, ist zweitrangig. Einen Auftrag erfüllen, heißt für mich, Soldat zu sein. Soldat und eben auch Frau.

Ich. Diene. Deutschland.

von Nathalie Falkowski

Warum ich ausgerechnet Dienst an der Waffe verrichten wollte? Einige beantworten diese Frage mit einem beeindruckenden familiären Hintergrund und jahrelanger Planung. Andere geben offen zu, dass sie sich in ihrem jugendlichen Leichtsinn von Werbespots haben anlocken lassen und eher spontan zur Truppe gestoßen sind, getreu dem Motto: *„Mal schauen, was daraus wird"*. Ich persönlich ordne mich irgendwo dazwischen ein. Es war weder lange geplant noch ein spontaner Versuch, ob es klappen könnte. Aber wer bin ich und wie kam ich bloß auf den Gedanken, Soldat zu werden?

Vielleicht werde ich im Folgenden einige enttäuschen, wenn ich zugeben muss, dass ich weder ein Muskelpaket noch ein »Über-Mensch« bin. Ich bin eine ganz normale Frau. Zumindest fühle ich mich ganz normal, auch wenn ich vielleicht etwas verrückt nach Panzern bin. Ja, eine Frau bei der Bundeswehr und noch dazu in der Panzertruppe! Ein Schock? Vielleicht. Aber es hält mich nicht vom Soldatsein ab. Warum sollte es auch?

Lange Zeit war die Bundeswehr bei mir zu Hause kein großes Thema. Das änderte sich, als mein drei Jahre älterer Bruder zu seinem Wehrdienst eingezogen wurde. Meine Gefühle und Erwartungen waren gemischt, als mein Bruder schließlich in einem Zugabteil verschwand und in Richtung Koblenz-Mayen fuhr. Je länger er dort seinen Grundwehrdienst und später seinen freiwilligen Wehrdienst ableistete, desto spannender war es, ihn berichten zu hören, was er unter der Woche alles erleben durfte. Zwar verstand ich nicht alles, was er erzählte. Was z.B. war dieses Biwak, was war ein MG oder ein G36, und worin bestand genau der Unterschied? Wer oder was war ein Spieß? Diese Fragen machten mich schon fast eifersüchtig. Er durfte jeden Sonntag wieder zurück in die Kaserne fahren und ich nicht. Wer würde nicht so empfinden, wenn der große Bruder damit prahlt, was er alles Neues erleben durfte. Es war eindeutig eine andere Welt. Allein die Tatsache, dass mein Bruder seinen Chef während einer Übung »erschießen« konnte und dieser ihn später sogar für sein Handeln lobte, war für mich als Zivilistin eine unglaubliche Geschichte.

So weckte die Bundeswehr immer mehr mein Interesse. Es war etwas Außergewöhnliches und einfach etwas anderes als irgendein langweiliger Bürojob. Eigentlich war es schon seit Grundschulzeiten mein innigster Wunsch gewesen, Veterinärmedizinerin zu werden. Aber durch die vielen Geschichten meines Bruders identifizierte ich mich immer mehr mit dem Beruf eines Soldaten. Kurz vor dem Abitur wurde ich zur Eignungsprüfung nach Köln eingeladen. Schon bald stand der Offizieranwärterlehrgang unmittelbar bevor und ich musste mich für einen Studiengang entscheiden. Zwar bietet auch die Bundeswehr ein Veterinär-Studium an, doch ist es erstens auf ein bis zwei Plätze pro Jahr beschränkt, zweitens besteht der Schwerpunkt der späteren Aufgaben vorrangig in der Überwachung von Hygienevorschriften und drittens hätte es sich bei diesem Studiengang endgültig mit der »Panzerei« erledigt. Mein Wunsch, später einmal der Panzertruppe angehören zu dürfen, überstieg inzwischen alle meine anderen Pläne. Ich traf die Entscheidung, ein festes Zugehörigkeitsgefühl zur Panzertruppe entwickeln zu wollen und bekam auch eine entsprechende Einplanung. Was das Akademische anbetraf, ging ich ebenfalls nicht leer aus und bekam einen Platz für das Studium der Bildungs- und Erziehungswissenschaften in Hamburg zugeschrieben. Keineswegs ein Platz, den man mir aufzwang, sondern eine Entscheidung, die ich selbst traf, da mich die Pädagogik bereits in der Schulzeit sehr interessiert hatte.

Warum gerade ich einen Artikel in diesem Buch schreibe

Immer wieder wurde mir gesagt, dass ich als Oberfähnrich in meiner kurzen Dienstzeit keine besonders lesenswerten Erfahrungen gesammelt haben kann. Dem möchte ich an dieser Stelle widersprechen. Es stimmt, dass ich von meinen 34 Monaten Dienstzeit nur drei Monate Erfahrung in meiner Truppengattung sammeln konnte und die restliche Zeit immer gut behütet unter meinesgleichen verbracht habe. Natürlich möchte ich mich nicht auf eine Stufe mit diensterfahreneren Kameraden stellen, aber selbst in dieser kurzen Dienstzeit habe ich Erfahrungen gesammelt, mich verändert, mir Gedanken gemacht und Meinungen gebildet. Ich habe schöne Momente erlebt, aber auch negative Erfahrungen gemacht, mit denen ich dieses Buch bereichern möchte. Und außerdem: Wer hat schon das Recht, überhaupt über Erfahrungen zu sprechen? Fängt das vielleicht beim Hauptmann oder doch erst bei einem Obersten an? Oder vielleicht doch nur Unteroffiziere mit Portepee? Schließlich sollen sie die Meister ihres Faches sein…

Mein Werdegang in der Bundeswehr

Im ersten halben Jahr bekam ich die intensiven körperlichen Folgen der Entscheidung zu spüren, zur Bundeswehr zu gehen. Es war zugleich die Zeit, in der ich zu sehen bekam, was es bedeutet, Offizier zu sein: Von meinen Kameraden bekamen es einige mehr und andere weniger zu spüren. Dies hing vor allem von der körperlichen und sportlichen Leistungsfähigkeit ab. Damals gehörte ich noch zur schwächeren Gruppe, da ich außer dem üblichen Schulsport nie eine Sportart intensiv betrieben hatte. Ein Umstand, der inzwischen der Vergangenheit angehört. Am Anfang dachte ich noch, dass ich überall unbedingt die Erste sein musste. Inzwischen weiß ich aber, dass es nicht darauf ankommt, immer die Erste zu sein, sondern durchhalten zu können, keine Last für die Anderen darzustellen und dabei noch einen kühlen Kopf zu bewahren. Das habe ich geschafft! Es war kein einfacher Weg, aber es heißt nicht umsonst, dass der Wille Berge versetzen kann.

Neben den eigenen körperlichen Grenzen gab es aber noch etwas viel wichtigeres zu erfahren: die Kameradschaft. Jeder, der diese Kameradschaft einmal gespürt hat, verbindet damit seine ganz eigenen Erfahrungen. Deshalb hat der Begriff für jeden eine etwas andere Bedeutung. Für mich bedeutet Kameradschaft, dass sich Kameraden auch dann noch unterstützen und motivieren, wenn selbst der Zäheste und Stärkste nach Luft schnappen muss. Ich hätte mir niemals träumen lassen, was für ein tolles Gefühl das ist. Besonders, wenn man am Ende eines Tages als Gruppe oder Zug am Ziel ankommt und sagen kann: Wir haben es gemeinsam geschafft! Mit diesem Gefühl sind wir vor fast zwei Jahren nach einem Orientierungsmarsch in die Kaserne in Putlos zurückgekehrt. Dort hatten der Zugführer und die Gruppenführer eine überraschende Feier, einen sog. Zugabend, geplant. Es war ein unbeschreibliches Gefühl, am Feuer zu stehen, zu essen und sogar gemeinsam zu singen. Obwohl wir alle erschöpft waren, umgab uns ein schönes Gefühl von Gemeinschaft, das wir alle wohl niemals vergessen werden.

Für mich ist das besondere an der Kameradschaft, dass sie nicht nur in schweren und anstrengenden Momenten zu spüren ist, sondern jeden Tag und zu jeder Zeit. Es müssen nicht unbedingt unglaubliche Taten sein, es reichen schon ein gewisser Respekt, Einfühlungsvermögen und Freundschaft aus. Vor der Bundeswehr kannte ich das nicht. In meinem Heimatdorf versuchte man mir einzureden, dass ein Mensch nur durch seine Herkunft bestimmt würde. Als Kind wurde mir von der Nachbarschaft ganz klar gesagt, dass man mit mir und meiner Familie nichts zu tun haben wolle, da wir aus Polen kämen. Das ist noch nicht einmal ganz korrekt. Es mag sein, dass meine Eltern aus Polen nach Deutschland eingewandert sind, ich selbst bin allerdings in Dortmund geboren und das liegt eindeutig in Deutschland. Die Vorurteile mir gegenüber zogen sich bis zu meiner Zeit im Gymnasium fort, daher bin ich bis heute begeistert, was das einfache Wort »Kameradschaft« bewirken kann. Seit dem 1. Juli 2011, dem Tag meiner Einberufung in die Bundeswehr, spielt meine Herkunft keine Rolle mehr.

Der Offizieranwärterlehrgang (OAL) in Munster – und die Frage nach der härtesten Grundausbildung

Ich habe meine Offizierausbildung in Munster absolviert. Einige Kameradinnen und Kameraden waren dafür in Idar-Oberstein und Hammelburg gewesen und haben bei den Worten »Offizierausbildung in Munster« angefangen zu lachen. Aber warum? Sie sagten mir: *„Ihr hattet dort keine Berge! Außerdem mussten wir bei der Abschlussübung 60 Kilometer marschieren“.* Vermutlich werden es in ein paar Jahren mindestens 80 Kilometer gewesen sein! Was spielte es aber für eine Rolle, wo man seinen ersten Bundeswehr-Standort hatte? Meiner Meinung nach kann man auch in einer flachen Umgebung die gleichen Werte vermitteln wie in den Bergen. Es geht auch nicht darum, wer die härteste Grundausbildung hinter sich hat. Schließlich wird man dadurch auch kein besserer Offizier.

Ich möchte hier niemanden davon überzeugen, dass der Offizieranwärterlehrgang in Munster nicht bei weitem hätte härter ausfallen können. Ich hatte meine Allgemeine Grundausbildung in zwei verschiedenen Zügen verbracht. Das Wichtigste war, dass meine Zug- und Gruppenführer wahre Vorbilder waren. Sie haben viel von uns erwartet und gefordert, waren aber stets fair und gerecht. Jeder von uns konnte sich auch immer sicher sein, dass sowohl der Zug- als auch die Gruppenführer für jeden von uns als Kamerad zur Seite stehen würden, sobald Probleme in privaten oder militärischen Bereichen auftauchten. Eigentlich wäre ich am liebsten im IV. Zug der ersten Kompanie geblieben. Allerdings wurde dieser nach drei Monaten aufgelöst, weil man uns schon fast an zwei Händen abzählen konnte. Außerdem wurde unser Zugführer, ein Hauptmann, im Stab gebraucht. Somit wurde der IV. Zug auf den III. sowie den I. Zug aufgeteilt. Meine Gruppe gehörte danach dem I. Zug an. Nach einer kleinen Eingewöhnungsphase wurden wir, den Umständen entsprechend, gut aufgenommen.

Nachdem schließlich ganze sechs Monate verstrichen waren, ging es für mich erst einmal nach Idar-Oberstein, dann nach Torgelow und schließlich nach Dresden. Es zeigte sich, dass unsere Gruppenführer im Offizieranwärterlehrgang – alles erfahrene Haupt- und Oberfeldwebel – recht behielten, als sie sagten, wir wüssten gar nicht, wie gut wir eigentlich ausgebildet werden.

Eine Frau mit rosa Litzen?

Während des Offizieranwärterlehrganges schien es nie ungewöhnlich zu sein, als Frau rosafarbene Litzen zu tragen. Sie kennzeichneten meine Zugehörigkeit zur Panzertruppe. In Idar-Oberstein merkte ich aber schnell, dass viele Vorgesetzte darüber erstaunt waren. Einmal wurde ich sogar gefragt, ob man mich bestrafen wollte. Selbst in Dresden gab es einige fragende Blicke und Kommentare, was für eine »Rarität« ich sei. Manchmal kam ich mir schon wie ein »Exot« im Zoo vor. Dabei fühlte ich mich ganz wohl und normal mit meinen rosa Litzen auf den Schultern. Schließlich habe nicht nur ich diese Farben getragen und ob Mann oder Frau spielte dabei ja auch keine Rolle, solange man seine Sache gut machte.

Frauen in der Bundeswehr

Es fing ebenfalls in Idar-Oberstein an, dass immer wieder geklagt wurde, Frauen würden sich nicht als Soldaten eignen. Tagtäglich wurden Witze gerissen und die Frauen schlecht gemacht. Nachdem ich mir dies fast drei Monate angehört hatte, arbeitete ich einen kreativen Plan aus: Wir alle mussten ein Referat zu einem frei gewählten Thema halten. Mein Thema: Männer. Auf einmal änderte sich die Stimmung im Hörsaal und meine Kameraden beschwerten sich darüber, dass meine Präsentation »fies« gewesen sei. Mit dieser Reaktion hatte ich zwar nicht gerechnet, war aber sehr zufrieden: *„Wie du mir, so ich dir"*, dachte ich mir. Schließlich hatte ich mich auch nicht ein einziges Mal beschwert und mir die Argumente meiner männlichen Kameraden stets geduldig angehört: Frauen wären zu schwach, da keine Frau einen verwundeten Kameraden, der 100 Kilogramm wiegt, aus einer Stellung ziehen könnte. Da frage ich mich natürlich: Welcher Mann könnte das? Ganz alleine und ohne fremde Hilfe? Ich vermute, nicht viele. Daraus den Schluss zu ziehen, dass Frauen deshalb nicht als Soldaten geeignet wären, halte ich für mehr als fragwürdig. Auch ist reine Muskelkraft kein Garant für gute sportliche Leistungen. In vielen Bereichen schaffen es auch Soldatinnen, die für die Männer geforderten Leistungen zu erbringen.

Natürlich gibt es weniger Frauen als Männer in der Bundeswehr, sodass diese Minderheit von allen Seiten genauer unter die Lupe genommen wird. Das ist aber noch lange kein Grund, das Verhalten Einzelner auf alle Frauen zu übertragen und es als Regel anzusehen. Ich kenne natürlich Fälle, in denen Frauen sich einen Tag »Innendienst« erschlichen haben, um nicht nach draußen in den Regen zu müssen, und ich musste mich fragen, warum ich mal wieder die einzige Frau draußen im Dreck war. Ich habe allerdings im Truppenpraktikum auch genügend Männer erlebt, die wegen jeder Kleinigkeit zum Arzt gerannt sind. Männer sind also auch nicht ohne Fehler und ich würde niemals auf die Idee kommen, die generelle Eignung von Männern als Soldaten zu hinterfragen. Letzten Endes sind für mich persönlich alle Soldaten, egal ob Mann oder Frau, Kameraden. Einige bessere, einige schlechtere.

Die Hoffnung bleibt bestehen, dass mich irgendwann auch männliche Kameraden als ganzen Soldaten akzeptieren werden. Bis dahin werde ich mir weitere Hypothesen von der Unfähigkeit von Frauen anhören dürfen. Als Frau bei der Bundeswehr sollte man die Herausforderung, Akzeptanz zu erreichen, keinesfalls unterschätzen. Minimale Kleinigkeiten stoßen bei vielen Kameraden auf Unmut. Dazu braucht man sich nur die sportlichen Anforderungen bei Frauen anzuschauen: Beim Deutschen Sportabzeichen z.B. erhalten Frauen im Alter zwischen 20 und 24 Jahren bei einem 3000 Meter Lauf »Gold«, wenn sie dafür weniger als 18 Minuten benötigen. Männer dagegen müssen besser als 13 Minuten laufen, um noch die Stufe »Gold« erreichen zu können. Dieser Unterschied wird als unfair oder als »Tittenbonus« bezeichnet.

Als Frau muss man sich den Respekt der männlichen Kameraden erst verdienen. Zum Glück ist dies nicht unmöglich, aber trotzdem alles andere als leicht. Als zukünftiger Zugführer der Kampftruppe bedeutet dies für mich, dass ich als Frau im ersten Drittel der männlichen sportlichen Anforderungen stehen muss. Ich weiß: Ich kann und werde das schaffen. Alleine aus dem Grund, um den männlichen Kameraden ein Beispiel dafür zu liefern, dass Frauen durchaus fähig sind, sich in Kampftruppen durchzusetzen.

Das Panzerbataillon 413 in Torgelow und der Kampfpanzer Leopard 2

Nach meinem Lehrgang in Idar-Oberstein bekam ich eine Kommandierung nach Torgelow. Dort spürte man gerade die Konsequenzen der kurz zuvor beschlossenen Aussetzung der Wehrpflicht. Ich hatte das Gefühl, dass viele der Freiwilligen die Bundeswehr entweder als letzte Chance sahen oder einfach nur vom schnellen Geld träumten. In der Mentalität des Zuges, in dem ich eingesetzt wurde, fehlte einfach etwas. Zudem kam es ziemlich oft vor, dass Rekruten ihre Ausbildung und die Bundeswehr nicht so ganz ernst nahmen. Zusätzlich begleitete eine zivile Psychologin die Grundausbildung, um einen Eindruck über die physischen und psychischen Belastungen zu gewinnen. Sie setzte sich u.a. für deutlich längere Schlafzeiten für die Rekruten ein. Diese wertvolle Zeit ging dann natürlich für Ausbildungsabschnitte, in denen man z.B. schwierige Abläufe an diversen Waffen hätte üben können, verloren. Wobei ich mir nicht sicher bin, ob es alleine an der Psychologin lag. Leider lief in Torgelow so ziemlich alles etwas anders. Die Tatsache, dass der Großteil des Verbandes zu dieser Zeit im Auslandseinsatz war, machte es nicht besser und ist auch keine Entschuldigung für das, was dort passierte.

Die mit Abstand schönste Woche erlebte ich bei der Zusammenziehung der Offizieranwärter in Munster. Dazu wurden alle Offizieranwärter der Panzertruppen, die sich wie ich im sog. »Truppenkommando« befanden, in die Panzertruppenschule eingeladen. Ziel war es, die Offizieranwärter stärker an ihre zukünftige Truppengattung zu binden. Endlich einmal im Panzersimulator sitzen und sein späteres Arbeitsgerät näher kennen lernen! Die Stunden vergingen im Flug. Man gab sich wirklich größte Mühe, jede Minute voll auszuschöpfen. Die Krönung war ein Aufenthalt auf dem Truppenübungsplatz in Bergen. Mit einem Kampfpanzer Leopard 2 A6 seinen ersten scharfen Schuss abzufeuern, war einfach eine sensationelle Erfahrung. Als ich dann durch die geballte Kraft ein gutes Stück nach hinten in den Sitz gedrückt wurde und schließlich durchs Visier nur weißen Rauch sah, hatte ich nur einen Gedanken: *„Nochmal!"* Unglaublich, wie viel Kraft dahinter steckt und wie beweglich so ein massives Gerät sein kann. Das hat mich in Staunen und Euphorie versetzt. Zu schade, dass diese Woche viel zu schnell verflog. Ich musste danach mit vier weiteren Kameraden wieder zurück nach Torgelow. Was wir dort erlebten, möchte ich an dieser Stelle nicht im Detail beschreiben. Eine ziemlich gute Wiedergabe findet sich im Jahresbericht 2012 des Wehrbeauftragten Hellmut Königshaus. Ich war da und kann nur mit Nachdruck bestätigen, dass die Frauen, die sich dort beschwert haben, sehr gute Soldaten waren. Meiner Meinung nach haben beide viel zu lange gewartet und die Schikanen ihrer Kameraden erduldet. Das Ganze hatte auch nichts mit »Frau« oder »Mann« zu tun. Alle Kameraden, die mit mir als stellvertretende Gruppenführer in einer Kompanie eingesetzt wurden, haben jeden Tag gezählt, den sie noch in Torgelow verbringen mussten und konnten kaum ihre nächste Kommandierung abwarten.

Eines steht nach diesen Erfahrungen für mich definitiv fest: Ich werde in Zukunft so einiges anders machen. Im Nachhinein bin ich sogar sehr dankbar für die Erfahrungen, die ich in Torgelow sammeln durfte. Ich habe gesehen, dass nicht alles immer glatt läuft und wie schwer ein kameradschaftliches Verhältnis zwischen Offizieren und Unteroffizieren mit Portepee sein kann. Ich glaube fest daran, dass ich durch diese Erfahrungen besser auf meine späteren Aufgaben als Offizier vorbereitet wurde, als ich es damals für möglich gehalten habe. Schließlich mache ich mir dadurch deutlich mehr Gedanken über mögliche Problematiken, die im Dienstalltag auftauchen können. Ich werde meinen Führungsstil darauf einstellen.

Offizierschule des Heeres in Dresden

Im Großen und Ganzen hatte ich es mir in meinem »Truppenkommando« in Torgelow ganz anders vorgestellt. Mit Vorfreude und voller Erwartungen ging ich dort hin und voller Erleichterung wurde ich anschließend nach Dresden kommandiert. Ich fuhr dort mit weiteren grauenvollen Szenarien im Kopf hin. Doch Dresden entpuppte sich als das komplette Gegenteil. Ich hatte einen tollen Hörsaal und Kameraden, mit denen man lachen, aber auch lernen und beim Sport schwitzen konnte. Dazu hatten wir einen wirklich guten Hörsaalleiter und einen tollen Geschichtslehrer. Obwohl unser Hörsaalleiter sich schon im Dienstgrad Oberstleutnant befand, war er mit uns Offizieranwärtern auf einer Wellenlänge. Natürlich, er war Vorgesetzter, und wir respektierten dies ohne Ausnahme. Trotzdem konnte man mit ihm jederzeit über alles reden und das in einer kameradschaftlichen Atmosphäre. Besonders mochten wir alle seine Geschichten, z.B. während einer Busfahrt, bei der er lustige und interessante Anekdoten aus einem Auslandseinsatz zum Besten gab. Man konnte einfach nicht genug bekommen und alle lauschten immer ganz gespannt, was der Oberstleutnant noch alles erzählen würde. Doch leider endeten seine Geschichten viel zu oft in taktischen Fragen oder in Lagebesprechungen im Bus, die sich letztlich als Tests erwiesen. Dabei sollten wir uns den Bus stets als gepanzertes Fahrzeug vorstellen und seine Anweisungen durch das Mikrofon als Funkspruch interpretieren. Später kam er sogar vor der ersten Wehrrechtsklausur – an einem Sonntagabend – zu jeder Unterkunftsstube, um uns viel Erfolg zu wünschen und eventuelle Fragen zu beantworten. Aber auch unser Major in Geschichte war für uns eine besondere Persönlichkeit. Mit viel Witz und schockierenden Handlungen lehrte er uns Militärgeschichte. Bspw. riss er sich plötzlich die Feldbluse auf, um uns zu demonstrieren, wie eine vergangene Persönlichkeit ihren Widerstand zum Ausdruck gebracht haben könnte.

Unsere Vorgesetzten zeigten uns somit eine Form der Kameradschaft unter Vorgesetzten, aber auch, dass es im Wesentlichen nicht auf die Schulterklappen ankam, sondern auf das, was sich darunter befand. Die Farben Schwarz, Rot und Gold sind entscheidend. Schließlich dienen wir alle gemeinsam Deutschland. Anscheinend verbannen viele Kameraden gerade diese Gemeinsamkeit aus ihren Köpfen. Dafür gewinnt der Dienstgrad an Bedeutung. Ein Dienstgrad, der mit Macht gleichgesetzt wird. Kaum werden einige gerade mal zum Fahnenjunker befördert, wird die Nase immer höher getragen. Die Kameraden machen einen makaberen Fehler, indem sie Macht mit Verantwortung verwechseln. Verantwortung gegenüber ihrem unterstellten Bereich. Als Offizier haben sie auch die Pflicht, jeden Soldaten, ob Mannschafter oder Unteroffizier mit Portepee, zu respektieren und sich für sie einzusetzen und nicht ihre Macht auszuspielen. Sonst kann niemals eine Gemeinschaft, die sich durch gegenseitigen Respekt, Anerkennung und Kameradschaft auszeichnet, entstehen.

Am Ende des Offizierlehrgangs 1 (OL1) wurde eine kulturelle Woche organisiert. Dort kamen dann jeweils zwei Offizieranwärter und ein Stabsoffizier aus dem Ausland zu Besuch nach Dresden. Mit einem anderen Kameraden durfte ich mich um das Wohl der kirgisischen Gäste kümmern. Leider konnten wir beide kein Russisch und die Kirgisen kein Englisch. Deswegen hatten wir stets eine Dolmetscherin an unserer Seite. Als diese aber leider einmal verschlafen hatte, stand mir glücklicherweise der Google-Übersetzer zur Seite.

Neben den Kirgisen waren auch Offizieranwärter und Stabsoffiziere aus Russland, Polen, den Niederlanden, Amerika, Japan, Thailand und Serbien anwesend. Es war toll, einmal viele andere

Länder und Sitten in einem Raum versammelt zu sehen und dabei Neues zu lernen. Etwa darüber, wie unterschiedlich die Ausbildung von Offizieren in den anderen Ländern verläuft. Die Kirgisen berichteten z.B., dass ein Offizieranwärter vielleicht zweimal im Jahr nach Hause fahren durfte, und dass der Strom jeden Abend um 22 Uhr abgeschaltet wird. Ein Oberstleutnant in Kirgistan verdient dabei in etwa dasselbe wie ein Fahnenjunker bei der Bundeswehr. Ein russischer Offizieranwärter erzählte, dass warmes Wasser in russischen Kasernen eine absolute Seltenheit und purer Luxus sei.

Neben vielen interessanten Gesprächspartnern habe ich auch einen jungen Offizieranwärter aus Thailand, der mittlerweile schon Leutnant ist, kennengelernt. Damals wollte er noch zu den Fallschirmjägern oder zur Infanterie. Jetzt ist er doch bei der Panzertruppe gelandet. Ich befürchte, dass ich zu seiner Entscheidung zumindest unterbewusst ein wenig beigetragen habe.

Helmut-Schmidt-Universität/Universität der Bundeswehr in Hamburg

Jetzt bin ich in Hamburg. Außer einem selbst gemalten Panzer in meinen eigenen vier Wänden sehe ich hier kaum militärisches Großgerät. Ich möchte mich nicht beklagen, denn das Studium steht jetzt im Vordergrund. Es ist aber trotzdem schade, dass das Militärische darunter leiden muss. Schließlich kommen militärische Ausbildungen im Universitätsalltag meiner Ansicht nach viel zu kurz. Die Umgewöhnungsphase hat bei mir eine halbe Ewigkeit gedauert. Aufgrund des eher zivilen Alltags in Hamburg mache ich mir schon jetzt Sorgen, wie die Wiedereinschleusung in die Truppe und in den militärischen Alltag einmal aussehen wird. Die Angst, zu viel Militärisches zu verlernen oder zu vergessen, steht bei mir dabei im Vordergrund.

Die Universität hat aber auch noch eine andere Seite. Sie ist eine neue Herausforderung. In den vier Studienjahren ist nämlich jeder im Großen und Ganzen allein dafür verantwortlich, wie viel er aus seinem Studium für sich herauszieht. Je mehr man sich engagiert und weiterbilden möchte, desto intensiver wird man in der Regel auch in seinen Plänen unterstützt. Selbstverständlich müssen militärische und universitäre Leistungen entsprechend gut sein. Selbst der Erhalt der sportlichen Leistungsfähigkeit liegt in der Hand eines jeden einzelnen Soldaten, solange die verpflichtenden »IGF-Leistungen« erfüllt werden. Trotzdem sollte das einfache »Bestehen« kein angestrebtes Ziel darstellen, weswegen sich jeder in diesem Bereich selbst fördern und fordern sollte.

Staatsbürger in Uniform

„Entschuldigung. Können Sie uns helfen? Sie sind doch Polizisten, oder?" oder *„Als was hat die sich denn verkleidet?"* Diese und ähnliche Fragen und Kommentare kennt wohl jeder Soldat. Erschreckend, aber leider Realität. Warum ist das so? Zum einen scheinen viele Kameraden auf ihre Uniform gar nicht stolz zu sein. Auf Fragen, warum sie nicht in Uniform nach Hause führen, erhält man Antworten wie: *„Sie ist unbequem, sie ist hässlich, ich mag sie nicht"* etc. Ich glaube, es hat auch etwas mit der Bevölkerung zu tun. Für unsere Leistungen und unseren Beruf erhalten wir Soldaten sehr wenig Anerkennung und Lob. Würde sich dies verändern, bin ich mir sicher, dass Kameraden verstärkt auf ihre Uniform zurückgriffen, weil sie stolz wären, Soldat zu sein. Ein weiteres Problem oder ein Resultat dieser Faktoren ist aber auch, dass wir uns als Soldaten verstecken. Einfach mal in Uniform raus gehen und sich der Bevölkerung zeigen, das macht schon sehr viel aus. Irgendwer muss schließlich den ersten Schritt wagen. Und was haben wir als Soldaten schon zu verlieren? Ja, wir zeigen uns der Bevölkerung und stehen somit hinter unserer Entscheidung! Niemand hat uns zum Soldatsein gezwungen. Zeigt man sich in der Öffentlichkeit in Uniform, wird man sogar erstaunt sein, wie positiv die Rückmeldungen sind. Die meisten Leute sind überrascht, einen Soldaten zu sehen. Viele glauben, dass Soldaten eher eine richtige Antwort auf Fragen parat haben als andere Passanten. Sucht jemand eine bestimmt Straße, ist die Wahrscheinlichkeit, dass er zuerst einen uniformierten Soldaten fragt, deutlich höher als die, dass er einen anderen um Hilfe bittet. Andere dagegen wollen oft mehr wissen: *„Was macht man bei der Bundeswehr? Wie ist es als Frau bei der Bundeswehr?"* Dabei schwingen oft Interesse und Respekt mit. Ehrlich gesagt finde ich es toll, wenn ich auf meine Uniform angesprochen werde. Es ist etwas Besonderes, also sollten wir daraus auch für uns

selbst etwas Besonderes machen und nicht etwas Selbstverständliches. Die Reaktionen sind natürlich nicht immer positiv. Aber jeder hat nun Mal seine eigene Meinung. Bisher hatte ich das Glück, dass ich hauptsächlich positive Rückmeldungen erhalten habe. Soldaten beschweren sich und klagen, dass die Bevölkerung so wenig über die Bundeswehr weiß. Wir müssen auch als Soldaten etwas ändern: Raus in die Öffentlichkeit gehen, sich zeigen und damit Missverständnisse und Vorurteile aufheben. Erst dann werden sich die Meinungen und das Wissen über die Bundeswehr in der Bevölkerung verändern. Schließlich wissen viele nicht einmal, warum es die Bundeswehr gibt.

Hoffnungen für die Zukunft

Insgesamt lässt es sich nicht leugnen, dass ich in den vergangenen fast drei Jahren einiges erlebt habe. Das waren nicht nur die Ausbildungen, bei denen man vermittelt bekam, wie mit den verschiedensten Waffen umzugehen ist. Es war viel mehr: Ich habe etwas über Kameradschaft, Respekt und Anerkennung gelernt. Außerdem habe ich gelernt, dass es später in der Truppe niemals ohne die Hilfe von erfahrenen Unteroffizieren klappen kann. Zumindest, wenn man ein gut funktionierendes gemeinsames Arbeiten erreichen möchte.

Desweiteren freue ich mich schon jetzt auf neue Erfahrungen mit dem Kampfpanzer Leopard und hoffe, später einmal von meinen unterstellten Soldaten als guter Offizier betitelt zu werden. Ich finde es besonders wichtig, niemals aufzugeben. Egal, was kommen mag und wie schwer es einem erscheint. Denn ich bin mir sicher, wenn ich das weiterhin schaffe und meinem Motto: *„Immer dabei sein"* treu bleibe, werde ich irgendwann meinem Ziel, ein guter Offizier zu werden, ein Stückchen näher kommen. Ich will mich für meine Soldaten einsetzen und ein Vorbild sein, dem sie nacheifern wollen. Menschen zu führen, Befehle zu geben und Vorbild zu sein ist ein sehr erfüllendes Gefühl!

Was die Zukunft für mich bereithält, ist natürlich ungewiss. Herausforderungen werde ich kompromisslos annehmen, und ich bin mir sicher, dass mich noch eine spannende und interessante Zeit bei der Bundeswehr erwartet. Denn eines steht für mich jetzt schon fest: Soldat zu werden war kein Fehler!

Führen trotz Auftrag.
Zur Rolle des militärischen Führers in der postheroischen Gesellschaft

von Jan-Philipp Birkhoff

In der Militärgeschichte gab es wenig derart emotional und verbissen geführte Diskurse wie die um die Rolle der Menschen, die andere in den Krieg, den Sieg, den Tod oder – wie in Deutschland besonders schmerzlich erlebt – in die Niederlage führten. Niemand wird so kontrovers betrachtet wie diejenigen, die eine scheinbar unnahbare, kollektiv verliehene Macht verkörpern, im Angesicht des Kampfes aber zum 'primus inter pares', dem Ersten unter Gleichen werden. Und gemessen an dieser Kontroverse, ist im Laufe der Geschichte ein Anspruch an den militärischen Führer erwachsen, der sich nicht im Geringsten mit zivilen Äquivalenten vergleichen lässt, eben weil alle Maßstäbe ziviler Ansprüche unter den Bedingungen des Krieges auf ihren primitiven Ursprung zurückgedrängt werden. Genau aus diesen Ansprüchen generiert sich auch mein, besser unser aller Anspruch, ständig mit Geist und Körper in Bewegung zu bleiben, allein schon um nicht vor der Geschichte als Jene dazustehen, welche durch ihre fehlende Flexibilität einen Fortschritt erschwert, oder schlimmer, verhindert haben. Offiziere besitzen die Möglichkeit, das Privileg und damit auch die Pflicht, als Akademiker tätig zu werden, um ihre intellektuellen Fähigkeiten unter Beweis zu stellen. Dies kann aber nicht im Rahmen der nur unwesentlich mit der eigentlichen Profession verknüpften akademischen Lehre geschehen. Vielmehr sehe ich für mich den Vorteil, die erlernten Fähigkeiten auf den militärischen Bereich anzuwenden, in der Hoffnung, so auch abseits meiner eigentlichen Berufung zumindest einen symbolischen Beitrag zu leisten.

Es ist eine Tatsache, dass Gesellschaft sich ändert. In diesem Zusammenhang wird auch in Bezug auf Deutschland immer stärker von einer postheroischen Gesellschaft gesprochen, einer Gesellschaft, in der das Streben nach Ehre durch eine hohe Opferbereitschaft im Namen dieser nicht mehr akzeptiert bzw. angesehen ist. Dies geht einher mit einer drastisch sinkenden Bereitschaft, militärische Verluste als sacrifice zu betrachten, sondern stattdessen ein Beklagen der victims an erste Stelle gesellschaftlicher Perzeption zu setzen.

Für den militärischen Führer bedeutet dies eine starke Veränderung der Lage, welche soweit gehen kann, dass der vollständige Kriegsbegriff nach Clausewitz hinterfragt werden muss. Denn nur durch ein Aufzwingen des Willens kann ein Erfolg nicht mehr sichergestellt werden. Stattdessen werden vielmehr die Vermeidung von Verlusten und die Sicherstellung des eigenen Überlebens als zentrale Aufgabe von Soldaten im Einsatz betrachtet. Dies wird sicherlich auch durch eine teils unzeitgemäße Berichterstattung gefördert, die so gut wie nie Erfolge öffentlich macht, aber meist zu spät ein objektives Bild von Misserfolgen oder umstrittenen Aktivitäten zeichnet, während Populärmedien meist deutlich schneller eine hoffnungslose Lage anhand von wenigen Eigenverlusten skizzieren, welche so oder so an die Öffentlichkeit gelangen. Dies soll aber nicht Inhalt dieser Untersuchung sein, allein schon, weil es nicht meinem Interessengebiet entspricht, mich über die Medien in der modernen Marktwirtschaft auszulassen.

Stattdessen will ich mich auf das Zentrum militärischer Handlungsfähigkeit konzentrieren und mich anhand sowohl theoretischer als auch praktischer Erfahrungen mit der Frage beschäftigen, inwiefern sich die Rolle des militärischen Führers in der postheroischen Gesellschaft verändert hat. Dabei will ich auch auf das angesprochene Spannungsverhältnis eigener Anspruchshaltung im Verhältnis zur Realität eingehen und auf Lösungsansätze untersuchen.

Man möge es mir an dieser Stelle nachsehen, dass ich den militärischen Führer in erster Linie in seiner Funktion als Teil der Kampftruppen betrachte, während ich unterstützende Aufgaben ausklammern werde, wobei ich dieses Verfahren später noch erläutern werde.

Zuerst werde ich den neuen Forderungskatalog, den die postheroische Gesellschaft an die Führungsebenen unserer Streitkräfte stellt, beschreiben, um dabei auch auf die Notwendigkeit einer Berücksichtigung desselben einzugehen. Danach werde ich mich mit den Überschneidungen dieser Anforderungen mit den naturgemäß militärischen Ansprüchen des Kriegswesens an den militärischen Führer beschäftigen, um dabei auch die Schwierigkeiten der gegenseitigen Vereinbarkeit zu durchleuchten. Aus dieser Betrachtung heraus werde ich einen erneuerten Anforderungskodex für den militärischen Führer der postheroischen Gesellschaft formulieren, welcher sich als direkte Handlungsanweisung an die Persönlichkeit, das

Selbstverständnis und den Korpsgeist desselben von der analytischen Arbeit im vorherigen Teil abhebt. Zugleich werde ich hierbei auch ein Fazit erstellen, welches hoffentlich der am Anfang gestellten Frage Rechnung trägt und einen angemessenen Abschluss der Arbeit darstellt.

Während meine schriftlichen Quellen größtenteils theoretischer Natur sind, wäre es abwegig, ja geradezu geschichtsvergessend, wenn ich nicht auch der ernüchternden Wirkung praktischer Erfahrung einen egalitären Platz einräumte. Da eine tatsächliche Kampferfahrung meinerseits fehlt, muss ich auf die Erlebnisberichte von Kameraden ausweichen, welche über einen entsprechenden Hintergrund in ihrer Biographie verfügen. Ihnen bin ich daher zu großem Dank verpflichtet. Nur durch ihre fachliche Qualifikation als auch ihre Welterfahrenheit bin ich als vergleichsweise junger Soldat in der Lage, eine Transferleistung speziell in Bezug auf meine Auswertung zu erbringen. Ebenfalls ergeht meine Hochachtung an das Unteroffizierkorps des 5./Panzergrenadierbataillon 391 Bad Salzungen, welches mich in meiner militärischen Charakterbildung stark geprägt hat und dessen Lehren in diesem Dokument weiterleben.

Die postheroische Gesellschaft als Herausforderung

Als Ergebnis aus zwei Weltkriegen ist die deutsche Gesellschaft in weite geistige Distanz zu einer ideologischen Erhöhung von Patriotismus und Opferbereitschaft getreten. Wo frühe Vorgänger der bundesdeutschen Gesellschaft die Verehrung des Opfers im Namen des Vaterlandes, dem Sacrificium, als zentrale Quelle sozialen Zusammenhalts praktizierten, ist heutzutage eine sehr misstrauische Haltung gegenüber jedem kriegerischen Altruismus zu beobachten. Es findet eine Entzauberung des Helden an sich statt, welche auch eine fehlende Akzeptanz militärischer Verluste mit sich trägt. Diese werden nicht mehr als heroische Opfer, als Märtyrer sozusagen, betrachtet, sondern als tragische Opfer, als Victima.

Infolgedessen wird der Erfolg militärischer Operationen und jeder kriegerischen Handlung an sich an einem völlig neuen Standard gemessen. Während in den autokratischen und totalitären Vorläufern der Bundesrepublik noch der militärische Sieg als zentrales Ziel der gesellschaftlichen Gesamtperzeption um zwar nicht immer jeden, doch stets um einen hohen Preis erkämpft werden konnte, hat sich mit der Etablierung der postheroischen Gesellschaft eine Veränderung ergeben. Aus dem fehlenden Bewusstsein für die Relationen von Verlusten, der generellen Furcht vor einem militärischen Scheitern in den Einsatzgebieten, speziell Afghanistan, und der Tatsache, dass die mediale Aufmerksamkeit sich eben vor allem auf die tragische, die verlustreiche Komponente der Kampfeinsätze konzentriert, ist es nicht mehr möglich, den Tod von Soldaten als bestehendes Risiko zu akzeptieren. Die politische Grundlage für Kampfeinsätze, in diesem Falle der demokratische Wille, sie zu führen, schwindet mit ihnen und stellt so die militärische Fähigkeit in Frage, einen Konflikt erfolgreich zu beenden. Dementsprechend ist es auch schon zu einem Perspektivwechsel gekommen, sowohl bewusst als auch unbewusst. Während die Verbesserung von Schutzausrüstung, die Intensivierung von Ausbildung und die allgemeine Steigerung der sanitätsdienstlichen Fähigkeiten mit Sicherheit eine direkte und bewusste Reaktion auf die neuen Parameter sind, stellen eine eher defensive Strategie im Gesamtkontext und eine passive Informationskultur unterbewusste Handlungen zur versuchten Bewältigung dieser dar. Es ist an dieser Stelle bemerkenswert, dass totalitäre Gesellschaften, die auch einen starken Hang zum militärischen Heroismus haben, wenig Wert auch auf die oben genannten physischen Verbesserungen der Schutzfähigkeit legen, und wenn, dann meist nur zur Steigerung der Kampfkraft im Angriff. Dies mag auch mit der allgemeinen Politisierung der totalitären Gesellschaft verbunden sein, die stärker das Kollektiv als das verletzbare Individuum betont.

Für den militärischen Führer kann eine solche Entwicklung eine einschneidende Erfahrung darstellen. Denn während in einer parallelen Gesellschaft wie der Bundeswehr mit ihren eigenen Werten und Normen der Verlust von Kameradenleben zwar als schlimm, aber nicht als grundsätzlich den Auftrag gefährdend betrachtet wird, werden Tote von ziviler Seite immer stärker als Symptome oder Signale eines Scheiterns aufgenommen. Der Rückhalt für den Auftrag schwindet und mit ihm, wenn auch nicht bewusst (von radikalen Ausnahmen abgesehen), der Rückhalt für den Einzelschützen im Einsatz. Hier greift ein verhängnisvoller Teufelskreis in den Ablauf ein: Durch Tote sinkt die politische Unterstützung, gleichzeitig schwächt dies die Kampfmoral der Truppe, woraus gemäß dem Satz der Erhaltung der Kampfkraft auch diese schwindet. Mit schwindender Kampfkraft ist auch die Operationsfähigkeit vor allem im Angriff eingeschränkt. Dies führt unweigerlich zur Stärkung der Kampfkraft des Gegners, was wiederum die Gefahr von Eigenverlusten erhöht.

Zusätzlich wird der grundlegende Rückhalt, sozusagen der Mindestwert für Unterstützung, voraussichtlich nicht in bemerkenswertem Maße ansteigen. In den meisten Fällen wird man sich mit dem oft genannten »freundlichen Desinteresse« der Gesellschaft konfrontiert sehen, was in moralischer Hinsicht schlimmer ist als eine feindliche Haltung, speziell weil letztere immer mit einem mehr oder weniger deutlichen Änderungswunsch an den Tag tritt und somit die Möglichkeit und den Auftrag zur Veränderung oder Verbesserung in sich trägt.

Die Konsequenzen aus dieser neuen Rahmenlage sind, gelinde gesprochen, verheerend. Durch die Nichtakzeptanz von Verlusten wird dem militärischen Führer eine Last aufgelegt, die schwerer wiegt als jede Schutzweste, schwerer als jede Ausrüstung und schwerer als die Pflicht zur Tapferkeit. Denn wenn der Kampf mit dem Feind auch zum Überlebenskampf wird, muss man eine Doppelbelastung ertragen, welche in den seltensten Fällen ohne negative Folgen auf Geist und Körper bleibt.

Man hätte eine solche gesellschaftliche Entwicklung spätestens seit der Eingliederung der Generation 68 in das politische Establishment erkennen können, handelte es sich bei ihnen doch um die möglicherweise letzte »heroische« Generation, wenn auch um eine mit sehr zweifelhaften Helden wie Ernesto Guevara oder Ho Chi Minh. Rein hypothetisch würde ich den damaligen Führungsriegen der Bundeswehr unterstellen, dass sie wohl mit einer automatischen »Re-Heroisierung« im Falle eines Krieges zwischen NATO und Warschauer Pakt rechneten.

Abseits solcher hypothetischer Überlegungen lässt sich festhalten, dass die postheroische Gesellschaft starken Einfluss auf den vom Volk erteilten Auftrag, seine Grenzen und Erwartungen nimmt.

Der militärische Führer muss sich darauf einstellen, dass Eigenverluste in Zukunft nicht mehr toleriert werden, sondern, so irrational es für ausgebildete Soldaten auch sein mag, Erfolg an einer »Null-Tote«-Linie gemessen wird, während man immer noch einen klassischen militärischen Sieg über den möglicherweise asymmetrischen Feind erwartet. Daher müssen wir nach dieser kurzen Zusammenfassung als Fazit ziehen, dass in einer postheroischen Gesellschaft nicht die zugefügten Verluste beim Feind zählen, sondern die verhinderten Eigenverluste. Gleichzeitig darf neben allem Willen zum Überleben seiner selbst und dem der unterstellten Soldaten niemals die wichtigste Operationsart zum Erreichen des Erfolgs vergessen werden – der Angriff.

Die Natur des Krieges im Widerspruch zur postheroischen Gesellschaft

Wenn nach Clausewitz das Ziel aller militärischen Handlungen das Aufzwingen meines Willens über den meines Gegners ist, setzt dies ein aktives Handeln meinerseits zwingend voraus, denn »Zwingen« ist per Definition eine aktive Handlung. Hieraus ergibt sich sowohl für mich wie für meinen Feind der Anspruch, den eigenen Willen schneller, energischer und wirksamer durchzusetzen. Das kumulative Aufeinandertreffen beider Willen eskaliert in dem, was wir früher oftmals als Schlacht, heute öfter als Gefecht bezeichnen.

Um in der möglichst günstigen Position zu sein, muss ich also schneller, energischer und wirksamer Handeln, kurzum muss ich dort aktiv sein, wo ich meinen Gegner inaktiv sehe oder, besser noch, gemacht habe. Mit anderen Worten verleiht mir nur der Angriff die Möglichkeit, das Heft des Handelns an mich zu reißen. Nur der Angriff kann zu einer mir günstig erscheinenden, neuen Ausgangsposition führen, nur durch den Angriff kann ich den Gegner zum Handeln zwingen. Wenn Verteidigung stets eine mehr oder weniger geplante Reaktion auf ein Handeln des Gegners darstellt, ist der Angriff die Aktion, der Zwang für den Feind und das zentrale Instrument des eigenen Willens.

Wenn wir hieraus ableiten, dass ein militärischer Erfolg stets auf der eigenen Fähigkeit, offensiv zu agieren aufbaut, ergibt sich für den militärischen Führer der Auftrag, diese Fähigkeit zu jedem Zeitpunkt zu erhalten und nach Möglichkeit auszubauen. Dies geschieht gemäß der Gegenwirkung von Angriff und Verteidigung, nach der nie eine der beiden Operationsarten völlig losgelöst von der anderen betrachtet werden kann.

Gleichzeitig lässt sich mit dem Angriff stets auch ein erhöhtes Risiko verbinden, welches aus der Tatsache resultiert, dass nach Clausewitz der Angriff die strategisch schwächere Form der Kriegsführung ist. Denn während die Verteidigung einen »Schild, gebildet durch geschickte Streiche«, also eine Reihe von Stößen mit dem Zweck der überlegenen Gesamtverteidigung, darstellt, trägt der Angriff die Verteidigung in sich als Last. Sein unmittelbares Kernelement, das Nehmen von Räumen, Stellungen etc. bedeutet im Umkehrschluss, dass er sich gegen die Verteidigung des Gegners erwehren, also verteidigen muss. Clausewitz verglich hierbei die Kampfkraft eines angreifenden Trupps, der gerade erst in seine noch unbekannten Positionen einrückt, während der Verteidiger seine Stellungen kennt und möglicherweise ausbauen konnte, miteinander. Des Weiteren kommt alle vom Angreifer ungenutzte Zeit dem Verteidiger zugute, ein Umstand, den selbst Rommel im praktisch erlebten Gefecht in Afrika bitter spüren musste, als seine Unterführer durch unnötige Pausen ein Ausweichen britischer Verbände in der Cyrenaica ermöglichten.

Wenn man aus diesen Erläuterungen die Schlussfolgerungen zieht, dass der Angriff zwar eine erhöhte Gefahr für Leib und Leben sowie am Material eigener Kräfte, aber stets auch den einzigen sicheren Weg darstellt, die feindliche Fähigkeit zum Handeln auszuschalten, muss man resümieren, dass in keiner noch so abstrakten Gedankenkonstruktion der Angriff als Operation fehlen kann.

Genau hier sehen wir uns jedoch der Diskrepanz ausgesetzt, die zwischen dieser nüchternen Tatsachenanalyse und der Realität der postheroischen Gesellschaft herrscht. Wie bereits betont, ist gerade für Letztere das Verhindern von Risiken für das Leben der eigenen Soldaten ein zentrales Element.

Es ist hierbei zu beachten, dass es mitnichten jemals eine gängige militärische Grundauffassung war, das Leben der eigenen, unterstellten Soldaten als bloße Investition in ein Risiko zu betrachten. Schon Sun Tsu schrieb, dass der militärische Führer seine „Soldaten wie [seine] Kinder [betrachten soll]", am besten sogar wie „[seine] geliebten Söhne, und sie [würden] bis zum Tod an [seiner] Seite stehen". Die wenigen Ausnahmen lassen sich meist mit bestimmten politischen oder religiösen Idealen in Verbindung bringen. So wurde bspw. der Kommandeur der SS-Division »Totenkopf«, Theodor Eicke, für seinen Ausspruch, dass „*Verluste keinen Unterschied machen*" würden, von General Erich Hoepner vor seinem versammelten Stab als »Schlächter« bezeichnet. Dass selbst in einer von einem stark menschenfeindlichen Heroismus geprägten Gesellschaft wie dem Dritten Reich noch ein bestimmter »Ehrenkodex« im Umgang mit den eigenen Soldaten bestand, verdeutlicht, wie unsinnig es wäre, militärische Risikobereitschaft mit dem leichtfertigen Opfern von Menschenleben gleichzusetzen. Sie ist auch militärisch unsinnig, vor allem für Streitkräfte mit hohem Ausbildungsstand, welche ihre Kampfkraft über diesen potenzieren.

Für den Betrachter ergibt sich somit, dass in der postheroischen Gesellschaft bestimmte Aspekte der Kriegsführung, ja des Krieges selber, nicht mehr akzeptiert werden. Dies rührt teils aus einer grundsätzlich dekadenten Haltung, in der schmerzhafte Erfahrungen verdrängt werden sollen, teils aus einem Misstrauen gegenüber öffentlichem Altruismus. Der Krieg und damit auch die Konflikte, in welche die Bundeswehr verstrickt ist, sind jedoch alles andere als angepasst an diese Veränderung der Gesellschaft. Der Gegner hat keine ähnlich kritische Bevölkerung, keinen Anspruch an die eigene Fähigkeit, das Überleben zu sichern; er hat noch nicht einmal den Anspruch, rationaler militärischer Logik zu folgen; denn seine Logik ist entweder Ideologien oder Götzen unterworfen. Was in erster Hinsicht wie ein Vorteil klingen mag, stellt bei näherer Betrachtung nur eine mäßige Abschwächung des eigenen Handicaps dar. Immer noch bleibt für uns unbeantwortet, wie wir militärische Führung ins 21. Jahrhundert bringen und die oben genannten Diskrepanzen beseitigen.

Ohne Zweifel kann man feststellen, dass der militärische Führer einen zentralen Bezugspunkt für das soldatische Selbstverständnis darstellt. Es ist auch unter den widrigsten Umständen ein unumstrittenes Faktum für den deutschen Soldaten, dass er sich im Wesentlichen an diesem orientiert und ihm mehr oder weniger sein Vertrauen, stets aber seine Loyalität schenkt. Man muss an dieser Stelle den militärischen Führer als neutrale Größe von Persönlichkeit, Charakter sowie Dienstgrad trennen, welche weitaus heterogenere Reaktionen bei ihren Untergebenen hervorrufen als die bloße Vorstellung eines anonymen Idealtypus. Dieser ist dementsprechend mit erstaunlich präzise formulierten Erwartungen und Ansprüchen konfrontiert. Er soll sowohl hohe Ansprüche als auch Leistungen vorzeigen, er muss Vorbild und Anker sein sowie eine psychische und physische Überlegenheit zumindest repräsentieren, am besten gleich besitzen. Vor allem aber vermittelt der militärische Führer den Zweck an die Truppe, das heißt er arbeitet als Vermittler zwischen Auftrag und Soldat und hat die zentrale Entscheidungsgewalt über menschliche sowie materielle Mittel. Sein Befehl ist also die Übertragung des großen, abstrakten Auftrags auf viele kleine, einzelne Tätigkeiten, welche alle der Erfüllung des gemeinsamen Auftrags dienen. Dabei darf sein Befehl nicht als absoluter Wert verstanden werden. Seine Bedeutung rührt nicht aus einer Entgegenstellung seiner Autorität zur Truppe, sondern aus einer unteilbaren Einheit vom militärischen Führer mit ihr.

Wir müssen also den Auftrag an den militärischen Führer erweitern. Er hat das Überleben seiner Soldaten nicht als ein moralisches, sondern als ein realistisches Ziel zu verstehen. Was auf den ersten Blick keine wesentliche Neuerung darstellt, ist in Wirklichkeit als gravierend zu begreifen. Denn dieser postheroische Zusatz zum eigentlichen Auftragskomplex wirkt sich auf Ausbildung und Lehre, auf Befehlssprache, Truppennähe und Menschenbild, auf Struktur und Hierarchie sowie Selbstverständnis aus. Mit anderen Worten: Es ist keine bloße Einschränkung mehr, kein wünschenswertes »Plus«, sondern eine Prämisse des Handelns.

Professionalisierung statt Politisierung

Wenn man zusammenfassend sagen kann, dass die postheroische Gesellschaft keine wirklich zufriedenstellende Motivation für den Soldaten zu bieten hat, stellt sich die Frage, wie man als militärischer

Führer auf das vorher geschilderte neue Lagebild reagieren kann. Meine Antwort ist vergleichsweise einfach und schon im Titel dieses Abschnittes enthalten: Professionalisierung statt Politisierung.

Da der Rückhalt in Politik und Gesellschaft nur in Ansätzen vorhanden ist und sogar schwindet, weitere Einsätze mit Kampfhandlungen aber nicht kategorisch ausgeschlossen werden, braucht es einen neuen Berufsethos, aus dem wir unsere Motivation, unseren Willen zum Kämpfen, kurz unsere geistige Kampfkraft ziehen. Die postheroische Gesellschaft stellt keine Alternative dar, sie ist vielmehr ein Produkt der stetig stärker werdenden Verdrängung von Leid, Tod und Elend aus dem Raum der öffentlichen Wahrnehmung; vielleicht ist sie sogar der Auslöser dafür. Ein »aufgeklärter Verfassungspatriotismus«, wie er von dem Philosophen Jürgen Habermas definiert wurde, ist einerseits zu theoretisch und für die brutale Praxis des Gefechts zu unbeständig; andererseits ist er von der Gesamtgesellschaft bestenfalls belächelt. Ich persönlich bezweifle, dass man ihn in der Truppe als soldatische Mentalität verankern könnte.

Statt also die Geister vergangener Zeiten oder abstrakte Konstruktionen zu bemühen, sollte man sich auf das konzentrieren, was auch im Einklang mit der modernen Leistungsgesellschaft steht: Der Beruf als Profession. Dies bedeutet, dass die Motivation für mein Handeln die Qualität meines Handelns selber wird. Nicht mehr Vaterlandsliebe, die man jungen Soldaten nur schwer als Grund für einen Kampfeinsatz einimpfen kann, oder lebensferne Ausführungen über transnationale Verpflichtungen mit wirtschaftlichen Interessensüberschneidungen, sondern der berufliche Stolz und das Bewusstsein, dass man seinen Dienst versieht, weil der Beruf zur Berufung gemacht wurde. Beruflicher Ehrgeiz, der sich nicht aus einer Sehnsucht nach Karriere, sondern dem Willen zur beruflichen Perfektion, kurz Professionalität, speist, soll der Motor für dieses neue Bild vom Soldaten allgemein, vom militärischen Führer im Besonderen sein.

Professionalismus darf und kann an dieser Stelle nicht mit einer Söldnermentalität gleichgesetzt oder verglichen werden, denn er bezieht sich stets auf ein konkretes Berufsbild, in diesem Falle auf das Bild des Soldaten, genauer des deutschen Soldaten. Das Erlangen von Professionalität als solcher ist somit an bestimmte Normen und Verhaltensgrundsätze gebunden, namentlich Kameradschaft, Treue, Ehrlichkeit, Tapferkeit und den Gehorsam gegenüber dem Souverän. Im Gegensatz zum »professionellen Söldner« ist der professionelle Soldat somit nicht weniger an die Werte gebunden als vorher.

In einer Leistungsgesellschaft wird die Bundeswehr dadurch nicht nur Teil von dieser; sie entwickelt sich ähnlich wie ein moderner Konzern selber zu einer. Die Professionalisierung wird zur Grundlage einer neuen Homogenität unter den militärischen Führern, welche dadurch weniger im Konkurrenzdenken verhaftet sind, sondern ihre Fähigkeiten als Mittel zur Verbesserung der Gesamtheit betrachten, nicht als Weg, sich beruflich abzusetzen. Gleichzeitig bedeutet Professionalisierung, dass es eben nicht zu einer De-Individualisierung kommen wird, da gerade professionelle militärische Führer ihre persönlichen Eigenarten als Stärken und Schwächen analysieren können, um letztere zu beseitigen und erstere zu konservieren und weiterzuentwickeln. Der professionelle militärische Führer soll eben nicht nur »funktionieren«, er soll mehr können, mehr wollen und mehr Möglichkeiten für die Gesamtheit der Bundeswehr sehen. Er stellt die maximale Vereinbarkeit des modernen Individualismus mit dem militärischen Anspruch an die eigene Unterordnung für das Kollektiv dar.

Gleichzeitig verkörpert er die wichtigsten Aspekte moderner militärischer Führung. Er ist aus seinem Selbstanspruch heraus sowohl die Entschlossenheit und Energie, die die Truppe beflügelt, als auch die erfahrene Weisheit, die dem Soldaten und der Gesellschaft die Sicherheit gibt, dass Verluste vermieden werden können, während gleichzeitig noch ein umfassender militärischer Sieg möglich ist.

Während der »politisierte« militärische Führer sich mit allen Unzulänglichkeiten der pluralistischen Gesellschaft auseinandersetzen muss und deren Differenzen ungewollt auch in die Truppe trägt, kann der professionelle Führer sich völlig auf den zentralen Inhalt seines Berufs konzentrieren. Sein Handeln ist automatisch von mehr Sicherheit geprägt, weil er stets einen konstanten ethischen Schwerpunkt hat. Auf diese Weise kann er auch in seinem Handeln objektiver beurteilt werden, weil der Anspruch an ihn universell ist. Universell, weil er die unverrückbare Natur allen militärischen Handelns, oder, mit Clausewitz' Worten, die Natur des Krieges als Leitlinie betrachten kann. Wenn ich mein Handeln nicht an sozialer Akzeptanz, an persönlicher Eitelkeit oder selbstgefälligem Opportunismus ausrichte, sondern an dem brutal einfachen Satz der Effektivität, erreiche ich mein Ziel mit sehr viel höherer Wahrscheinlichkeit. Man könnte hier der Kürze halber sagen, dass der militärische Zweck meine geistigen Mittel rechtfertigt. Dies führt mitnichten zu einer menschenverachtenden Haltung. Meine und die Erfahrung unzähliger anderer Kameraden in Vergangenheit und Gegenwart hat bewiesen, dass effektive Führung stets auch die Aspekte der Fürsorge und Truppennähe in sich trägt.

An dieser Stelle muss man unterstreichen, dass der professionelle militärische Führer in keiner Weise auch als Mensch unpolitisch sein muss. Er kann die von mir möglicherweise zu negativ konnotierten Merkmale der pluralistischen, modernen Gesellschaft durchaus verinnerlichen, jedoch als Privatperson. Er kann im Privaten durchaus Mitglied von demokratischen Parteien sein, er kann andere Ansichten als seine Kameraden zu gesellschaftlich relevanten Themen haben, er kann sogar im Rahmen der engeren Kameradschaft mit ihnen den politischen Diskurs führen. Aber er darf nie sein Handeln und Denken als militärischer Führer der Gefahr aussetzen, dass es sich eben nicht mehr am militärischen, sondern am politischen Zweck orientiert. Gerade Letzterer wird gleichzeitig gerne vorgeschoben, um schnell Karriere zu machen, also um persönlichen, finanziellen oder eitlen Ehrgeiz zu kaschieren.

Der professionelle militärische Führer dagegen richtet sich nicht nach vorgeschobenen politischen oder egoistischen Gesichtspunkten, sondern nach dem Prinzip des kollektiven Gewinns. Seine Arbeit und sein Streben können sehr wohl positive Folgen für seine Karriere haben, dürfen aber niemals mit diesen begründet werden. Stattdessen sieht er den Gewinn für die gesamte Armee als Zweck seines Handelns und Denkens. Dieser Gewinn beginnt im Kleinen, im Unscheinbaren und Selbstverständlichen. Durch seinen Glauben an die Sache bedarf der professionelle militärische Führer eigentlich keiner finanziellen oder anderen Anreize. Aufgrund der unleugbaren Tatsache, dass bei aller Professionalität Menschen stets Menschen bleiben, müssen hier aber Abstriche an die Realität gemacht werden. Somit können Belohnungen auch für den Professionellen als wirksamer Kontrollmechanismus im Gegenspiel zu Strafen eingesetzt werden. Genau wie bei der gesamtberuflichen Motivation dürfen sie jedoch nur Beiwerk, niemals Zentrum des Handelns und Denkens sein. Eine »Eisernes-Kreuz«-Mentalität ist gefährlich für Leib und Leben der unterstellten Einheiten, wie die Vergangenheit zu häufig bewiesen hat.

Während in der Zivilgesellschaft Diskurs und politische Differenzen die demokratische Kultur bereichern, wirken sie als Charakterzug eines militärischen Führers wie lähmendes Gift. Gerade Einsatzerfahrungen belegen, dass in Ausnahmesituationen unterstellte Soldaten vor allem auf die Sicherheit und Entschlossenheit des eingeteilten Führers angewiesen sind. Sicherheit, Entschlossenheit und die äußere Projektion innerer Einigkeit sind aber Attribute, die man in den seltensten Fällen auf eine pluralistisch-demokratische Gesellschaft anwenden kann; denn diese gewinnt schließlich ihr Selbstverständnis aus der Möglichkeit, den oben genannten Diskurs zu führen. Diskurs bedeutet jedoch stets auch Unsicherheit über eine Entscheidung, denn wären alle Beteiligten sicher, welcher Weg zu gehen wäre, gäbe es ihn logischerweise gar nicht. Der militärische Führer kann sich den demokratischen Luxus dieser Unsicherheit allerdings nicht leisten. Er muss die vorher erwähnten Grundtugenden verkörpern und seinen Untergebenen die Ruhe und das Vertrauen schenken, dass sie zur Erfüllung des Auftrags benötigen.

Gleichzeitig bedeutet dies in keinem Falle, das Diskurs und Streit völlig ausgeschlossen sind, ganz im Gegenteil. Gerade das Führerkorps einer Armee, speziell der Bundeswehr, muss in einem ständigen, durchaus kontrovers geführten geistigen Austausch stehen. Gerade große militärische Siege wurden durch unkonventionelle und verpönte Ideen ermöglicht. Am eindrucksvollsten wären hier Mansteins Sichelschnittplan oder Rommels Umfassungsvorhaben bei Gazala zu nennen. Beide wurden vor und noch während ihrer Ausführung heftig kritisiert. Der Diskurs hat sich im besten Falle aber auf seinen militärischen Nutzen zu beschränken, er darf nicht zum Selbstzweck werden. Wenn das geschieht, wird er zur inneren Spaltung und führt zwangsläufig zur Zerreibung des so dringend benötigten Esprit de Corps.

Für diesen Geist braucht es ein durchaus homogenes Führerkorps, welches auch in unserer Zeit der postmodernen Aufklärung und ungeschönter Darstellung der Realität sich als solches zu erkennen vermag. Die Idee eines »Spiegels der Gesellschaft« ist vielleicht als pluralistisches Gedankenspiel durchaus interessant, bringt jedoch auch von militärischer Perspektive aus nicht zu tolerierende Gefahren mit sich. Denn zu unserer Gesellschaft gehört heute mehr denn je Dekadenz, unkontrollierte Gewalt und Rücksichtslosigkeit. Zu der postheroischen Gesellschaft gehören Defätisten, radikale Hedonisten und arrogante Selbstdarsteller. Sie alle vereinen in sich die Tatsache, dass sie völlig inkompatibel mit einer professionellen militärischen Führungskultur, vielleicht sogar mit dem soldatischen Wesen selbst sind. Der »Spiegel der Gesellschaft« ist unvereinbar mit dem beschriebenen Selbstanspruch und führt letztendlich nur zur Zerstörung von jedem Ansatz eigener Geschlossenheit. Er rekrutiert seine Anhängerschaft vor allem aus der kollektiven Furcht vor einem »Staat im Staate«, einer Gemeinschaft mit abweichenden Werten und Normen, welche sich bewusst von der Gesellschaft abgrenzt. Diese Furcht ist sowohl unbegründet als auch veraltet, da selbst moderne deutsche Konzerne und mittelständische Unternehmen ein eigenes, homogenes Berufsethos entwickeln und trotzdem nicht als schwerwiegende Gefahr für die FDGO betrachtet werden. Als Armee des 21. Jahrhunderts und losgelöst von den Übeln der Vergangenheit muss die Bundeswehr aber auch gar keine Angst vor sich selbst haben. Im Gegenteil, weniger Anbiederung und Selbstverleugnung würden wahrscheinlich durchaus positiv auf das Bild der Bundeswehr wirken. Ähnlich wie Unternehmen mit einem hohen Qualitätsanspruch gesellschaftliche Anerkennung in sich selbst finden und sich dabei bewusst von egalisierenden Tendenzen fernhalten, wird auch die Bundeswehr im Wesentlichen über ihre Leistungen definiert, nicht über ihre Bemühungen, sich selbst als unmilitärisch und zivilverträglich darzustellen.

Es muss an dieser Stelle betont werden, dass eine Professionalisierung den Offizierstand deutlich stärker verändern würde als das Unteroffizierkorps. Dies ist in erster Linie mit dem durchschnittlich hohen Grad der Professionalität von Letzterem zu begründen. Der Grund für diesen »Vorsprung« hat seine Wurzeln in der zwingenderweise sehr sachbezogenen Tätigkeit der Unteroffiziere mit und ohne Portepee, welche durch ihre Konzentration auf praktische Fähigkeiten eine weltweit sicherlich hervorstechende Professionalität konservieren konnten. Sie stellen damit eine der wesentlichen Stützen einer effektiv funktionierenden Armee dar, welche gleichzeitig als eine der größten Stärken der Bundeswehr erkannt werden sollte. Sein Selbstanspruch, Korpsbewusstsein und innerer Zusammenhalt sind wesentliche Merkmale des Unteroffizierkorps und einer professionellen Führungskultur. Dementsprechend kann man sich aus praktischen Gründen auf eine Professionalisierung des Offizierstandes beschränken. Die Bezeichnung Offizierstand ist hierbei durchaus absichtlich gewählt, denn von einem Offizierskorps kann nur als abstrakter Begriff gesprochen werden. Durch die vorher geschilderten Probleme, die der falsch verstandene Pluralismus unter Offizieren mit sich bringt, ist die Gemeinschaft der Offiziere so heterogen wie keine andere Dienstgradgruppe. Diese Heterogenität wäre in keinem Falle schlimm, wäre sie »nur« auf Fähigkeiten beschränkt. Durch den Grundsatz von Kameradschaft und dem Prinzip des deliberativen Austausches würde sich automatisch eine gewisse Homogenität der Fähigkeiten einstellen. Jedoch ist die Spaltung des Offizierstandes deutlich tiefgreifender und sitzt an den Wurzeln des individuellen Berufsverständnisses. Gerade Letzteres tendiert dazu, sich völlig in finanziellen und beruflichen Wünschen nach Sicherheit zu verirren, was zu heftigen Differenzen mit dem militärisch ausgeprägten Selbstanspruch anderer führt und somit erwähnte Spaltung katalysiert. Falsch verstandene Toleranz gegenüber offensichtlicher Ablehnung der eigenen Berufung verstärkt bei jenen Deplatzierten das Gefühl, dass ihre Haltung nicht nur nicht geahndet, sondern durchaus gefördert wird. Fatale Konsequenz ist eine Besetzung entscheidungsbefugter Stellen mit genau diesen unprofessionellen Kameraden, was im Umkehrschluss eine Aussiebung unmotivierten Personals erschwert, ja unmöglich macht. Dies trifft vor allem jene Kameraden umso härter, die möglicherweise schon jetzt entgegen dem Trend eine sehr professionelle Haltung an den Tag legen, zumeist solche, die durch Vordienstzeit schon stark in ihrer Berufsauffassung geprägt sind. Denn gemäß der Faustregel, dass ein Ruf schneller und leichter ruiniert als verbessert wird, leiden sie ohne eigenes Fehlverhalten unter dem anderer, werden teilweise sogar selbst zum Schlechten hin beeinflusst.

Gleichzeitig ist der Offizier umso stärker betroffen von den Problemen, die eine postheroische Gesellschaft mit sich bringt. Er ist stets auch Träger der mentalen Verfassung der Truppe, allein schon weil er die richtungsweisende Kraft in der Hierarchie darstellt. Als politisierter Offizier trägt er vor allem das Stigma, dass er vom Rest der Truppe zumindest teilweise als Vertreter oder Verfechter der postheroischen Gesellschaft betrachtet wird, wobei ihm dann ähnliche Reserviertheit oder schlimmer, Antipathie entgegenschlägt, wie dieser selbst.

Der entscheidende Schritt zu Lösung dieser Probleme liegt im Objekt selber: Der Offizier stellt faszinierenderweise sowohl das Problem als auch die Lösung dar. Dies entspringt der Tatsache, dass er naturgemäß am wenigsten kontrolliert und beeinflusst werden kann, allein schon aufgrund der erwähnten vertikalen Hierarchie. Andererseits stellt gerade der Offizierstand eine stark selbstreflexive Gruppe dar, was wiederum durch das Alleinstellungsmerkmal der eigenen Aufgabe, für eine truppeninterne Mentalität verantwortlich zu sein, bedingt ist. Unverändert problematisch bleibt die beschriebene Trennung des Offizierstandes in sich, welche alle Selbstreflexion zu einer persönlichen, im besten Falle im kleinen Kreis geschehenden Tätigkeit werden lässt. Sie erhält dabei oft den Charakter von kleinlicher Nörgelei und erfährt dementsprechend von anderen Kameraden entweder halbherzige Anerkennung oder sogar Ablehnung, meist weil sie zu sehr spontaner als überlegter Natur ist, aber auch aufgrund der bereits erwähnten massiven Unterschiede in der beruflichen Überzeugung.

Ein Ausweg aus der geschilderten Lage wäre ein starkes Offizierskorps, welches sowohl Stabilität für den Einzelnen als auch Fortschritt für die Gesamtheit verkörpert. In ihm könnte der Schritt hin zu einer kollektiven Professionalisierung mit der größtmöglichen Aussicht auf Erfolg gemacht werden, bedingt durch die Tatsache, dass es die einzige denkbare Instanz darstellt, die einen ernstzunehmenden Einfluss auf ihre Mitglieder ausüben könnte. Hierbei sei nochmals auf das Unteroffizierkorps verwiesen, welches oftmals ohne erkennbare Leitfiguren in der Lage ist, sich selbst zu erziehen und zu modernisieren.

Eines der ersten Tätigkeitsfelder zur Professionalisierung des Offiziers stellt eine umfassende mentale Revolution dar. Zuerst muss sich der eigene Anspruch und die erbrachte Leistung deutlich verändern und an die Gegebenheiten der Einsatzrealität anpassen. Die Einsicht, dass die »postheroische Prämisse« ein Umdenken erfordert, ist hier nur der Grundstein. Die Tätigkeitsfelder sind weit, und unmöglich im Rahmen dieser Arbeit vollständig zu erfassen, da sich beinahe jeder Aspekt des Offizierseins dem Prozess der Professionalisierung unterziehen muss.

Hierbei bereits von mir erwähnt ist der Austausch von Wissen und Fachkenntnis untereinander. Es erstaunt mich stets von neuem, welche Mengen an geistigen Ressourcen innerhalb unserer Dienstgradgruppe verborgen liegen. Von Kameraden, die komplizierte Selbstverteidigungstechniken beherrschen, bis hin zu solchen, die detaillierte Vorstellungen für interne Verbesserungen von administrativen Abläufen haben, besteht eine große Bandbreite an Fähigkeiten, welche meist für die Allgemeinheit ungenutzt bleiben.

Weiterhin wäre es ein wertvoller Beitrag zur Professionalisierung, wenn sich eine gewisse Ernsthaftigkeit etablieren würde, die den teils schon ins Subversive abgleitenden Berufssarkasmus zumindest einschränken würde. Hierbei ist in keinem Fall ein kritikloser Optimismus gemeint, sondern eine Beschränkung auf Kritik, die dem konkreten militärischen Zweck dient und sich an den Grundsätzen von senkrechter und waagerechter Kameradschaft orientiert. Sie muss, wie bereits erwähnt, eine Verbesserung des Handelns und des Denkens der Gesamtheit als Zweck betrachten. Dies erfordert allerdings auch Kritikfähigkeit und das Ablegen von falschem Stolz. Gerade dies mag schwierig erscheinen, teils unmöglich, aber letztendlich darf man nicht vergessen, dass in den Momenten, in denen eine solche kameradschaftliche Solidarität funktioniert, Kritik weniger als solche aufgenommen wird, sondern eher noch als erwünschter Hinweis auf eigene Missstände.

In Anbetracht der Tatsache, dass sich soldatisches Handeln stark an gemeinschaftlicher Problembewältigung orientiert, ist es für eine Professionalisierung unerlässlich, dass unter allen möglichen Umständen die Nähe der Truppe gesucht wird. Je einiger man im Denken und Handeln mit dieser ist, umso einfacher und effektiver gestaltet sich der Prozess des Führens. Der vorher erwähnte Austausch von Wissen und Fähigkeiten gilt nicht nur innerhalb der Gemeinschaft der Offiziere, sondern vor allem im Zusammenspiel mit den Hauptakteuren, dem kämpfenden Teil der Armee. Die fehlende Einheit zwischen Offizieren und ihren Untergebenen kann eine entscheidende Schwäche für demokratische Armeen darstellen.

Aus der Forderung, dass für den professionellen militärischen Führer sein Beruf zur Berufung und damit auch zu seiner zentralen Motivation wird, entsteht die Forderung, dass innerhalb der Bundeswehr nicht mehr eine Ellenbogenmentalität unter den Offizieren und Offiziersanwärtern vorherrschen darf. Sie läuft dem Prinzip der Kameradschaft entgegen und speist sich aus dem Verlangen nach persönlicher Bereicherung, wodurch sie insgesamt ein Merkmal für fehlende Professionalität ist. Für den professionellen militärischen Führer ist der Übergang in den Status eines Berufssoldaten Konsequenz des militärischen Zwecks, das heißt dem unmittelbaren Glauben an eine Verbesserung der Gesamtverhältnisse durch seine Übernahme. Niemals aber darf sie zum Ziel werden, weil dann ein Handeln allerhöchstens durch zufällige Überschneidungen dem militärischen Zweck dient.

Der schwierigste, aber zugleich wichtigste Aspekt der Professionalisierung ist die mentale Reinigung des Offizierstandes. Während ein Großteil der Schritte nicht der Kraft des Kollektivs bedarf, ist sie bei diesem letzten Unterprozess unerlässlich. Die Gründe hierfür liegen innerhalb der oft zu beobachtenden Wechselwirkung von Aktion und Reaktion. Angenommen, dass es einem Großteil der Offiziere und Anwärter gelingt, sich selbst zu professionalisieren, könnte der Eindruck entstehen, dass es allein der individuellen Veränderung bedarf, um ein Offizierskorps zu schaffen. Diese Fehleinschätzung würde spätestens dann offenbar, wenn die ersten unprofessionellen Kameraden die neugefundene Solidarität ausnützten, ohne sich entsprechend zu integrieren. Ergebnis wäre eine Unterwanderung des fragilen Zusammenhalts, welche wiederrum nach dem Prinzip der Reaktion andere in eine ähnliche Haltung abgleiten ließen, sich das System also selbst aushöhlte. Einer der Gründe dafür ist eine falsch verstandene Toleranz und liberale Auffassung gerade bei den Kameraden, die sich stark an soldatischen Tugenden orientieren. Meist wird hierbei eine kurze Phase der Aufregung von einer anschließenden relativierenden Haltung abgelöst, allein schon, weil es sich deutlich einfacher leben lässt, und es nicht viel Courage bedarf, im Stillen seinen Unmut kundzutun. Viel mehr Mut und Überzeugung, vor allem aber Verantwortungsbewusstsein für die Truppe, die später von ungeeigneten Individuen geführt werden könnte, braucht es jedoch, um offen für Veränderung einzutreten. Ein professionelles Offizierskorps verfügt dementsprechend über eine starke innere Erziehungskraft, passt ihre Mitglieder an die Normen und Werte an und verdrängt jene, die diesen nicht entsprechen wollen.

Zusammenfassend kann man festhalten, dass der Wandel zur Professionalisierung ein durchaus komplizierter Prozess ist, der sich mit den menschlichen Wesensarten, die auch dem besten militärischen Führer noch eigen sind, auseinandersetzen muss. Ein Prozess, der für ein Individuum kaum zu bewältigen ist und dementsprechend von einem Kollektiv getragen werden muss. Auf der anderen Seite bietet er jedoch auch eine Möglichkeit, sich auf die Herausforderungen unserer postheroischen Gesellschaft vorzubereiten und damit direkt die Leistungsfähigkeit der eigenen Streitkräfte zu fördern. In jedem Falle stellt der professionelle militärische Führer die Zukunft dar, allein schon, weil er sich deutlich besser mit den Gegebenheiten aktueller und kommender Szenarien verträgt. Letztendlich ist er auch die Antwort auf die Frage, wie ein militärischer Führer die Doppelbelastung tragen kann, wenn er einerseits das Leben seiner Untergebenen sicherstellen, andererseits auch einen militärischen Sieg erringen soll: Für ihn ist dies lediglich eine Herausforderung, die seinem regulären Selbstanspruch entspricht. Er trägt die psychische Belastung dadurch deutlich leichter und vermittelt gleichzeitig Sicherheit in die Truppe und aus ihr heraus.

Zu Anfang stellte ich die Frage, inwiefern sich die Rolle des militärischen Führers in der postheroischen Gesellschaft verändert hat, inwiefern er sich dadurch vor neue Probleme gestellt sieht, aber vor allem, welche Lösung sich für diese anbieten. Im Laufe dieser Arbeit konnte ich mehrere wichtige Aussagen herausstellen:

Die postheroische Gesellschaft ist nicht mehr in der Lage, sich mit dem Tod von Soldaten auseinanderzusetzen. Der Dienst am eigenen Land wird immer kritischer gesehen, gleichzeitig werden eigene Tote als Zeichen einer Niederlage gedeutet. Ein allgemein schwindender Rückhalt ist die Folge. Nicht mehr die feindlichen Verluste zählen, sondern die Unversehrtheit der eigenen Truppe. Parallel wird trotzdem ein militärischer Sieg erwartet. Der Tod wird vor allem mit der Gefahr einer Niederlage verbunden, weniger mit Solidarität.

Der militärische Führer muss sich in diesem Widerspruch zwischen der »Natur des Krieges« nach Clausewitz und dem Willen des postheroischen Souveräns als neue Prämisse die unbedingte Bewahrung des Lebens all seiner Unterstellten bewusst machen. Diese einzuhalten, fordert einen neuen Typus von militärischem Führer, welcher in der Lage ist, die spezielle Belastung dieser neuen Lage zu meistern.

Da der Wille des Volkes unser oberstes Gesetz ist, und da wir ihm zu Treue und Loyalität verpflichtet sind, müssen wir unseren Auftrag mit aller möglichen Tüchtigkeit und Tatkraft ausführen. Wenn das bedeutet, dass Verluste vermieden, der Feind diskret und ohne große Presse vernichtet werden muss, und Solidaritätsbekundungen eher von den Angehörigen der Soldaten zu erwarten sind, ist das mitnichten der Grund, sich in kleinliche Enttäuschung zu flüchten, so verlockend dies auch sein mag. Stattdessen muss man sich die gegebene Lage klar vor Augen halten, eigene Schwächen und Stärken analysieren, und schließlich Lösungen finden.

Das Ergebnis, dass sich die Rolle des militärischen Führers in der postheroischen Gesellschaft verändert hat, führte zu der Frage, welche Lösung sich für diese Diskrepanz aufzeigt. Durch Professionalisierung statt Politisierung kann man zumindest eine grundlegende Basis für eine funktionierende, zukünftige Führungsstruktur schaffen.

Wenn man also schlussfolgert, dass ein professioneller militärischer Führer eine geeignete Antwort auf die Frage nach der Vereinbarkeit von militärischen Anforderungen und den Ansichten der Politik in der postheroischen Gesellschaft darstellt, dann wird er zur zwingenden Zielsetzung aller Veränderung.

Ohne Frage scheint der Prozess der Professionalisierung schmerzhaft, schwierig und manchmal unnötig hart zu sein. Letztendlich ist er aber eine Konsequenz aus der veränderten Gesellschaft, dem neuen Aufgabenspektrum und dem steigenden Anspruch, den deutsche militärische Führer im Ganzen an sich haben. Er ist vor allem für das Offizierskorps dringend nötig, weil er bereits im Rahmen der Einsatzrealität ihre Untergebenen erreicht hat. Gerade wer das Gespräch mit einsatzerfahrenen Kameraden sucht, wird feststellen, dass ihre Schilderungen stark an technisch-militärischen Details orientiert sind, so gut wie nie aber an politische Umstände geknüpft sind. Im Gegenteil, immer weniger Soldaten empfinden Politik und Gesellschaft als wichtige Unterstützung. Ihre Motivation ist meist durch das berufliche Selbstverständnis geprägt, was nichts anderes als eine Professionalisierung darstellt. Umso wichtiger ist die Tatsache, dass sie ihren Dienst in den Einsatzgebieten mit herausragenden Ergebnissen leisten. Die Professionalisierung ist schon jetzt so sehr Realität, wie es die postheroische Gesellschaft ist.

Zuletzt sei noch gesagt, dass ich den militärischen Führer bewusst in seiner Rolle als Führer der Kampftruppen gezeichnet habe, zum einen der Einfachheit halber, weil der Kampf immer den Punkt größtmöglicher Belastung, sprich den Fall der Fälle darstellt, zum anderen weil der Kampf stets das Zentrum militärischen Handelns ist und alle anderen Bereiche ihm letztendlich zuarbeiten. Kurz gesagt: Die kämpfende Truppe entscheidet.

Es ist an solcher Stelle immer eine ebenso befreiende wie auch beklemmende Erfahrung, einen Sachverhalt wie diesen zu erörtern. Für mich ist jede schriftliche Erfassung von meinen eigenen Schlussfolgerungen auch gleichzeitig eine Aufarbeitung der Gedanken, die mich nicht loslassen. Das traf sowohl auf meine Berichte über die Truppenkommandos als auch über die Offiziersschule des Heeres zu. Dementsprechend findet sich vielleicht öfter, als ich es selbst zu erkennen vermag, eine stark persönliche Note in meiner Argumentation.

Ich gebe an dieser Stelle auch durchaus zu, dass meine Erörterungen einen leicht negativen Klang haben mögen. Dies geschah nicht aus einer pessimistischen Haltung heraus, sondern dem praktischen Grund, dass ich den Umfang möglichst gering halten wollte und dementsprechend mich eher auf die Mängel als auf die Stärken konzentriert habe. Gerade Letztere sind aber das Fundament, auf dem wir als Offiziere Veränderungen aufbauen können. Denn bei allen Problemen darf man nicht vergessen, dass wir auf so viel zurückgreifen können. Sei es ein einzigartiges Ausbildungsniveau, ein loyales und professionelles Unteroffizierkorps, eine oftmals sehr flexible Grundhaltung oder auch nur die Tatsache, dass wir aus einem Reservoir unzähliger begabter Kameraden schöpfen können. Diese Stärken sind nicht selbstverständlich, sie werden jeden Tag aufs Neue geprüft und müssen gegen Strukturreformen und Standortverlegungen, gegen administrative Mängel und eine Verwaltung auf Sonderschulniveau bestehen. Aber die Tatsache, dass sie seit Jahrzehnten dagegen bestehen, kann uns nur mit Zuversicht erfüllen.

Die postheroische Gesellschaft mag uns mit Schwierigkeiten konfrontieren, die andere Generationen nicht hatten. Die aktuelle Situation ist mit Sicherheit eine Herausforderung und manchmal mögen Geist und Körper ermüdet sein und sich nach der verdienten Anerkennung sehnen. Ihr Ausbleiben ist nur eine weitere Prüfung unserer Entschlossenheit. Und diese Prüfungen machen uns stark, da bin ich sicher. Sie mögen an uns zehren, uns oftmals geschlagen zurücklassen, aber sie bringen uns auch zueinander. Was der Einzelne nicht schafft, schafft unsere militärische Gemeinschaft. Unser Geist des Zusammenhalts wird unter Druck und den Herausforderungen der Gegenwart stärker, nicht schwächer. Ich kann den Kameraden, die mir diesen Geist vorleben, nur immer wieder meinen allergrößten Respekt zollen. In ihnen sehe ich unabhängig vom Dienstgrad die wahren Vorbilder menschlicher Größe.

Die Umstellung von der Wehrpflicht- auf eine Freiwilligenarmee mag für viele eher negativ beladen sein, sie stellt aber auch unsere große Chance auf einen Wandel dar. Gerade unsere Generation junger militärischer Führer hat die einmalige Gelegenheit, unsere Streitkräfte zu revolutionieren. Die Entscheidung, ob wir untätig alten Fehlern bei ihrer Wiederholung zusehen oder den Sprung in die militärische Zukunft wagen, liegt auf unseren Schultern. In letzterem Falle bedeutet es für uns Gestaltungsmöglichkeiten jenseits jeder Vorstellung.

Ich hoffe, dass ich mit diesem Aufsatz auch die Gefühle und Wünsche von möglichst vielen meiner Kameraden ausdrücken konnte. Letztendlich sehe ich mich eher als jemanden, der Gesehenes und Gehörtes zu Papier bringt denn als Vordenker.

Kameradschaft ist, wenn der Kamerad schafft

von Lukas Jonatan Reitstetter

Der Eintritt in die Streitkräfte in zumeist jungen Jahren stellt für jeden Soldaten eine Zäsur in seiner bisherigen Lebensführung dar. Nicht nur man selbst, sondern nahezu alle Bereiche der persönlichen Lebensführung durchleben eine Wandlung, die im Vorfeld so kaum absehbar ist. Einiges, was Soldaten erfahren und erleben, tragen sie nach außen. Bewusst oder unbewusst. Die räumliche Distanz von Freunden und Familie, der alltägliche Dienstbetrieb, der gerade in jungen Jahren am Wochenende gern ausführlich rekapituliert wird, ständig wechselnde Tätigkeiten oder der ganz eigene Rhythmus, der innerhalb einer Kaserne gelebt wird. All' diese und noch viele weitere Felder lassen sich nicht nur in Worte fassen. Sie erzeugen auch Bilder vor dem inneren Auge. Egal, ob man selbst eine militärische Erziehung und Ausbildung genossen hat oder nicht. Zusammengefasst umreißt man seinen Beruf so wie man jede andere Tätigkeit auch beschreiben würde: Anhand von Äußerlichkeiten.

Was den Soldatenberuf jedoch von vielen anderen Berufen und definitiv von allen Jobs unterscheidet, ist, dass es hierbei lange nicht endet. Das äußerliche Erscheinungsbild des Menschen, der sich eine Uniform anzieht und seinem Land zu dienen gedenkt, stellt nur die sprichwörtliche Spitze des Eisberges dar. Dass, was dieser Lebensweg im Speziellen bedeutet, erschließt sich nur denen, die ihn auch tatsächlich zu betreten wagen.

„Zu betreten wagen" – Wie ist das zu verstehen? Indem ich mich bewerbe, zur Eignungsfeststellung gehe, ein Dokument unterschreibe, eingezogen werde, zum Soldaten erzogen werde? Was bedeutet es überhaupt, in der heutigen Zeit – in der Bundesrepublik Deutschland des 21. Jahrhunderts – zum Soldaten »erzogen« zu werden? Indoktrination? Das Auswendiglernen von Leitbildern und Parolen? Das Auflisten von Tugenden in der korrekten Reihenfolge, eingeordnet in starre, vorgegebene Kategorien? Welche Anforderungen werden an die jungen Soldaten, in diesem Fall an die heranwachsenden militärischen Führer, gestellt? Irgendwie müssen sie schließlich greifbar gemacht werden. So wie alles, was man irgendwann abzuprüfen gedenkt. Aber ist damit schon alles gesagt? Reicht ein Katalog an den Offizierschulen, um den militärischen Führer von Morgen zu prägen? Um sein Selbstverständnis zu festigen und

ihm seine Rolle im Offizierskorps der Streitkräfte zu vermitteln? Oder erschafft der Dienstherr nur eine Clique von ehemaligen Abiturienten, die zwar über wenig Lebenserfahrung im Umgang mit Menschen verfügt, aber dafür in schöner Regelmäßigkeit einen nicht verstandenen Wertekanon wiedergeben kann?

Der Soldatenberuf und besonders der des militärischen Führers lässt sich, wie eingangs bereits erwähnt, nicht auf wenige Taten oder Handlungsfelder beschränken. Alleine schon aufgrund der Mannigfaltigkeit der Aufgabenspektren. Der Marineoffizier trägt eine andere Art der Verantwortung als der Führer einer Kampfkompanie. Der Oberleutnant der Luftwaffe erzieht seine Untergebenen anders als ein Pionierzugführer. Obwohl sich beide vielleicht noch in dasselbe Raster der Besoldung pressen lassen, um einen Vergleich ihrer Leistungen zu ermöglichen, reicht dies bei weitem nicht aus. Doch hier sind wir erneut bei den Äußerlichkeiten stehengeblieben. Dem, was an vielen Wochenenden als »Kriegsgeschichte« thematisiert wird.

Was jedoch stellt den Mythos dar, der nur schwer in Worte zu fassen ist, wenn man ihn nicht selbst erlebt hat? Was kann nicht verstanden werden, wenn man nicht selbst seiner Zeuge geworden ist? Und was liegt ihm zugrunde?

Es ist das, was versucht wird, mit dem Wort »Kameradschaft« zu beschreiben. Kameradschaft. Ein Wort, das direkt aus der deutschen Sprache erwächst, inzwischen sogar im alltäglichen Sprachgebrauch seinen Platz gefunden hat und in der Regel ohne politische oder soziale Grenzen verwendet werden kann – und auch verwendet wird. Dass diesem Wort keine feste Bedeutung zukommt, sondern Kameradschaft unterschiedlich erfahren wird, ja, durchaus auch negativ konnotiert sein kann, macht eine Erläuterung nicht einfacher. Besonders, wenn man zuvor noch die unsichtbare, aber im heutigen Deutschland leider sehr hohe Barriere der militärischen zur zivilen Welt überwinden muss.

Kameradschaft lässt sich, abseits von bekannten Nachschlagewerken, am ehesten damit umschreiben, dass eine Gruppe von Menschen in einer Konfliktsituation enger zusammenrückt, gemeinsam das zu erduldende Schicksal trägt und hierbei aus Gründen der gegenseitigen Fürsorge auf persönliche Vorteile jeglicher Art zu verzichten bereit ist. Aus dieser Beschreibung erwachsen zwei Merkmale, die es näher zu betrachten gilt. Zum einen: Eine Gruppe von Menschen. Wie setzt sich diese zusammen? Der Definition einer Gruppe entsprechend müssen hierfür mindestens zwei Individuen aufeinandertreffen, die möglicherweise unterschiedlich geprägt sind, die sich jedoch aufgrund eines gemeinsamen Zieles zusammen gefunden haben. Ob freiwillig oder unfreiwillig ist hierfür grundsätzlich nebensächlich. Der zweite Aspekt, die Konfliktsituation, beruht in weiten Teilen auf dem Verhalten der Gruppenmitglieder. Erst wenn das, was es zu bewältigen gilt, für mindestens eines der Individuen eine ernstzunehmende Herausforderung darstellt, wird auch für den Rest der Gruppe ein Konflikt offenkundig, den es zu lösen gilt. Je mehr Personen hiervon betroffen sind, desto bedrohlicher stellt sich die Situation für die gesamte Gruppe dar.

Nach dieser Definition beruht Kameradschaft maßgeblich darauf, dass eine äußere Kraft ihre Wirkung entfaltet. Einen speziellen Rahmen hierfür gibt es nicht, sie kann sowohl zeitlich als auch räumlich losgelöst entstehen. Ausschlaggebend ist der Zusammenhalt, der durch dieses Element entsteht.

Bleiben wir bei Beispielen im militärischen Umfeld: Der ersten direkten Herausforderung, der man als frischer Rekrut gegenüber steht, sind an den ersten Tagen in Uniform die eigenen Ausbilder. Man steht jemandem gegenüber, dessen Welt man noch nicht versteht. Dessen Regeln man noch nicht einordnen kann. Dessen – auf den ersten Blick allgegenwärtige – Willkür eine Bedrohung aller bisher gemachten Erfahrungen des noch jungen Lebens darstellt. Gleichzeitig wird man durch die Zusammensetzung seiner ersten Unterkunftsstube Teil einer Gruppe, mit der man von nun an die gleichen Rahmenbedingungen teilen muss. Dass es sich hierbei mit großer Wahrscheinlichkeit um Menschen handelt, denen man im zivilen Leben niemals begegnet wäre, hat dabei eine verschwindend geringe Bedeutung. Religion, soziale Herkunft, Berufs- oder Schulbildung treten in den Hintergrund. Was zählt, ist vielmehr der Rückhalt, der Zusammenhalt, der sich aus dieser Zusammenfindung von Menschen ergibt. Freundschaft kannte man und kennt sie selbstverständlich immer noch. Sie erwächst aus gegenseitigen Interessen, dem freiwilligen Verbringen von Zeit miteinander, dem Teilen von Leidenschaften. Das, was man nun erfährt, ist etwas anderes. Von gemeinsamen Interessen kann vielleicht noch gesprochen werden: Dem Interesse, sich in den Dienst des Staates zu stellen, Soldat zu sein. Freiwillige Zeit miteinander verbringt man eher weniger, vielmehr zwingen der Dienstplan und die Ausbilder zur Zusammenarbeit. Und von Leidenschaft kann, sofern im Gruppenrahmen überhaupt möglich, gar nicht die Rede sein. Was man hier erfährt, ist Kameradschaft. Dass es auch hier Unterschiede in der Wahrnehmung gibt, liegt in der Natur des Menschen. Mancher spürt es früher oder intensiver. Mancher bringt sich mehr ein als ein anderer. Einigen wird die Wahrnehmung dieser menschlichen Bindung für immer verschlossen bleiben, selbst wenn sie ihn täglich umgibt.

Ein weitaus wichtigerer Punkt ist jedoch die bereits angesprochene Zusammensetzung, welche aus der Zuweisung der Stuben erwächst: Hier findet sich ein Querschnitt durch die Gesellschaft. Ohne Rücksicht auf die üblichen Parameter, mit denen Menschen sich ihre Bekanntenkreise konstruieren oder in denen sie gezwungenermaßen aufwachsen. Das Aufbrechen dieser Strukturen und der Zwang, sich mit Menschen zu arrangieren, die vollkommen und grundlegend anders sind, schafft etwas, was in der heutigen Gesellschaft mit ihrem schnellen Informationsfluss nahezu vollkommen abhanden gekommen ist: Das Erlernen von Respekt. Und zwar nicht aufgrund von Qualifikationen oder Äußerlichkeiten, sondern aufgrund der tiefen Achtung des Gegenüber als Individuum. Als Mensch. Man erlernt eine Art von Respekt, die lediglich auf dem Menschsein an sich beruht. Eine Art von Respekt, die sich nicht einem Stück Papier entnehmen lässt, einem Lebenslauf oder einer Auszeichnung an der Wand. Eine Art von Respekt, für die Menschenkenntnis notwendig ist. Eine Art von Respekt, die einen militärischen Führer erst legitimiert: Ohne die er lediglich Verwalter, aber niemals echter Führer sein kann.

Wo findet man diese Art der Führerausbildung – oder besser: »Führerselbstfindung« – in den heutigen Strukturen der Offizierausbildung der Bundeswehr? Die Antwort ist einfach. Und erschreckend: Sie existiert nicht. Und wenn, dann in glücklichen, aber viel zu selten auftretenden Ausnahmefällen. Egal ob Offizieranwärterba-

taillon (OA-Btl) oder Offizierschule der Luftwaffe (OSLw), Offizierschule des Heeres (OSH) oder Marineschule Mürwik (MSM): Hier
trifft man vom ersten Tag an vor allem eine Art von Menschen an:
Abiturienten. Natürlich, auch diese haben unterschiedliche Hinter-
gründe. Natürlich, auch hier gibt es zerrüttete Familienverhältnisse,
verschiedene religiöse und kulturelle Bindungen. Aber ich wage zu
behaupten, dass die Unterschiede schon aufgrund des einheitlichen
Bildungsstandes und des hiermit einhergehenden gesellschaftlichen
Grades an Aufklärung und Reflexionsvermögen nur marginal sind.
Die Menschen, die sich hier zusammengefunden haben, verfolgen
zudem ein gemeinsames und doch hochindividuelles Ziel: Sie möch-
ten Offizier werden. Eine Laufbahn durchlaufen, teilweise bereits in
der festen Überzeugung, sie auch zur Karriere auszubauen.

Das ist gut und auch richtig so. Wer sich seines Zieles sicher
ist, verfolgt dieses konsequenter und ist auch eher bereit, steinige
Passagen des Weges zu meistern. Allerdings unterscheidet sich in
dieser Phase der Weg des Offiziers von allen anderen Führungslauf-
bahnen: Wir haben Verantwortung für Menschen. Für Kameraden.
Im Zweifelsfall auch für ihr Leben. Für ihre Familien. Das Band der
Kameradschaft, so sollte man meinen, stellt diese Verantwortung
über den eigenen Drang nach Erreichung des Höchstmöglichen.

Nach meinen Erfahrungen ist dies allerdings in der heutigen
Form der Offizierausbildung nur noch in den seltensten Fällen so.
Die Bereitschaft, füreinander einzustehen, sich auch für Soldaten
außerhalb des persönlichen Freundeskreises stark zu machen, ja,
selbst Interesse für andere zu haben, ist nicht mehr häufig zu finden.
Bewusst auf Kameradschaft aufbauende Entscheidungen werden
nur noch in seltenen Fällen getroffen. Viel zu groß ist die Sorge, dass
dies den eigenen Lebenslauf negativ färben könnte. Und das, obwohl das Treffen von Entscheidungen doch der Schwerpunkt unseres Berufes ist.

Wie konnte es so weit kommen? Wie zu Beginn erwähnt
wird – sarkastisch formuliert – an den Schulen der Offizieranwärter
doch alles dafür getan, dass die verschiedenen Tugenden in korrekter
Reihenfolge wiedergegeben werden können. Warum also kein Erfolg
in der Praxis, nach dem Abschluss der Klausur?

Das Formen von Kameradschaft, in dessen Kontext das Werte- und Normensystem des Soldaten erst vollends zur Blüte kommt, benötigt einen äußeren Druck, der oberflächliche Gegensätze verschwimmen lässt und den tatsächlichen Menschen hinter der Alltagsfassade zum Vorschein bringt. Dieser Druck fehlt in der heutigen Offizierausbildung weitgehend. Der Wunsch, den zukünftigen Führer nicht bereits in den ersten Wochen zu verschrecken, überschattet dabei die Verantwortung, einen Menschen zu formen, der eines Tages selbst dafür verantwortlich sein wird, dass sich junge Menschen mit den Werten und Normen unseres Rechtsstaates identifizieren und darüber hinaus auch noch eine besondere Form der Verbundenheit fühlen sollen. Sie sollen nach dem Abschluss ihrer Ausbildung etwas vorleben, das ihnen lediglich aus der Theorie bekannt ist. Etwas, das teilweise sogar auf einen in seiner rechtlichen Intention durchaus berechtigten Artikel im Soldatengesetz reduziert wird. Schlimmer noch: Etwas, wofür sich sogar unter Mit-Offizieranwärtern manchmal gerechtfertigt werden muss. Etwas, das offenbar selbst in Soldatenkreisen nicht mehr selbstverständlich ist. Etwas, das gleichzeitig den Anfang und das Ende für das Vertrauen untereinander darstellt, unabhängig von Alter, Geschlecht, Dienstgrad oder was auch immer: Kameradschaft.

Kameradschaft bedeutet gleichzeitig auch, gegenüber dem anderen tiefen Respekt zu empfinden. Respekt dafür, dass er sich genau wie man selbst für den Dienst an der Waffe, für den Dienst für das Vaterland verschrieben hat. Beides kann vielleicht unabhängig voneinander existieren und sich entwickeln. Aber in Verbindung gebracht und miteinander verknüpft entsteht das, was den Geist der »Kleinen Kampfgemeinschaft« ausmacht, egal ob Infanterist oder Lagerist. Das Wissen, dass jeder seine Fähigkeiten und seinen Platz hat. Und man sich vielleicht nicht bei allen auf die gleichen Eigenschaften verlassen kann, aber zumindest jeder irgendeine Fähigkeit hat, die ihn dazu berechtigt, neben einem zu stehen. Und schließlich in allen Situation zu bestehen.

Leider schwindet diese Form des Respekts. Und mit ihr die Kameradschaft. Besonders gegenüber den Dienstgradgruppen, mit denen man in der Ausbildung zum Offizier nicht oder nur selten in Verbindung kommt: Mannschaftssoldaten und Unteroffiziere.

Dadurch, dass die gesamte Ausbildung bis hin zum Dienstgrad Oberleutnant innerhalb des »Kosmos der Offizieranwärter« verläuft, wird ein Aufwachsen und Integrieren in diese beiden Laufbahngruppen von Beginn an verhindert. Der heutige Offizier weiß nicht – solange er die Ausbildung regulär durchlaufen hat – , wie sich eine Unterkunftsstube, die mit sechs Soldaten belegt ist, organisiert. Wie »die Landser ticken«. Wie das Prinzip »Der Zug erzieht sich selbst« auf dem Flur nach Dienst funktioniert. Wo man gelegentlich ein Auge zudrücken muss, weil es sich um normale militärische, gruppendynamische Prozesse handelt. Die – ohne Frage – auch ihre Grenzen haben! Nur wo liegen diese?

Der junge Offizier von heute weiß genau genommen nicht, was ein Unteroffizierkorps ist. Wie es zusammenwächst. Welche Aufgaben ein Spieß hat, außer auf dem Übungsplatz das Essen zu verteilen. Man weiß nicht, was man als Unterführer von seinem Zugführer oder Kompaniechef erwarten darf und welche Unterstützung man einfordern kann. Und somit auch nicht, was man eines Tages selbst an seinen unterstellten Bereich weitergeben soll.

Mannschaften und Unteroffiziere sind nach Abschluss der Ausbildung für Offiziere die berühmten »Bücher mit sieben Siegeln«. Als junger Oberleutnant, der – zumindest in den Kampftruppen – frisch vom Zugführerlehrgang kommt, hat man diese Bücher nicht nur zu öffnen, sondern auch zu lesen und zu verstehen.

Wird sich die Truppe in Zukunft also zu einer Ansammlung von gefechtserfahrenen Männern und Frauen entwickeln, die sich selbst kennen und schätzen gelernt haben und von jungen Offizieren geführt werden, die möglicherweise erst im achten Dienstjahr ihrer dreizehnjährigen Verpflichtungszeit erkennen, dass dieser Beruf mit seinem Ethos und seinem menschlichen Anspruch und Selbstanspruch für sie ungeeignet ist? Oder wird nach einer isolierten Ausbildung in klinisch reiner Offizieranwärterluft das Verständnis für die komplexen sozialen Strukturen einer militärischen Einheit urplötzlich vorhanden sein und der junge Oberleutnant begreift sich als das, was er ist: Soldat. Kamerad. Führer?

Vielleicht. Vielleicht sind diese beiden Szenarien die äußerst linke und rechte Grenze dessen, was sich flächendeckend abspielen wird. Oder jetzt schon abspielt. Dass es jedoch unwahrscheinlich ist, dass sich der Großteil der Soldaten mit akademischem Abschluss im Sinne der zweiten Alternative entwickeln wird, ist wohl auch für militärische Laien offensichtlich.

Woher soll das hierfür Notwendige erwachsen? Aus dem Unterricht an der OSH in Dresden? Oder dem Einrichten einer Einzelstube während des Studiums als erste eigene Wohnung? Kameradschaft kann man nicht theoretisch erlernen. Man muss sie erfahren. Hier dürfte mir jeder Soldat Recht gegeben, der mal so etwas gespürt hat. Respekt kann man erlernen. Nur muss man hierfür raus aus dem, was alle externen Einflüsse eliminiert. Man muss raus auf die Straße. In den Dreck. Oder im militärischen Kontext: In die Schlammzone. In die Kompanien. Dort, wo das Leben, der Alltag in seiner Reinkultur existiert. Dort, wo Soldaten geprägt werden.

Der Führernachwuchs muss dorthin, wo er später führen soll. Er muss Fehler machen. Machen dürfen. An sich selbst lernen. Fachlich, militärisch. Aber vor allem menschlich. Er muss das Gefühl entwickeln können, welches zum Führen von Menschen notwendig ist. Die kleinen Nuancen zu lesen wissen. Oder – auch dies ist möglich und mitnichten verwerflich – sich selbst eingestehen, dass er dieses Aufgabenfeld nicht ausfüllen kann. Dass er kein Menschenführer ist und seine Befähigungen in einem anderen Bereich liegen. Wer sich dennoch in dieser Aufgabe wiederfindet, braucht Erfahrung. Er muss seinen »Unterbau« kennen und schätzen lernen. Ihm vertrauen. Die Persönlichkeiten seiner Soldatinnen und Soldaten auffassen können. Wissen, wo die Grenzen liegen, die er überschreiten kann. Und die, die er niemals berühren darf. Nur dann kann ein wahrer militärischer Führer heranwachsen. Einer, der »von der Pike auf« gelernt hat. Einer, der nicht nur auf der Lagekarte Truppen verschiebt oder – im Turm eines Panzers stehend – über Funk den Angriff befiehlt. Einer, der seine Frauen und Männer kennt, um ihre Stärken und Schwächen weiß. Weiß, wo er als Mensch zu führen hat, wo er Kamerad ist.

Warum ein solcher Ausbildungsgang für Offiziere nicht mehr vorgesehen ist, mögen sich einige fragen. Eine gute Frage, die auch ich nicht beantworten kann. Leider fällt auch mir nur das resignierende, in weiten Teil jedoch einzig plausible und mittlerweile weit verbreitete

„Es ist ja scheinbar so gewollt"

ein.

Will ich Soldat sein? Ja, einen anderen Beruf kann und will ich mir nicht vorstellen. Will ich der Bundesrepublik Deutschland dienen, so wie ich es einst stolz geschworen habe? Ja. Abseits von Hurra-Patriotismus berufe ich mich auf unser Land, stehe zu ihm und versuche, seinem Anspruch gerecht zu werden. Trotz des Gegenwindes, der uns Soldaten oft entgegen weht. Will ich Offizier sein? Ja, zweifellos! Seit dem Moment, in dem ich zwischen einzelnen Dienstgradgruppen differenzieren lernte, wuchs in mir die Gewissheit über meinen persönlichen Lebensweg. Reichen mir diese drei Antworten? Nein!

Ein vierter Aspekt, der die drei anderen in sich vereint und zugleich deren Essenz bildet, wurde von meinem Zugführer in der Allgemeinen Grundausbildung in Worte gefasst. Und auch wenn ich für ihn, einen Oberfeldwebel der Gebirgsjägertruppe, in diesem Moment nur einer von vierzig Rekruten in einer Antreteformation war und er im Adrenalinrausch sprach, so sollten seine Worte mich doch seitdem jeden Tag begleiten und das Credo formulieren, das ich unter Offizieren bisher schmerzlich vermisst habe:

„Wenn nicht mehr wir zusammenhalten – wer dann?"

Soldent oder Studat?
Der Offizier in der Gesellschaft und der Einfluss des Studiums

von Kai Skwara

Seit vielen Jahren, spätestens seit Beginn des ISAF-Einsatzes für die Bundesrepublik Deutschland, ist es ein in den Medien geradezu allgegenwärtiges Thema: Die Integration der deutschen Streitkräfte in die Gesellschaft. Mit der Aussetzung der Wehrpflicht hat diese Diskussion ein neues Level erreicht. Wie ist es heutzutage um das Ideal des »Staatsbürgers in Uniform« bestellt? Ist dieses Ideal gefährdet oder – im schlimmsten Fall – vielleicht schon gar nicht mehr existent? Mit dieser Frage möchte ich mich in diesem Essay auseinandersetzen.

Hierfür muss zunächst das Selbstverständnis von Soldaten selbst in den Fokus gerückt werden. Nicht nur, wie sie in der Öffentlichkeit auftreten, ist dabei von Bedeutung, sondern auch, wodurch sie geprägt werden. Denn das Ziel sämtlicher Ausbildung zum militärischen Führer in der Bundeswehr soll neben der Vermittlung von notwendigem Handwerkszeug auch immer die Prägung und Festigung des Charakters sein. Den zeitintensivsten Abschnitt in der höchsten militärischen Laufbahn – jener der Offiziere – nimmt dabei mit rund vier Jahren das Studium an einer der beiden Universitäten der Bundeswehr ein. Deren Besuch ist für das Gros des deutschen Offiziernachwuchses verpflichtend. Dementsprechend wäre zu erwarten, dass das Studium in besonderem Maße zur Herausbildung eines soldatischen Selbstverständnisses sowie zu dessen Festigung beiträgt. Zu prüfen ist, ob eine derartige Entwicklung durch den Aufenthalt an diesen Institutionen tatsächlich begünstigt wird oder ob sie für die studierenden Offiziere und Offizieranwärter eher einen »Platz zwischen den Stühlen« bedeutet, auf dem sie zwar formell den Streitkräften angehören, sich aber in der Realität von diesen entfremden oder sogar die Identifikationsgrundlage verlieren.

Die Zahlen belegen es: Der deutsche Soldat, hier insbesondere der Offizier, genießt in der Bevölkerung nicht gerade das, was man als hohes Ansehen bezeichnen würde. So ergab eine Umfrage des Instituts für Demoskopie Allensbach, dass gerade einmal neun Prozent der Befragten den Beruf des Offiziers als ehrenhaft betrachten, also diesen „schätzen und Achtung vor ihm haben". Damit nimmt dieser Berufsstand Platz 14 von 18 ein. Noch weniger geschätzt sind lediglich die Buchhändler, Politiker, Fernsehmoderatoren und Banker.[23]

Was sagt das über den Rückhalt der Bundeswehr in Gesellschaft und Politik aus? Offensichtlich, dass er nicht wirklich vorhanden ist. Dass diese Tendenz sich noch verstärken könnte, wird durch unterschiedliche Aspekte begünstigt. In besonderer Weise wirkt sich hier die Aussetzung der Wehrpflicht aus.[24] Die Wehrpflicht war immer ein Garant für die Verbindung der Truppe zur Gesellschaft, und zwar zu sämtlichen Schichten der Gesellschaft. Spricht man mit ehemaligen Wehrdienstleistenden, so hört man interessanterweise unisono die gleiche Meinung: *„Eigentlich hat der Grundwehrdienst Spaß gemacht".* Geschadet hat er sicher nur den Wenigsten. Es drängt sich die Frage auf, was genau man eigentlich mit der Aussetzung der Wehrpflicht bezwecken wollte. Kosten einsparen? Dieses Ziel hat man wohl erreicht: Muss man doch bald keinen freiwillig Wehrdienstleistenden mehr entlohnen, da diese schlichtweg nicht mehr da sind. Mit ihrem Ausbleiben schwindet auch die Verbindung der Truppe zur Gesellschaft. Die Ansprechpartner für Interessierte, die es früher praktisch in jeder Familie gab, sind einfach nicht mehr in größerem Umfang vorhanden. Es gehen uns schlichtweg die Multiplikatoren aus. Positive Erfahrungen können kaum noch kommuniziert werden. Kein Wunder also, dass das Ansehen der Truppe in der Bevölkerung sinkt. Der Anteil der Bundeswehr an der Gesellschaft beträgt nach Zahlen aus 2013 gerade einmal 0,2 Prozent.[25] In der Umfrage des Allensbacher Instituts sollte gezielt der Offizierberuf bewertet werden. Wenn die Mannschaftssoldaten und Unteroffiziere weiter so immens weg brechen, wird die Bundeswehr in naher Zukunft – überspitzt formuliert – wohl nur noch aus Offizieren bestehen. Bisher die einzige Laufbahn, die sich noch keine ernsthaften

---

[23] Vgl. http://www.ifd-allensbach.de/uploads/tx_reportsndocs/PD_2013_05.pdf [letzter Zugriff 09.06.2014].

[24] Vgl. WOITOLL, Daniel: Offensive gegen die Soldaten. In: Loyal: Magazin für Sicherheitspolitik. Nr. 11/2013. Bonn. 2013. S. 14.

[25] Vgl. NEITZEL, Sönke: Ungeliebte Krieger. In: Loyal: Magazin für Sicherheitspolitik. Nr. 11/2013. Bonn. 2013. S. 8.

Nachwuchssorgen machen muss. Dass aktuell auch viele Arbeitgeber nicht bereit sind, die bei ihnen angestellten Reservisten zu Übungen freizustellen, kappt weitere Verbindungen zwischen Gesellschaft und Truppe.

Wie steht nun aber die Politik zu ihren Soldaten? Tatsache ist, dass sie ihren eigenen Soldaten allzu oft in den Rücken fällt. Die übereilte Aussetzung des Grundwehrdienstes ist dabei nur ein Fakt. Die Behandlung der eigenen Soldaten zeigt sich zuweilen drastisch: Wie kann es bspw. sein, dass ein deutscher Oberst sich von Politikern des eigenen Staates als Kriegsverbrecher beschimpfen lassen muss, weil er in einem »kriegsähnlichen Zustand« eine Entscheidung traf, die Menschenleben gefordert hatte. So geschehen in Afghanistan in Kunduz am 4. September 2009. Dass dem damaligen Oberst Georg Klein der Gebrauch von Vokabular wie »Vernichten« als unmenschlich angekreidet wurde, ist offensichtlich ein Ergebnis völliger Ahnungslosigkeit. Dieses Wort aus dem taktischen Wortschatz der Bundeswehr wird bereits im ersten Offizieranwärterlehrgang (OL1) vermittelt.

Doch kann man nicht nur der Politik den Schwarzen Peter zuschieben. Auch wenn viele Teile der Gesellschaft hinter ihren Soldaten stehen, gibt es gerade in Deutschland starke pazifistische bis antipatriotische Tendenzen. Nehmen wir wieder das Beispiel des genannten Obersten. Etliche Morddrohungen wurden nicht nur gegen ihn, sondern auch gegen seine Familie ausgesprochen. Sie musste zeitweise sogar unter Polizeischutz gestellt werden. Es wirkt schon ironisch, dass Morddrohungen das Mittel der Wahl von angeblich so Gewalt verachtenden Kritikern der Bundeswehr darstellen. Auch vor der Beschädigung von Wehrmaterial schreckt man nicht zurück, wie die Brandstiftung an 16 Fahrzeugen der Bundeswehr im Juli 2013 jüngst unter Beweis stellte.[26]

Dass der schlechte Ruf der Bundeswehr in der Gesellschaft sich weiter fortpflanzt, wird durch zusätzliche Absurditäten begüns-

---

[26] Vgl. WOITOLL, Daniel: Offensive gegen die Soldaten. In: Loyal: Magazin für Sicherheitspolitik. Nr. 11/2013. Bonn. 2013. S. 14.

tigt. Wer hätte gedacht, dass es in Deutschland möglich ist, dass Friedenspreise an Schulen verliehen werden, weil sie der Bundeswehr das Abhalten von sicherheitspolitischen Informationsveranstaltungen versagen? Was soll den Schülern an solchen Institutionen für ein Bild von ihren eigenen Streitkräften suggeriert werden? Wen wundert es, wenn eben diese Personengruppen die Soldaten ihres eigenen Landes später lauthals als »Mörder« titulieren? Die Argumentation der Befürworter solcher Maßnahmen ist dabei an Absurdität kaum zu überbieten. So unterstellt die Organisation »Terres des Hommes« gar, von Jugendoffizieren der Bundeswehr würden deren Vorträge in deutschen Schulen „systematisch genutzt, um den Einsatz militärischer Gewalt bis hin zur Atombombe zu legitimieren".[27] Ob man über solch eine Aussage nun lachen oder doch lieber weinen sollte, bleibt hier der Meinung des Lesers überlassen. Positiv soll an dieser Stelle hervorgehoben werden, dass zumindest eine der Schulen, der eine solch fragwürdige Ehrung zuteilwerden sollte, diese ablehnte. Weshalb sie jedoch Informationsveranstaltungen der Bundeswehr überhaupt erst verweigerte, bleibt ungeklärt. Patriotismus sieht anders aus.

Umdenken müssen die Teile der Gesellschaft, die die eigenen Truppen auf Grund der Auslandseinsätze, an denen sie teilnehmen, kritisieren. Man sollte hier einmal die Frage stellen, ob diesen Personen eigentlich bewusst ist, dass sicherlich nicht jeder Soldat, der nach Afghanistan verlegt, dies mit der festen Überzeugung tut, dort etwas Positives zu bewirken oder gar die Welt zu einem besseren Ort zu machen. Bei vielen Soldaten hat längst der Pragmatismus eingesetzt und mit ihm die Skepsis, ob wir in Afghanistan am Ende erfolgreicher sein werden als einst die Sowjets. Aber den Soldaten unserer Streitkräfte zeichnet aus, dass er stets seinen Auftrag ausführt. Einen Auftrag, den ihm der Bundestag durch ein demokratisch legitimiertes Mandat erteilt. Man sollte zudem darüber nachdenken, dass man, indem man durch die Abgabe seiner Stimme in einer demokratischen Wahl zur Zusammensetzung der Bundesregie-

---

[27] WOITOLL, Daniel: Offensive gegen die Soldaten. In: Loyal: Magazin für Sicherheitspolitik. Nr. 11/2013. S. 16.

rung und deren Legitimation beigetragen hat, in gewisser Weise auch jeden Auslandseinsatz, an denen Bundeswehrsoldaten beteiligt sind, legitimiert. Wer gegen laufende Auslandseinsätze ist, sollte seinen Unmut hierüber also mitnichten an Soldaten auslassen. Auch in anderen Ländern, selbst in den USA, steht man heute dem Irak- sowie dem Afghanistankrieg bisweilen ablehnend gegenüber. Jedoch stellt man hier nicht den Soldaten in den Mittelpunkt der Ablehnung, weil man in der Lage ist, zwischen Auftraggeber und denen, die Aufträge ausführen, zu unterscheiden. Mehr Dialog über die Art und Weise, wie über den Einsatz deutscher Streitkräfte im Ausland entschieden wird, wäre wünschenswert.

Natürlich besteht nicht die ganze deutsche Gesellschaft aus Kritikern der Bundeswehr. Ich selbst habe größtenteils positive Erfahrungen gemacht. Dass noch Hoffnung besteht, zeigen auch Umfrageergebnisse des Sozialwissenschaftlichen Instituts der Bundeswehr aus dem Jahre 2012, nach welcher die ersten vier Emotionen, die die Befragten mit der Bundeswehr verbinden, Vertrauen, Hochachtung, Stolz und Dankbarkeit sind. Das stellt einen positiven Gegenpol zur eingangs erwähnten Umfrage dar.[28] Doch auch ich bin auf Grund meiner Uniform bereits mehrfach übel beleidigt worden. Die Angehörigen der Bundeswehr müssen selbst dazu beitragen, dass so etwas nicht zum Regelfall wird. Es ist zwar nicht unsere primäre Aufgabe, jedoch wird sich ohne unser Zutun nichts verändern. Wir werden damit alle Hände voll zu tun haben, da es in Zukunft neben den aktiven Soldaten und wenigen Reservisten keine weiteren Multiplikatoren geben wird, solange nicht ein grundlegendes Umdenken in der Politik stattfindet oder die Wehrpflicht wieder eingeführt wird. Darauf zu hoffen, ist wohl unrealistisch. Es liegt also auf unseren Schultern.

Was wir von der Gesellschaft erwarten dürfen ist nicht etwa, für alles, was wir tun, beweihräuchert zu werden. Das sollte auch nicht unser Anspruch sein. Aber sicherlich wäre es nicht zu viel verlangt, auf deutschen Bahnhöfen nicht mehr fürchten zu müssen,

---

[28] Vgl. NEITZEL, Sönke: Ungeliebte Krieger. In: Loyal: Magazin für Sicherheitspolitik. Nr. 11/2013. Bonn. 2013. S. 11.

beleidigt, angespuckt oder gar in Handgreiflichkeiten verwickelt zu werden. Und das nur, weil man eine Uniform trägt, die für nichts anderes steht, als dass man jederzeit bereit dafür ist, sein Land sowie dessen Einwohner zu schützen und die Einhaltung und Durchsetzung von Menschenrechten auf globaler Ebene zu gewährleisten. Selbst wenn dies in letzter Konsequenz die Erbringung des höchsten Opfers – den Verlust des eigenen Lebens – bedeuten kann.

Unverbesserliche wird es immer geben. Patriotismus und Bündnisverteidigung sind für Einige Fremdworte, deren Bedeutung sie vielleicht niemals begreifen werden. Wir sollten stärker in Betracht ziehen, dass es künftig auch zu unseren Aufgaben zählen wird, hier mehr Überzeugungsarbeit zu leisten.

Damit eine solche Überzeugungsarbeit geleistet werden kann, ist es notwendig, dass Soldaten selbst über einen gefestigten Charakter und ein eindeutiges berufliches Selbstverständnis verfügen. Bestandteil der Ausbildung innerhalb der Bundeswehr ist daher neben militärischem Handwerkszeug auch immer die charakterliche Prägung der Soldaten und insbesondere der Offiziere. Die Ausbildung an den Universitäten der Bundeswehr macht dabei mit vier Jahren den größten Teil der Ausbildung bis zur eigentlichen Verwendung in der jeweiligen Truppengattung aus. Es könnte also vermutet werden, dass die Universitäten in vergleichbar großem Maße auch zur Prägung der jungen Offizieranwärter und Offiziere beitragen.

In der Bundeswehr basiert das Verständnis ihrer Tradition auf drei Säulen: Die Preußischen Reformen, der militärische Widerstand gegen den Nationalsozialismus sowie die Geschichte der Bundeswehr selbst. Gerade bei Betrachtung des ersten Aspektes wird klar, dass die Universitäten der Bundeswehr als Bestandteil militärischer Tradition angesehen werden können. Gerhard von Scharnhorst, August Neidhardt von Gneisenau, Gebhard Leberecht von Blücher und Hermann von Boyen[29] sind die Namen der Militärs, die

---

[29] Vgl. HETTFLEISCH, Hans-Christian/LUTHMER, Peer: Aufklärung und Heeresreform. Pädagogische Konsequenzen der Aufklärung in Deutschland in

ab 1806 mit der Militärreform betraut wurden. Die katastrophale Niederlage gegen das französische Heer bei Jena und Auerstedt im selben Jahr hatte dies erforderlich gemacht.[30] Ziel sollte die Steigerung der Effizienz des preußischen Heeres sein. Man erkannte rasch, dass die Rekrutierung des Offizierkorps allein auf Grund adeliger Herkunft nicht zielführend war.[31] Stattdessen sollten Eignung, Leistung und Befähigung über die Aufnahme in das Offizierkorps entscheiden.[32]

Besonders in das Kriterium der Eignung schloss man den Aspekt der Bildung ein.[33] Die Preußische Heeresreform machte folgerichtig das Adelsprivileg zu einem Relikt der Vergangenheit und ersetzte es durch die Notwendigkeit der mittleren Reife bzw. des

---

Hinblick auf die preußische Staats- und Heeresreform. Hamburg. 1979. S. 116ff.; S. 132ff.; S. 140f.; S. 152.

[30] Vgl. Bundesminister der Verteidigung (Hrsg.): Das geistige Ringen um die preußische Heeresreform. In: Information für die Truppe. Hefte für staatsbürgerliche Bildung und Rüstung. Nr. 12/1966. Dokumente und Kommentare (Beilage). Köln. 1966. S. 10. Vgl. HETTFLEISCH, Hans-Christian/ LUTHMER, Peer: Aufklärung und Heeresreform. Pädagogische Konsequenzen der Aufklärung in Deutschland in Hinblick auf die preußische Staats- und Heeresreform. Hamburg. 1979. S. 139.

[31] Vgl. Bundesminister der Verteidigung (Hrsg.): Das geistige Ringen um die preußische Heeresreform. In: Information für die Truppe. Hefte für staatsbürgerliche Bildung und Rüstung. Nr. 12/1966. Dokumente und Kommentare (Beilage). Köln. 1966. S. 2f. Vgl. HETTFLEISCH, Hans-Christian/LUTHMER, Peer: Aufklärung und Heeresreform. Pädagogische Konsequenzen der Aufklärung in Deutschland in Hinblick auf die preußische Staats- und Heeresreform. Hamburg. 1979. S. 91.

[32] Vgl. HETTFLEISCH, Hans-Christian/LUTHMER, Peer: Aufklärung und Heeresreform. Pädagogische Konsequenzen der Aufklärung in Deutschland in Hinblick auf die preußische Staats- und Heeresreform. Hamburg. 1979. S. 157ff.

[33] Vgl. Bundesminister der Verteidigung (Hrsg.): Das geistige Ringen um die preußische Heeresreform. In: Information für die Truppe. Hefte für staatsbürgerliche Bildung und Rüstung. Nr. 12/1966. Dokumente und Kommentare (Beilage). Köln. 1966. S. 9. Vgl. HETTFLEISCH, Hans-Christian/LUTHMER, Peer: Aufklärung und Heeresreform. Pädagogische Konsequenzen der Aufklärung in Deutschland in Hinblick auf die preußische Staats- und Heeresreform. Hamburg. 1979. S. 156.

Abiturs oder doch zumindest den Besuch einer sogenannten »Kadettenschule«.[34] In dieser Linie sind die Universitäten der Bundeswehr also die geistigen Kinder der Preußischen Heeresreform; denn heute ist die Allgemeine Hochschulreife und somit die Ermöglichung eines Studiums Voraussetzung für die Übernahme in die Laufbahn der Offiziere. Trotzdem bleiben sie ein Thema, das unter den hiervon betroffenen Soldaten, also den studierenden Offizieranwärtern und Offizieren, nicht uneingeschränkt auf Zuspruch stößt. Natürlich ist in der Gegenwart ein bezahltes Studium ein großer Anreiz für den einen oder anderen, den Streitkräften beizutreten. Problematisch wird es aber bereits dann, wenn das Studium den einzigen Anreiz für den Beitritt zu den Streitkräften bildet. Bei manchen Kameraden drängt sich dieser Eindruck leider auf. Er konnte auch statistisch fixiert werden. So ergaben die Befragungen von Offizieren, die ihren akademischen Abschluss 2001 erlangten, dass 28,8 Prozent der Befragten ohne den Anreiz des Studiums nicht die Offizierlaufbahn eingeschlagen hätten. Für 33,3 Prozent war das Studium sogar der Hauptgrund für den Eintritt.[35]

Natürlich gilt das bei Weitem nicht für alle. Doch auch denen, die der Eingliederung in die Truppe entgegenfiebern, die das Studium als »militärischen Auftrag« ansehen, als etwas, das sie hinter sich bringen müssen, um ihr eigentliches Ziel zu erreichen, wird es nicht unbedingt leicht gemacht. Ohne stetiges eigenes Bemühen, die Fühlung zur Truppe zu halten, droht der militärische Geist unterhöhlt zu werden. Die Gefahr, die Identifikation mit den Streitkräften zu verlieren, scheint allgegenwärtig. Die Gesamtsituation wird dabei sicherlich nicht dadurch verbessert, dass der Soldat an der Universität praktisch gar keiner mehr ist, sondern nach dem sog. Dresdener Erlass zum »SaS« – zum »Soldaten außerhalb der Streitkräfte« – de-

---

34 Vgl. HETTFLEISCH, Hans-Christian/LUTHMER, Peer: Aufklärung und Heeresreform. Pädagogische Konsequenzen der Aufklärung in Deutschland in Hinblick auf die preußische Staats- und Heeresreform. Hamburg. 1979. S. 163ff.

35 Vgl. MARR, Rainer (Hrsg.): Kaderschmiede Bundeswehr? Vom Offizier zum Manager. Karriereperspektiven von Absolventen der Universitäten der Bundeswehr in Wirtschaft und Verwaltung. Neubiberg. 2001. S. 247.

gradiert wird.[36] Selbst der inbrünstigste Soldat muss sich nun bisweilen dabei ertappen, wie er sich die Frage stellt, warum er überhaupt noch eine Uniform im Spind zu hängen hat.

Glücklicherweise sorgen Kameradschaften, Interessengemeinschaften und Vereine an der Universität dafür, dass dieses Gefühl nicht die Oberhand gewinnen muss. Diesen ist es zu verdanken, dass die Fühlung zur jeweiligen Truppengattung gehalten werden kann, dass militärische Ausbildung durchgeführt wird und – das Allerwichtigste – eine Identifikation des Offiziers mit seiner Truppengattung erfolgen kann. Es sollte nicht vergessen werden, dass nach dem derzeitigen Ausbildungsmodell der Offizier bis nach seinem Studium kaum etwas mit seiner eingeplanten Truppengattung zu tun hat. Gäbe es diese Organisationen nicht, drohte der Offizier im Studium in eine Gleichgültigkeit gegenüber seiner Einplanung abzudriften, die sehr bedauernswert, dem Einzelnen aber nicht einmal übel zu nehmen wäre. Eine Verbindung zur Truppe bestünde ohne sie über vier Jahre hinweg schlichtweg nicht.

Auch die Studentenfachbereiche an der Universität der Bundeswehr in Hamburg – hier im Schwerpunkt der Studentenfachbereich B – tun ihr Bestes, um die Studenten nicht vergessen zu lassen, dass sie immer noch Soldaten sind. So wird bspw. zusätzlich zu der jährlichen zweitägigen militärischen Ausbildung auf einem Übungsplatz die sog. »Grüne Woche (max)« organisiert, um Szenarien zu stellen und infanteristische Grundfertigkeiten intensiver zu üben. Meine persönliche Meinung fällt hierzu durchweg positiv aus. Nachteilig ist nur, dass diese »Grüne Woche (max)« genau einmal innerhalb von vier Jahren Studium stattfindet, was deutlich zu wenig ist.

Ich möchte aber nicht falsch verstanden werden: Dass das Studium sowie das Lehrpersonal hochwertig bzw. hochqualifiziert sind, ist nicht zu bestreiten. Tatsächlich gehe ich sogar davon aus, dass die jeweiligen Studiengänge, die an den Universitäten der Bun-

---

[36] Vgl. DE MAIZIÈRE, Thomas: Grundsätze für die Spitzengliederung, Unterstellungsverhältnisse und Führungsorganisation im Bundesministerium der Verteidigung und der Bundeswehr. Dresden. 2012. S. 5f.

deswehr angeboten werden, in der Qualität ihre zivilen Pendants übertreffen, nicht zuletzt deshalb, weil die Lehr- und Lernvoraussetzungen an den Universitäten der Bundeswehr optimal sind. Dass bei der Vereinbarkeit der militärischen und akademischen Ausbildung Friktionen auftreten, wird sich wohl nie ganz vermeiden lassen. Die Sinnhaftigkeit eines Studiums in der derzeitigen Form ist aus militärischer Sicht jedoch nur eingeschränkt erkennbar. Tritt ein Offizier nach 13 Jahren aus seinem Dienst für das Vaterland aus, ist sein Studium schon veraltet. Gerade im Studentenfachbereich B kommt dazu, dass es sich mit Bildungs- und Erziehungswissenschaften sowie Geschichtswissenschaften ohnehin nicht um Studiengänge handelt, die in der freien Wirtschaft stark nachgefragt wären. Zudem ist die Meinung, dass Studium brächte viel Positives für die nachfolgende Laufbahn mit sich, mit Vorsicht zu genießen. Anzuführen wäre hier, dass das Studium sicherlich dazu beiträgt, das eigene Zeitmanagement zu optimieren. Eine Eigenschaft, die auch im militärischen Bereich nur von Vorteil sein kann. Ob das Studium dadurch bessere Offiziere hervorbringt, bleibt indes fraglich. Davon überzeugt sind immer weniger Offiziere. Sahen Ende der 1980er Jahre noch 54,4 Prozent der akademisch ausgebildeten Offiziere das Studium als wichtig für die militärische Laufbahn an, waren 2001 nur noch 30,4 Prozent davon überzeugt.[37] Es »stiehlt« letztlich auch vier Jahre, die effektiv dafür genutzt werden könnten, den Offizier in seinem eigentlichen Tätigkeitsfeld auszubilden, und zwar ausführlicher, als dies jetzt der Fall ist. Vergleicht man die Zeit, die ein Offizier im Studium verbringt mit der Zeit, die seine truppengattungsspezifische Ausbildung in Anspruch nimmt, tritt eine deutliche Diskrepanz zutage. Dass dies sich nachteilig auf die militärische Ausbildung auswirkt, ist inzwischen bestätigt. So konnten im OL III der Panzer-

---

[37] Vgl. KLEIN, Paul/LIPPERT, Ekkehard: Bedeutung und Ziele der akademischen Anteile der Offizierausbildung. In: KLEIN, Paul/KUHLMANN, Jürgen/ROHDE, Horst (Hrsg.): Soldat. Ein Berufsbild im Wandel. Bd. 2. Offiziere. Dortmund. 1993. S. 197. Vgl. MARR, Rainer (Hrsg.): Kaderschmiede Bundeswehr? Vom Offizier zum Manager. Karriereperspektiven von Absolventen der Universitäten der Bundeswehr in Wirtschaft und Verwaltung. Neubiberg. 2001. S. 246.

truppen des ersten Durchgangs, der nach »Neuem Ausbildungsgang« nach erfolgtem Studium in die Truppe eintrat, die Ausbildungsziele des Moduls 3, »Truppengattungsspezifische Führerausbildung zum Kommandanten, Gruppenführer, Zugführer, Schießlehrer«, lediglich »mit Einschränkungen« erreicht werden. Wiederholtes und festigendes Üben war auf Grund der Kürze des Lehrgangs nicht möglich, und die Ausbildung der Panzergrenadiere am Panzerabwehrsystem MILAN musste gestrichen werden.[38]

Abschließend lässt sich also feststellen, dass das verpflichtende Studium für den Offizier im Truppendienst, insbesondere für die Verbindung zur und Identifikation mit der Truppe, einige Nachteile bringt, die ohne die Bemühungen der Interessenverbände und Studentenfachbereiche kaum bis gar nicht abgefedert würden. Vorteile sind zwar auch erkennbar, jedoch sind sie meiner Ansicht nach nicht in der Lage, die Nachteile aufzuwiegen, welche zu Lasten der militärischen Ausbildung gehen. Darüber hinaus forciert das Studium in der jetzigen Form die Entfremdung vom Wesentlichen, von dem, weshalb man seinen 13-Jahres-Vertrag unterzeichnet haben sollte. Dass die Soldaten an der Universität inzwischen sogar noch ihrer Zugehörigkeit zu den Truppengattungen beraubt werden, wird diesen Zustand alles andere als verbessern.

Die Frage, die gestellt werden muss, ist, ob nicht ein Kompromiss zu finden wäre, der die Vorteile einer akademischen Ausbildung beibehalten und trotzdem eine militärische Ausbildung ohne Einbußen ermöglichen würde.

Ein solcher Kompromiss könnte z.B. darin liegen, den an den Bundeswehruniversitäten zu erwerbenden Abschluss auf einen Bachelor zu begrenzen. Dies würde immer noch ein bezahltes Studium bedeuten, auf der anderen Seite aber mehr Zeit für die militärische, insbesondere die truppengattungsspezifische Ausbildung

---

[38] Vgl. BLANKENBURG, Horst: Der Offizierlehrgang 3. Panzertruppen 2012. Abschluss der Ausbildung des ersten Offizieranwärterjahrgangs nach Neuordnung der Offiziersausbildung. In: Freundeskreis der Offiziere der Panzertruppe (Hrsg.): Das Schwarze Barett. Nr. 49. Bonn. 2013. S. 38f.

schaffen. Eine akademische Ausbildung, die mit dem Bachelor abschließt und auf den Master verzichtet, wird bereits von etwaigen Landespolizeien – z.B. der niedersächsischen – durchgeführt. Auch hier ist zwar der höhere Dienst nur mit einem Masterabschluss zu erreichen, die Berufsverbeamtung wird jedoch grundsätzlich mit absolviertem Bachelor vollzogen.

Dies wäre vielleicht auch auf die Bundeswehr übertragbar. Auch hier könnte der Masterabschluss zu einem späteren Zeitpunkt – vor der Ernennung zum Stabsoffizier – in die Ausbildung integriert werden. Auch denjenigen, die nach 13 Jahren den Dienst in den Streitkräften quittieren wollen und keine Ambitionen zum Berufssoldaten haben, könnte man die Möglichkeit einräumen, einen Masterabschluss über ihren Berufsförderungsdienst (BFD) nachzuholen. Dies brächte dann sogar noch den Vorteil, dass der Masterabschluss direkt vor dem Eintritt in die freie Wirtschaft erfolgte, dieser also aktueller wäre, was besonders in technisch ausgerichteten Studiengängen vorteilhaft wäre.

Man könnte sogar noch weiter gehen und sich die Frage stellen, ob ein Masterabschluss überhaupt die Voraussetzung für den Aufstieg in die Ränge der Stabsoffiziere sein muss. Natürlich wäre die Revision dieses Kriteriums eine Maßnahme größeren Ausmaßes, da sich die Organisation der Bundeswehr dann von dem Beamtenrecht, an welches sie angelehnt ist, entfremden würde, was sicherlich eine juristische Schwierigkeit darstellt. Im internationalen Vergleich bräuchte man sich jedoch nicht vor diesem Schritt zu scheuen, da auch andere Länder, wie z.B. Kanada, in ihren Streitkräften nur den Bachelorabschluss fordern, und zwar auch für Stabsoffiziere. Und im internationalen Vergleich von Militärs entscheidet letztendlich ohnehin nicht der akademische Titel, sondern die Fachexpertise. Und diese wird von deutschen Soldaten gemeinhin in vorbildlicher Art und Weise verkörpert. Dies kann jedoch in Zukunft nur gewährleistet werden, wenn die militärische Ausbildung keine Einbußen hinnehmen muss.

Natürlich gibt es keine einhundertprozentige »Goldrandlösung« und auch die aufgezeigten Ansätze bieten nicht nur Vorteile. Ihre Überprüfung auf Realisierbarkeit wäre jedoch sicherlich eine

Überlegung wert. Am Ende sollte nicht etwa die Abschaffung der akademischen Ausbildung innerhalb der Offizierausbildung stehen, sondern vielmehr eine der militärischen Ausbildung angepasste Umsetzung. Nur auf diese Weise wäre es möglich, die Tradition der preußischen Reformen in Form der Bundeswehruniversitäten fortzuführen und trotzdem den militärischen Zweig, der ja immerhin die eigentliche Arbeit des Offiziers darstellt, nicht sträflich zu vernachlässigen. Denn dies kann sich gerade in Anbetracht gegenwärtiger und zukünftiger Einsatzrealitäten der Bundeswehr auf schlimmste Art und Weise rächen.

Professionalität in den Streitkräften

von Danny Görs

Da ist man nun: Ein junger Offizier der Bundeswehr mit abgeschlossenem Studium und vollendeter Zugführerausbildung. Endlich die erste Verwendung in der Truppe, und dann gleich als Zugführer in einer Kampfkompanie. Dafür habe ich mir viel vorgenommen. Für mich ist das die Traumverwendung schlechthin und ich will es gut machen, will ein guter Soldat und Offizier sein.

Unsere Armee hat sich in den letzten Jahren stark verändert. Es gibt keine Wehrpflichtigen mehr, alle Soldaten leisten ihren Dienst freiwillig. Und dieser ist nicht einfacher geworden. Die Zeit, in der unser einziges Einsatzszenario die Landesverteidigung war, ist lange vorbei. Die Interessen unseres Landes müssen heute nicht mehr an seinen Grenzen, sondern in weit entfernten Ländern, ja sogar auf anderen Kontinenten geschützt werden. Der Gegner ist nicht mehr eine feindliche Armee wie die des Warschauer Paktes, sondern es gilt, Bürgerkriege zu beenden, humanitäre Katastrophen zu verhindern, Terroristen zu stoppen. Aber vielleicht müssen wir ja doch gegen eine reguläre Armee fechten, wenn mal ein Diktator irgendwo auf diesem Erdball die Nerven verliert. Ganz schön viele Aufgaben für diese vergleichsweise kleine Bundeswehr, wenn man den Kalten Krieg als Maßstab nimmt. Doch schonen wird uns wohl keiner. Deutschland muss internationale Verantwortung übernehmen, heißt es. Die Politik hat Verteidigungspolitische Richtlinien herausgegeben; diese fordern von uns ein breites Fähigkeitsspektrum.

Ich will meinem Land so gut es geht dienen, nehme die Herausforderungen an und will sie, so gut es geht, meistern. Als Zeitsoldat – und hoffentlich später auch Berufssoldat – verstehe ich mich als Profi. Ich will mein Handwerk beherrschen und meinen Zug ordentlich führen. Das erfordert viel Disziplin. Auf jedem Lehrgang habe ich mein Bestmögliches gegeben, bin oft über meine Grenzen hinausgegangen: Ich wollte so viel wie möglich lernen. Schießlehrer zu werden, war z.B. gar nicht so einfach. An der Uni hab ich jedes Jahr fünf Schuss mit der Pistole P8 abgefeuert und meine verpflichtenden »IGF-Leistungen« erbracht. Wenn es gut lief, durfte ich auch manchmal noch die G36-S9 (WÜ), eine Übung mit dem Gewehr G36 mit verschiedenen Entfernungen und Anschlägen, schießen:

Das war dann ein echtes Highlight. Mit Pistole und Gewehr zusammen habe ich dann pro Jahr 21 Patronen abgefeuert! Im letzten Jahr bin ich öfter mal privat schießen gegangen, um das »Feeling« und die Routine wieder zu erlangen. Ich wusste schließlich, dass mich nach dem Studium ein Lehrgang erwartet. Trotzdem ärgert mich, dass der Dienstherr mir nicht wenigstens irgendwie die Möglichkeit bieten konnte, öfter zu schießen. Dabei heißt es doch immer: *„Schießen lernt man nur durch schießen".* Vor allem hatte ich vom Neuen Schießausbildungskonzept (nSAK) zuvor nur etwas gehört und einmal in der sog. „Grünen Woche" an der Universität eine Einführung bekommen; richtig gezeigt hatte man es mir erst auf dem Lehrgang, und dort sollte ich ja gleich noch Ausbilder dafür werden. Aber egal, es hat ja trotzdem geklappt, zumindest bei mir. Doch führt die hohe Quote an Kameraden, die durchfallen, inzwischen wohl zu enormen Problemen in der Truppe. Es fehlen einfach Ausbilder, sprich Multiplikatoren, und das macht die Gestaltung der Ausbildung schwierig. Wenn in einer Kompanie z.B. nur zwei Schießlehrer oder Schießausbilder zur Verfügung stehen, wird schon die logistische Gestaltung von Schießtagen zu einem Problem. Eine Senkung der Anforderungen zum Bestehen kann aber auch keine Lösung sein, denn seine Schießfertigkeiten sind des Soldaten Lebensversicherung im Einsatz.

Auf den Einzelkämpferlehrgang hatte ich mich besonders gefreut. Ich dachte: Endlich mal an seine Grenzen gehen. Ich habe mich an der Uni immer fit gehalten und es sogar geschafft, mir das begehrte Einzelkämpferabzeichen zu verdienen. Manch Kamerad war gar nicht erpicht darauf, frei nach der Devise: *„Ein gutes Pferd springt nicht höher, als es muss".* Gerade von jungen bzw. angehenden Offizieren sollte man doch erwarten können, dass sie mit einem gewissen »Biss« an ihren Dienst herangehen, schließlich sollen sie mal als Vorbild für ihre Untergebenen dienen. Den Einzelkämpferlehrgang Teil II würde ich auch gerne machen, aber dazu fehlt momentan die Zeit. Schade eigentlich. Trotzdem bin ich der Meinung, dass ich mich mit meiner Ausbildung international nicht verstecken muss. Die Bundeswehr kann etwas; wir haben professionelle Ausbilder, und ich habe eine Menge Lehrgänge besuchen können.

Jetzt kann ich mein Wissen einsetzen und es meinem Zug zugute kommen lassen. Das ist aber oft nicht einfach, irgendwie bin ich mir bei vielem ziemlich unsicher. Man hat zwar alles mal gehört und vielleicht auch gemacht, aber als Profi fühle ich mich noch nicht so recht. Gott sei Dank gibt es im Zug erfahrene Unteroffiziere, die mir bei Fachfragen weiterhelfen. Profi sein heißt eben auch, es zuzugeben, wenn man etwas nicht kann. Einfach eine Entscheidung nach dem Motto „*Isso*" zu treffen, mag ich nicht, das ist für mich unprofessionell. Klar gilt das nicht für jede Kleinigkeit, aber beim Gefechtsdrill und der Gestaltung der Ausbildung sollen meine Entscheidungen schon zweckgebunden sein. Es gibt ja auch genug Vorschriften, in die ich schauen kann. Manchmal ergeben sich aber aus dem Vorschriftenstudium mehr Fragen als Antworten. Klar, da stehen viele schöne Merksätze drin, und man sieht viele aufschlussreiche Bildchen. Aber das Gelände auf unserem Truppenübungsplatz stellt sich ganz anders dar als die Abbildungen in der Vorschrift. Letztlich muss ich mir also selbst den Kopf zerbrechen. Aber eigentlich ist das ja normal. Es kann schließlich in so gut wie keiner Vorschrift eine ultimative Antwort auf ein Problem gegeben werden; dazu sind die jeweiligen Situationen viel zu komplex. Man wird stattdessen auf Probleme der Kriegsführung aufmerksam gemacht: Denke an deine Sicherung! Feuer und Bewegung! Tarne dich! Was machst du bei Hindernissen? Wie versorgst du Verwundete? Und das sind nur einige Beispiele. Oft fallen mir dazu verschiedene Lösungen ein. Manche verwerfe ich schnell, andere scheinen gleich gut zu sein. Gerade letzte Woche haben wir das halbgruppenweise Ausweichen geübt. Wenn eine Halbgruppe ihre Ausweichstellung erreicht hat und den Feuerkampf aufnimmt, muss die andere Halbgruppe wissen, dass sie nun ausweichen kann. Ich habe mal gelernt, dass man dann laut „*Steht*" ruft, als Signal für die anderen Kameraden zum Ausweichen. Ein Hauptmann hat mir aber erzählt, dass er in einer solchen Situation immer zwei Feuerstöße abgeben würde, das hört man besser, meinte er. Beide Möglichkeiten funktionieren, aber welche sollte man nun anwenden? Wir hatten zum Glück genügend Zeit und haben einfach beide ausprobiert. Für die Methode vom Hauptmann habe ich mich dann entschieden. Leider ist Zeit zu oft ein knappes Gut, und ich kann den Zug nicht immer erst »testen«. Trotzdem kann ich mich glücklich schätzen. Mein Chef ist generell offen für neue Ideen, wenn man sie gut begründen kann. Dadurch wird vieles leichter. Er verlangt von seinen Teileinheitsführern ein sicheres Beherrschen der Vorschriften, und das ist auch gut so. Schließlich wollen wir alle die gleiche Sprache sprechen. Dennoch kann man einzelne Verfahren auch zweckmäßig umgestalten, das finde ich gut. Am besten ist aber, dass er bei der Dienstaufsicht wirklich auf das achtet, was wichtig ist: Werden Bewegungen unter Feuerschutz ausgeführt? Klappt die Kommunikation? Wurden die Stellungen zweckmäßig gewählt? Dabei geht er mit viel Sachverstand vor. Ein Zugführerkamerad aus einem anderen Bataillon, den ich noch von der Uni kenne, hatte da nicht so viel Glück, wie er mir des Öfteren wehleidig berichtet. Da kann das Schießergebnis noch so gut sein: Einmal ist die Schriftgröße an der Ausschilderung zu klein, ein anderes Mal zu groß. Oder der Unterricht mit PowerPoint braucht einen anderen Hintergrund. Hat denn diese Armee keine anderen Sorgen angesichts der Sicherheitslage in der Welt? Ordnung muss sein, gerade beim Militär, das sehe ich ein. Trotzdem kann es nicht sein, dass man sich mit solchen Kleinigkeiten aufhält. Wir sollen vor allem kämpfen können und nicht einfach nur gut aussehen. Am Schlimmsten ist aber, wenn aus dem Bauch heraus unsinnige Entscheidungen getroffen werden. Mein Kamerad berichtete, dass einmal die Tarnung seiner Stellungen für unzureichend befunden wurde. Zumindest wenn man fünf Meter vor der Stellung stand, konnte man sie tatsächlich erkennen. Man wird wohl jedem Feind attestieren können, dass er in der Lage ist, eine fünf Meter vor ihm befindliche Stellung zu erkennen, es sei denn, er steht direkt vor oder in einem Fernspähversteck.

Aber jeder Feind sollte auch schon vorher aufgeklärt und im besten Falle durch einen Feuerüberfall und den darauf folgenden Feuerkampf vernichtet worden sein. Jeder Führer muss sich darüber im Klaren sein, dass seine Befehle nur dann dauerhaft umgesetzt werden, wenn die Truppe insgesamt einen Sinn darin sieht. Es mag immer Kameraden geben, die aus Unwissenheit oder Trägheit Fehler begehen und Mängel nicht abstellen. Diese können aber belehrt oder motiviert werden. Eine intakte Truppe wird solche »Ausreißer« schon auffangen. Sieht die Truppe gegebene Befehle jedoch als sinnlos an, ist schon für den Laien zu erahnen, dass deren Umsetzung spätestens nach einem Führerwechsel wirklich niemand mehr für erstrebenswert hält. Gerade erfahrene Soldaten lassen sich auf Dauer am Besten durch Einsicht und schlagkräftige Argumente führen. Damit ist auf keinen Fall gemeint, dass jede Entscheidung zur Diskussion steht, sondern dass eben vor jeder Entscheidung ein fachlich fundierter Findungsprozess stehen muss, der zu brauchbaren Ergebnissen führt.

Diese theoretischen Erkenntnisse in die Praxis umzusetzen, ist jedoch noch eine ganz andere Geschichte. Als Führer hat man mit Menschen zu arbeiten. Menschen funktionieren nicht wie Maschinen, sie sind Individuen und haben spezifische Stärken und Schwächen. Diese zu erkennen und entsprechend für ein Ziel zu nutzen, ist wahrhaft eine hohe Kunst. Da fehlt es bei so mancher Personalentscheidung schon einmal an Erfahrung und dem richtigen Gespür. Als Zugführer liegt es mir am Herzen, den Ausbildungsstand des Zuges auf einem hohen Niveau zu halten. Ohne ein hohes Ausbildungsniveau jedes einzelnen Soldaten kann das allerdings nicht gelingen. Dazu müssen auch Lehrgänge vergeben werden, und es muss bestimmt werden, wer diese besucht. Fairness muss bei der Wahl des Soldaten oberste Priorität haben. Das alte Konzept von Eignung, Leistung und Befähigung funktioniert in diesem Zusammenhang wunderbar. Leider genügt das aber nicht immer. Aufgrund von schwer nachvollziehbaren Gründen können des öfteren Lehrgänge nicht durchgeführt werden. Der Bedarf ist angeblich nicht vorhanden. Oder es gibt nicht genügend Plätze. Komisch aber, dass die Plätze anscheinend doch da sind, zumindest, wenn man in den entsprechenden Inspektionen anruft und höflich nachfragt. Hier werden leichtfertig Ressourcen vergeudet, weil der bürokratische Apparat keinen ausreichenden Überblick über die Gesamtlage besitzt. Natürlich gibt es Engpässe und nicht jeder kann einen begehrten Lehrgangsplatz erhalten. Dass Kameraden, die unmittelbar vor einem Einsatz stehen, als erstes einen Zuschlag bekommen, versteht sich von selbst. Allerdings muss man auch an die Zukunft denken. Eine Truppe, die im Friedensdienst keine Fähigkeiten aufbauen kann, muss hinterher umso intensiver auf einen Einsatz vorbereitet werden. Dabei können ganz schnell zeitliche Probleme entstehen und eine Überforderung der Truppe setzt ein. Warum also nicht schon jetzt damit anfangen? Einen Sanitätslehrgang »Ersthelfer Bravo« braucht man, egal welche Truppe, egal welcher Einsatz. Das gilt ebenso für Richtschützen und Kraftfahrer gepanzerter Fahrzeuge.

Die Einsatzvorbereitung soll doch dazu dienen, auf die spezifischen Bedingungen des jeweiligen Einsatzes einzugehen. Aber das Beherrschen von Waffensystemen und eine erweiterte Ausbildung im Bereich »Erster Hilfe« unter Gefechtsbedingungen sind keine spezifischen Fähigkeiten, sondern müssen in jedem Einsatzszenario beherrscht werden. Letztlich kann dadurch auch die Zeit für die Einsatzvorbereitung verringert werden und die Einsatzbereitschaft steigt, da schneller Kräfte in ein Einsatzland verlegt werden können. Und das ist es doch, was wir wollen; eine flexible und schlagkräftige Bundeswehr. Dazu bedarf es auch gut ausgebildeter Führungskräfte. Gerade als Offizier durchläuft man während des sog. OL3 einen wahren Lehrgangsmarathon; dennoch frage ich mich, ob man nicht an der einen oder anderen Stelle mehr vermitteln müsste. Kameraden der Jägertruppe werden zu Kommandanten auf einem Fahrzeug ausgebildet, das sie selbst gar nicht fahren dürfen, dem GTK Boxer. Und welcher Offizier kann schon einen Radpanzer vom Typ Dingo fahren? *„Braucht man ja als Offizier nicht"*, heißt es dann immer. Die Einsatzerfahrungen von Offizieren, die in sog. OMLT-Verbänden eingesetzt waren, widersprechen dieser Ansicht aber deutlich. Im Einsatz steht eben nicht mehr der ganze Verband zur Verfügung, in dem für jede einzelne Aufgabe ein Soldat zuständig ist, vom Funken bis zum Fahren. Gerade in Trainingsmissionen führen oft nur wenige Soldaten einen umfangreichen Auftrag durch, so dass Oberleutnante auch mal mit Hauptgefreiten zusammen Streife laufen. Die Aufgabenfelder können verschwimmen, und dann ist es wichtig, dass auch ein Offizier z.B. zum Fahren eines Fahrzeuges befähigt ist. Darüber hinaus ist es immer besser, wenn Vorgesetzte bzw. Kommandanten wissen, was ihre Soldaten eigentlich machen müssen. In den gepanzerten Kampftruppen wird genau deshalb jeder Kommandant auch zum Kraftfahrer ausgebildet, bei der Infanterie nicht. Warum diese Trennung herrscht, kann ich nur schwer nachvollziehen.

Die individuellen Anstrengungen jedes Soldaten sind für einen hohen Ausbildungsstand und die Einsatzbereitschaft eines Zuges ebenfalls von immenser Bedeutung. Jeder soll aus sich die maximale Kampfkraft herausholen, um gemeinsam besser zu sein als unser Gegner. Wie meine Soldaten das Ziel erreichen, ist dabei nebensächlich. Das Stichwort lautet »Auftragstaktik«. Aber diese muss auch konsequent gelebt werden. So wie ich meine Freiheiten in bestimmten Entscheidungen zu schätzen weiß, tun es meine Soldaten auch. Jeden Handgriff nur nach Vorschrift zu befehlen, ist für mich kein guter Grundsatz. Wenn ein Soldat erst einmal die militärischen Grundlagen beherrscht, wird er selber Lösungen für auftretende Schwierigkeiten finden. Ein Beispiel ist die Wahl der passenden Ausrüstung für einen Auftrag und deren Modifizierung. Brauche ich ein Gewehr G36 oder ist für meine Aufgabe nicht eine Maschinenpistole MP7 angemessener? Wohin mit dem Funkgerät und dessen Batterien? Wie wechsele ich mein Magazin am Besten? Diese Fragen und viele mehr muss sich ein Soldat ständig stellen. Und auch hier bieten uns Vorschriften Handlungsrichtlinien. Aber jeder Soldat ist und bleibt ein Individuum und erreicht seinen höchsten Leistungsstand nur durch eine Vorgehensweise, die auf ihn zugeschnitten ist. Er selbst weiß durch seinen Dienst und seine Erfahrung doch am Besten, welche Ausrüstung er braucht und wie er mit ihr umgehen muss. Das gilt auch für privat beschaffte, sofern unser Dienstherr keine brauchbaren Lösungen anbieten kann. Glücklicherweise hat sich in diesem Bereich seit Beginn des Afghanistaneinsatzes viel zum Positiven gewandelt.

Was lässt sich nun abschließend zur Professionalität in der Bundeswehr sagen? Die Bundeswehr ist international – verglichen mit unseren Bündnispartnern – durchaus konkurrenzfähig. Aber gerade durch die relativ geringe Truppenstärke und das breite Einsatzspektrum muss jede Gelegenheit zur Verbesserung genutzt werden. Zusammenfassend die meiner Ansicht nach wichtigsten Aspekte:

- Führen mit Auftrag muss von Führern gelebt werden. Sie ist die Errungenschaft des Deutschen Militärs schlechthin und darf nicht zu einer Phrase verkommen.

- Jeder Soldat muss den Anspruch an sich selbst haben, seine maximale Kampfkraft auszuschöpfen. Das beginnt bei der körperlichen Leistungsfähigkeit, setzt sich fort bei den Aufgaben des täglichen Dienstes sowie dem »Biss« auf Lehrgängen und endet im Einsatz.
- Der Dienstherr steht in der Pflicht, seine Soldaten bestmöglich auf die Erfüllung seiner Aufträge vorzubereiten. Dazu zählen die Vergabe entsprechender Lehrgänge sowie die Bereitstellung hochwertiger Ausrüstung.
- Der Soldat muss mit militärischen Problemen vertraut sein und ihren Kern verstehen. Nur so kann erwartet werden, dass er auch situationsgerecht reagieren kann.
- Wer Profi sein will, muss auch sagen können: *„Ich kann das nicht"*. Nur durch solch eine realistische Einschätzung lassen sich Ausbildungsmängel beseitigen.

Auch wenn Deutschlands Streitkräfte vor großen Herausforderungen stehen, bin ich zuversichtlich, dass diese gemeistert werden. Es gibt hoch motivierte Soldaten in allen Dienstgradgruppen, die sich ihrem Land und ihrem Auftrag verbunden fühlen und diesen bestmöglich erfüllen wollen. Die Zukunft wird die Bundeswehr sehr wahrscheinlich in neue Einsätze führen. Es bleibt abzuwarten, wie diese neue Bundeswehr ihre zukünftigen »Feuertaufen« überstehen wird.

Nachwort

Der voran gegangene Artikel beschreibt keinen realen Offizier oder eine reale Einheit. Er ist fiktiv, jedoch alles andere als frei erfunden. Alle angesprochenen Punkte wurden durch mich im Rahmen von persönlichen Gesprächen, auf Lehrgängen, in Veröffentlichungen und Podiumsdiskussionen sowie diversen Vorträgen, welche nicht öffentlich zugänglich waren, aufgenommen. Dabei wurden Gedanken und Erfahrungen verschiedenster Kameraden in allen Dienstgradgruppen verarbeitet. Wer ohne Bezug zur Bundeswehr steht, dem möge dieser Artikel hoffentlich als kleiner Überblick über die Herausforderungen, denen sich das Militär zu stellen hat, dienen. Für alle Soldaten gilt: Es muss nicht in jeder Kompanie so aussehen wie hier skizziert. Vielleicht ist manches besser, manches wiederum schlimmer. Dennoch bin ich der Überzeugung, dass jeder Kamerad in den skizzierten Verhältnissen, ob im Guten oder Schlechten, einen Teil seiner Dienstverhältnisse wiederfinden wird.

Schein und Sein

von Max Pritzke

Mit der Aussetzung der Allgemeinen Wehpflicht am 01. Juli 2011[39] musste sich die Bundeswehr intensiver denn je mit der Problematik der Nachwuchsgewinnung auseinander setzen. Auch im Bereich der Führungskräftewerbung wurde das Engagement intensiviert. So wirbt das Bundesamt für Personalmanagement der Bundeswehr (BAPersBw) für den Offizierberuf mit folgender Beschreibung: „Verantwortung übernehmen und Entscheidungen treffen, das zeichnet Offiziere aus. Sie gehen in jeder Situation mit gutem Beispiel voran und führen, erziehen und bilden die ihnen unterstellten Soldatinnen und Soldaten aus."[40] Schon durch diesen Werbespruch kann man erkennen, dass die Bundeswehr hohe Maßstäbe und Anforderungen an ihren künftigen militärischen Führernachwuchs stellt. Als junger Leutnant der Panzergrenadiertruppe frage ich mich, welches Bild die Gesellschaft vom Offizier hat und wie sich das alltägliche Leben des Offiziers darstellt. Davon handelt der folgende Artikel.

Zunächst möchte ich darstellen, wie die Bevölkerung auf den Beruf des Offiziers blickt. Ein Beruf, der mit hoher Verantwortung für Menschen und Material wirbt, muss doch in der Gesellschaft hervorstechen und auffallen. In einem zweiten Abschnitt möchte ich fundierter auf die Anforderungen des Offizierberufes eingehen. Darauf aufbauend sollen das Selbstverständnis und das Selbstbild des Offiziers in der heutigen Zeit analysiert und aufgezeigt werden wie sich diese im alltäglichen Leben widerspiegeln.

---

[39] Themenseite Deutscher Bundestag 2014: Aussetzung der Allgemeinen Wehrpflicht beschlossen: http://www.bundestag.de/dokumente/textarchiv/2011/33831649_kw12_de_wehrdienst/ [Letzter Zugriff: 19.04.2014].

[40] Bundesamt für Personalwesen der Bundeswehr: Beruf trifft Berufung – Die Bundeswehr als Arbeitgeber, S. 30.

Der Offizier aus Sicht der Gesellschaft

Zunächst hinterfrage ich, wie die Gesellschaft den Offizier der Bundeswehr wahrnimmt. Was denkt die Gesellschaft über junge Männer und Frauen, die sich dazu entschließen, Vorgesetzter in einer parlamentarischen Armee zu werden, welche immer wieder neuen Herausforderungen, wie Missionen im Kosovo und Afghanistan im Rahmen multinationaler Einsatzkontingente sowie strukturellen Veränderungen, gegenübersteht.

Am 20. August 2013 veröffentlichte das Institut für Demoskopie Allensbach eine Studie über die Beliebtheit und soziale Anerkennung bestimmter Berufe. Die Umfrage wurde mit über 1.500 Personen ab einem Alter von 16 Jahren in Deutschland durchgeführt. Der Erhebungszeitraum lag im April 2013. Anhand einer vorgefertigten Liste mit Berufen konnten die Probanden die fünf ihrer Meinung nach anerkanntesten und ehrenhaftesten Berufe auswählen. Neun Prozent der Befragten setzten eines ihrer Kreuze beim Offizier. Berufe wie Arzt oder Polizist stehen in diesem Ranking an den ersten Stellen.[41]

Anhand dieser Statistik ergibt sich für mich die Frage, warum so wenig Menschen den Beruf des Offiziers als ehrenhaft und sozial anerkannt erachten. Die Antwort darauf lieferte »Der Spiegel« bereits im Jahr 1963: „[E]s gibt außer der Uniform nur wenig, was sie alle miteinander verbindet, und wenn sie in Zivil ausgehen, so sehen sie je nach Rang und Sold entweder wie Facharbeiter oder wie Amtsräte, wie Prokuristen oder Professoren aus. Es gibt nichts, was sie als »den Offizier« ausweist. Weder tragen sie ein Monokel, wie ihre Kameraden vor 60 Jahren, noch stellen sie, wie einst, die »Elite der Nation« dar. Der Umgang mit Komtessen ist nur wenigen geläufig, ebenso der schnarrende Ton, dessen sich noch die Leutnants der Reichswehr befleißigten. Sie reiten nicht in Hoppegarten, spielen nicht in Baden-Baden, kein Ladenmädchen schätzt sie als Kavaliere

---

[41] Institut für Demoskopie 2013: Hohes Ansehen für Ärzte und Lehrer und Reputation von Hochschulprofessoren und Rechtsanwälten rückläufig. Allensbacher Berufs-Prestige Skala 2013. Allensbach. 2013. S. 2ff.

und im Münchner Madame-Club würde ihre Uniform befremden. Niemand hasst sie, niemand sieht in ihnen ein Idol."

„Wir haben ein Offizierkorps, welches uns kein anderes Land der Welt nachmachen kann", hatte einst Otto von Bismarck im Reichstag gesagt. Damals war der deutsche Offizier unverwechselbar und selbst in Zivil leicht auszumachen. Seine Figur hob sich deutlich von dem Gesamtpanorama der deutschen Gesellschaft ab. Er war ihre Spitze. Die Homogenität des Offizierkorps und die Einheitlichkeit zumindest seiner Prägung in Haltung und Gesinnung waren sein Stolz.[42]

Es zeigt sich heute, dass der Offizier in der Gesellschaft kaum noch wahrgenommen wird. Die Bevölkerung hat jeden Tag mit Polizisten und Ärzten zu tun, aber nicht mit Offizieren. Der Soldat hält sich normalerweise während seines Dienstes innerhalb einer Kaserne an seinem Stationierungsort auf. Außer zu den Reisezeiten an den Wochenenden ist es eher unwahrscheinlich, einen Soldaten in seiner Uniform in einem öffentlichen Bereich anzutreffen. Man kann an dieser Stelle anmerken, dass es auch bei der Polizei verschiedene Dienstgrade gibt und die Umfrage dahingehend präziser hätte gestaltet werden müssen. Aber nichtsdestotrotz: Der Soldat im Allgemeinen und der Offizier im Speziellen werden kaum wahrgenommen.

Das Selbstbild des Offiziers in Theorie und Praxis

Die ethischen Grundlagen für den Dienst in der Bundeswehr werden durch die Zentrale Dienstvorschrift (ZDv) 10/1 »Innere Führung« geregelt. Sie zeigt insbesondere dem Vorgesetzten auf, wie er seine Untergebenen Soldatinnen und Soldaten zu führen, sie zu erziehen und auszubilden hat. Weiterhin ist in dieser Vorschrift der Umgang mit Traditionen geregelt. Die Traditionspflege ist für die

---

[42] Vgl. Themenseite Spiegel ONLINE GmbH 2014: Offiziere – Griff nach den Sternen. In: http://www.spiegel.de/spiegel/print/d-46173235.html [Letzter Zugriff: 19.04.2014].

Bundeswehr von großer Bedeutung und richtet sich nach den Werten und Normen der Freiheitlich Demokratischen Grundordnung.[43]

Für die Bundeswehr gelten drei Traditionslinien. Eine davon beruht auf den Heeresreformen von 1807 bis 1813.[44] Die Gründe dafür sind sehr vielseitig. Allgemein kann gesagt werden, dass die Ideen der Heeresreformer ihrer Zeit weit voraus waren und einen echten Umbruch im Militärwesen herbeiführten.[45] Für diesen Beitrag sind besonders die Bestrebungen der Heeresreformer für den Offizierberuf interessant, die auch heute noch Gültigkeit besitzen. So forderten sie, dass die Laufbahn der Offiziere jedem Bürger offen steht, da jeder Staatsangehörige die gleichen bürgerlichen Rechte und Pflichten besitzt. Einer der Heeresreformer, General Gerhard Johann David von Scharnhorst, schrieb dazu: „Der Soldat hat sich als Bürger eines Staates, in welchem er lebt, zu betrachten. Diesem hat er unzählig viel Gutes zu verdanken und eben deshalb liegt ihm die Erfüllung großer und wichtiger Pflichten ob."[46] Die Vergabe von Offizierstellen soll nach dem Prinzip der Eignung, Leistung und Befähigung erfolgen und sich nicht nach Standeszugehörigkeiten richten. Weiterhin soll der Offizier über ein breites und fundiertes Wissen verfügen und das sowohl im militärischen wie auch im allgemeinbildenden und sozialen Bereich. Außerdem werden die Tugenden der Pünktlichkeit, Ordnung und gutes Betragen innerhalb

---

[43] Vgl. Zentrale Dienstvorschrift 10/1: Innere Führung - Selbstverständnis und Führungskultur. Gültige Version vom Januar 2008.

[44] Themenseite des Bundesministeriums der Verteidigung 2014: Die Tradition der Bundeswehr. In:
http://www.bundeswehr.de/portal/a/bwde/!ut/p/c4/FcvBDYAgDEDRWVygv XtzC_VWoJYGgqZUWV_Nv73k445fjR4Vcj0bVVxxizqHAWEkhu7G6sWID2c Qu1uqJNxAuMesMX_qRkn_G6-yTC9pudfS/ [Letzter Zugriff: 19.04.2014].

[45] Themenseite des Bundesministeriums der Verteidigung 2014: Die preußischen Militärreformen. In:
http://www.deutschesheer.de/portal/a/heer/!ut/p/c4/DcpBEoMgEATAt- QDu_fc_EWSG-IoU8pCLRi- L9XX1p9OFv48QmexcOlHv5HvdUgCXGityoEWE2PqkFES_Cw5wwZdNqI67 tY4ByzzYg9wx158Fq3n8noAxOE0_w!!/ [Letzter Zugriff 19.04.2014].

[46] Evangelisches Kirchenamt für die Bundeswehr (Hrsg.): De officio – Zu den ethischen Herausforderungen des Offizierberufes. 2. Auflage. Leipzig. 2000. S. 11.

und außerhalb des Dienstes, die Geistesgegenwärtigkeit und ein schneller Überblick betont. Ziel soll es sein, dass der Offizier durch diese Eigenschaften und Kriterien der soldatischen und bürgerlichen Elite angehört.[47] Diese Anforderungen finden sich heute z.B. in der Beschreibung des Bundesamtes für Personalmanagement der Bundeswehr (BAPersBw) für den Offizierberuf, als auch in gültigen Gesetzen wieder.[48]

Ein Blick auf die Realität zeigt, dass diese Forderungen unumgänglich sind. Wie bereits angesprochen, muss sich der Offizier einer Vielzahl von Herausforderungen stellen. Teilweise geschieht dies in einem multinationalen Umfeld. Der Offizieranwärter bzw. Offizier soll für seine Aufgaben bestmöglich ausgebildet werden. Neben einem vierjährigen Studium an einer der beiden Universitäten der Bundeswehr wird er u.a. auch mit Themen wie Militärgeschichte und Politischer Bildung an den Offizierschulen konfrontiert.

Wichtig ist aber auch ein in Haltung und Pflichterfüllung geschlossenes Offizierkorps. Ich fordere an dieser Stelle nicht ein Offizierkorps wie zu Zeiten Bismarcks, sondern vielmehr ein modernes Offizierkorps, welches sich mit den Traditionen und Anforderungen des Offizierberufes auseinandersetzt und diese Ideen und das Gedankengut in die Gesellschaft trägt. In meinen Augen kann nur der Offizier zu einer Elite gehören, der sich von der breiten Masse abhebt. Ich kann sehr gut nachvollziehen, dass es für Menschen in einer individualisierten Gesellschaft merkwürdig erscheint, dass eine Person spricht, während mitunter Hunderte angetreten vor ihr stehen. Eine Hierarchie ist beim Militär unumgänglich. Jeder muss seinen festen Platz im System der Bundeswehr besitzen, damit der Gesamtauftrag erfüllt werden kann. Das allerwichtigste jedoch ist der respektvolle Umgang miteinander.

---

[47] KLEIN, Friedhelm: Der Beruf des Offiziers. In: Evangelisches Kirchenamt für die Bundeswehr 2000: De officio – Zu den ethischen Herausforderungen des Offizierberufes. 2. Auflage. Leipzig. 2000. S. 13ff.

[48] Vgl. Gesetz über die Rechtsstellung der Soldaten. Gültige Fassung vom Mai 2005. U.a. §10.

An dieser Stelle möchte ich einige Erfahrungen darstellen, die ich während meiner Ausbildung zum Offizier gesammelt habe. Zunächst möchte ich auf den wichtigen Aspekt des in sich geschlossenen Offizierkorps eingehen. Damit sich ein solches Korps entwickeln kann, scheint insbesondere ein Faktor elementar zu sein: Die Zeit. Sie ist wichtig, da man nicht erwarten kann, dass sich eine homogene Gesamtheit in einer kurzen Frist entwickelt. Dafür sind die Erfahrungen und Lebensläufe der Offizieranwärter viel zu unterschiedlich und individuell. Bis zu Beginn des Studiums ist eine längere gemeinsame Zeit aufgrund der unterschiedlichen Lehrgänge meist nicht vorhanden. Auch im Studium wird der Offizier meistens allein gelassen. An einem Nachmittag in der Woche findet im besten Fall eine gemeinsame Ausbildung für die Kameraden einer Studentenfachbereichsgruppe statt. Die Angebote der verschiedenen Interessengruppen und Kameradschaften sind freiwillig. Es zeigt sich, dass sie nicht in dem Maße genutzt werden, wie es für die Herausbildung einer echten Gemeinschaft notwendig wäre. Auch das Kleingruppenprinzip in den Seminaren an der Universität mag für die akademische Ausbildung förderlich sein, aber um ein großes Gemeinschaftsgefüge zu bilden, ist es nicht geeignet.

Es fällt mir sehr schwer, nachzuvollziehen, warum der Ort, an dem junge und ältere Offiziere in Kontakt treten können – die Offizierheimgesellschaft – am Standort der Universität der Bundeswehr in Hamburg aller Voraussicht nach bald nicht mehr bestehen soll. Gerade an einem Standort, an dem fast ausschließlich Offizieranwärter und Offiziere anzutreffen sind, ist die weitere Existenz dieser Institution enorm wichtig. Solange jedoch das Angebot von ortsansässigen Lieferdiensten mehr in Anspruch genommen wird als das der Offizierheimgesellschaft, ist diese Entwicklung nicht verwunderlich.

Für die Zeit des Studiums ist der Hauptauftrag ein erfolgreicher Masterabschluss, durch den die für den Offizier wichtige akademische Bildung sichergestellt wird. Jedoch sind wir keine Studenten im üblichen Sinn. Wir sind studierende Offizieranwärter und Offiziere. Damit möchte ich zum Ausdruck bringen, dass wir uns besonderen Werten und Aufgaben verpflichtet haben.

Forderungen an den Offizieranwärter/Offizier

Meiner Auffassung nach ergeben sich zwei Hauptforderungen für den Offizieranwärter bzw. Offizier im Studium. Schon bei den Heeresreformern wurde gefordert, dass der Offizier zur gesellschaftlichen und militärischen Elite gehören soll. Dazu ist es wichtig, dass der Offizier sein Studium ernst nimmt und dieses mit bestmöglichem Erfolg besteht. Er muss sich in allen kulturellen Bereichen bilden, was bspw. auch bedeutet, dass sich das Hamburger Kulturangebot nicht nur auf Kiezbesuche im Stadtteil St. Pauli beschränken sollte. Durch seine umfangreiche Bildung und seine sozialen und interkulturellen Kompetenzen kann sich der Offizieranwärter bzw. Offizier von der Gesamtgesellschaft absetzen und diese gleichzeitig in die Gesellschaft tragen. Somit wird er seinen Untergebenen ein Vorbild, auch außerhalb des Dienstes. Zum anderen kann er der Öffentlichkeit vermitteln, wie ehrenvoll es ist, deutscher Soldat im Allgemeinen und Offizier der Bundeswehr im Speziellen zu sein.

Aus militärischer Sicht sollte ein Offizieranwärter bzw. Offizier in Eigenverantwortung jede Gelegenheit nutzen, sich auch während des Studiums militärisch weiterzubilden und Ausbildungsangebote zu nutzen. Das ist für seine weitere Verwendung in der Truppe unumgänglich. Außerdem muss jedem daran gelegen sein, zum Aufbau eines starken Offizierkorps beizutragen. Dieses sollte in sich geschlossen und modern sein und sich an den Tugenden und Anforderungen, die schon die Heeresreformer beschrieben haben, orientieren. Es ist für die Offiziere in ihrer späteren Verwendung zwingend notwendig, militärisch zur Elite zu gehören, um sich gegenüber den Untergebenen beweisen zu können. Umfangreiches militärisches Fachwissen ist dafür elementar. Außerdem ist es notwendig die Leistungen der Untergebenen zu erkennen und zu würdigen. Somit sollte insbesondere mit den Unteroffizieren in einem vertrauens-vollen Verhältnis gearbeitet werden, um den gemeinsamen Auftrag zu erfüllen.

Das Deutsche Heer im Kampf 1914 bis 1918. Neue Perspektiven 100 Jahre nach Beginn des Ersten Weltkrieges

von Felix Schuck & Thorben Mayer

„Das gegenwärtige Unglück trägt sich leicht; doch grauenvoll vergrößert es der
Zweifel, und der Erwartung Qual dem weit Entfernten. "
Friedrich v. Schiller, Wallensteins Tod

Im Sommer 2014 hat sich der Beginn des Ersten Weltkrieges zum
100. Mal gejährt. Der geschichtswissenschaftliche Diskurs über diesen Krieg drehte sich nach 1945 nahezu ausschließlich um die »großen Fragen« wie die Kriegsschuld oder um erfahrungsgeschichtliche
Abhandlungen. Eine militärspezifische Analyse, vor allem der Zeit
von Herbst 1916 bis Sommer 1918, existiert bis heute nur sehr eingeschränkt im deutschsprachigen Raum. Der folgende Beitrag rückt
das Deutsche Heer im Ersten Weltkrieg in den Mittelpunkt der Betrachtung. Er soll zum einen ein Fingerzeig in eine Richtung sein, die
bisher ein Schattendasein in der bundesdeutschen Debattenland-
schaft fristet: Es soll darauf hingewiesen werden, dass eine tieferge-
hende Analyse des Deutschen Heeres zwischen 1914 und 1918 nicht
nur die militärische Evolution des 20. Jahrhunderts verständlicher
macht und daher auch weiterhin für den militärischen Praktiker von
Interesse sein sollte, sondern dass auch einige Vorstellungen über
das deutsche Heer in diesem Krieg differenzierter zu betrachten
sind. Es kann dabei nicht geleistet werden, diese Lücke auszufüllen.
Der Beitrag ist daher explizit kein geschichtswissenschaftlicher Artikel, sondern vielmehr ein Vorstoß, um die militärwissenschaftliche
Debatte über den Ersten Weltkrieg vielleicht aus einer neuen Perspektive zu beleben. Der zweite Teil beleuchtet die aktuelle Gedenkkultur in der Bundesrepublik und im Speziellen innerhalb der Bundeswehr zum Ersten Weltkrieg und stellt dieser einen eigenen Entwurf entgegen.

In Flandern reitet der Tod

> *„Auch deshalb, so sagt Gauck im Amtszimmer des Hohen-*
> *zollernschlosses, könne er sich »eine deutsche Beschäftigung mit*
> *dem Ersten Weltkrieg nur als Respekt vor dem Leid derer vor-*
> *stellen, die damals durch uns bekämpft wurden«"*
> Der Spiegel 1/2014[49]

Am 27. August 1917 trafen die Männer des bayerischen Reserve-Infanterie-Regiment Nr. 4 am Bahnhof von Ledeghem ein. Einen Tag später rückte das I. Bataillon in die Flandernstellung ab, dem Geschützdonner entgegen. Seit dem 31. Juli 1917 tobte dort die britische Großoffensive unermüdlich an den Höhenzügen um Ypres. Die Materialschlacht erreichte ihre bis dato größten Ausmaße. Die britischen Offensiven in Flandern wurden durch ein siebzehntägiges Artilleriebombardement und die Sprengung von 19 Minen entlang des Höhenzuges von Messines eingeleitet, wobei die stärkste Ladung von etwa 42 Tonnen zu diesem Zeitpunkt die größte von Menschenhand herbeigeführte Explosion war. Ein Artillerieeinsatz, welcher jenen vor Verdun oder an der Somme in den Schatten stellte, verwandelte die flandrischen Felder in eine Kraterlandschaft. Die Gräben und Trichter füllten sich mit Wasser und auch der kürzeste Marsch wurde nach drei Jahren Stellungskrieg durch einen Morast aus Schlamm, Fäkalien und Leichenteilen zu einer unerträglichen Mühsal.[50]

In diese Hölle marschierte das Reserve-Infanterie-Regiment Nr. 4, als es in der Nacht zum 29. August die zerschundenen Reste des 177. Infanterie-Regimentes aus dem Herenthage Park an der Ypres-Menin Straße herauslöste. Die britische Luft- und Artillerieüberlegenheit erlaubte keine größeren Bewegungen bei Tageslicht in

---

[49] WIEGREFE, Klaus. 2014. Der nahe ferne Krieg. Der Spiegel 1/2014. [http://www.spiegel.de/spiegel/print/d-124188066.html. Zugriff am 04.02.2014, 11:46]

[50] Vgl. BEUMELBURG, Werner. Schlachten des Weltkrieges – Flandern 1917. Berlin. 1928. S. 18f.

Frontnähe, und so mussten die frischen Bataillone bis zum Morgengrauen das Unterziehen in den neuen Stellungen und die abzulösende Truppe den Abmarsch sowie die möglichst vollständige Beseitigung der Marschspuren abgeschlossen haben.[51]

Die Männer der Vorpostenlinie verteilten sich im Herbst 1917 in Flandern auf eine lose Linie von Trichtern, welche einzelne Widerstandsnester bildeten. Dahinter befand sich eine besser ausgebaute Stellung mit einigen Betonunterkünften, in denen die Männer so dicht zusammengedrängt waren, dass sie in manchen Unterkünften nur stehen konnten.[52] Die Aufgaben der ersten Linien war es, im Falle eines Angriffes den Feind möglichst lange zu verzögern und erkannte Schwerpunkte zu melden, um dem weiter hinten liegenden Bereitschafts-Bataillon die Zeit zur Durchführung eines Gegenstoßes zu verschaffen. Das dritte Bataillon des Regiments lag in Reserve. Ungefähr alle vier bis fünf Tage wechselten die Bataillone turnusmäßig zwischen Front, Bereitschaft und Reserve.[53]

Tagsüber waren die Männer der ersten Linie gezwungen, möglichst unter Zeltbahnen in ihren Trichtern unterzuziehen und auszuharren. Vom Gegner erkannte Massierungen oder Bewegungen wurden sofort mit massivem Artilleriefeuer bedeckt. Folglich konnte die Verbindung zu den rückwärtigen Linien nur nachts hergestellt werden. Verpflegung kam, wenn überhaupt, nur kalt an, wobei „der entsetzliche Leichengeruch [...] der in der Trichterzone die ganze Zeit über die Luft verpestete [...] der Truppe fast jede Nahrungsaufnahme unmöglich machte.“[54] Tag und Nacht lag Störungsfeuer auf den deutschen Stellungen, welches sich teilweise zu Trommelfeuer verdichtete.[55] Ein Kleinkrieg in den Morgen- und Abendstunden aus begrenzten Angriffen und Stoßtruppunternehmen, welche darauf zielten, dem Gegner vorteilhafte Stellungen zu entreißen, die

---

[51] Vgl. RIETZ, Alfred: Das Königlich Bayerische Reserve-Infanterie-Regiment Nr. 4. Bamberg. 1934. S. 139.

[52] Vgl. Ebd.

[53] Vgl. Ebd. S. 140ff.

[54] Vgl. Ebd. S. 145.

[55] Vgl. Ebd. S. 142.

unvermeidlich darauf folgenden Gegenstöße sowie Scharfschützen forderten unentwegt einen hohen Blutzoll.[56]

Am 19. September 1917 setzte schließlich schwerstes Trommelfeuer ein. Die britische Armee hatte für die Fortsetzung der Offensive 1295 Geschütze aufgefahren – „one to every 5 yards of frontage" – , um den Angriff auf das Plateau von Geluveld vorzubereiten.[57] Die Bayerische-Ersatz-Division, in welcher das Reserve-Infanterie-Regiment Nr. 4 eingesetzt war, schätzte, dass auf ihren und den Nachbarabschnitt innerhalb dieses Tages 60.000 Granaten niedergingen.[58] Am nächsten Morgen setzte die britische 2. Armee schließlich mit vier Korps entlang der Menin-Straße zum Sturm an. Um 06:45 Uhr waren die ersten Soldaten der 23. britischen Infanterie-Division in die Stellungen des vordersten Bataillons eingedrungen und schnitten dieses ab. Der Großteil wurde niedergemacht oder gefangengenommen, darunter der Bataillonskommandeur mit seinem Stab.[59] Bis zum Abend konnte sich nur ein Bruchteil zu den eigenen Truppen durchschlagen.[60] Gegen Mittag gelang es den Briten, sich in der zweiten Linie festzusetzen und durch massierten Einsatz von Artillerie alle Gegenstöße zu zerschlagen. Um 23:00 Uhr wurde das bayerische Reserve-Infanterie-Regiment Nr. 4 schließlich aus der vorderen Linie genommen. Während des Einsatzes in der dritten Flandernschlacht zwischen dem 29. August 1917 und dem 21. September 1917 verlor das Regiment an Gefallenen, Vermissten,

---

[56] Allein in den ersten drei Tagen an der Front hatte das Regiment an Verlusten 2 verwundete Offiziere, neun Gefallene und 35 verwundete Unteroffiziere und Mannschaften zu verzeichnen. Vgl. Ebd. S. 140.

[57] Vgl. ADKIN, Mark: The Western Front Companion. Mechanicsburg. 2013. S. 67.

[58] Vgl. BEUMELBURG, Werner. Schlachten des Weltkrieges – Flandern 1917. Berlin. 1928. S. 117.

[59] Vgl. RIETZ, Alfred: Das Königlich Bayerische Reserve-Infanterie-Regiment Nr. 4. Bamberg. 1934. S. 144.

[60] Vgl. SHELDON, Jack: The German Army at Passhendaele. Barnsley. 2007. S. 155.

Verwundeten und Kranken 1133 Mann.[61] Geht man bei einer Struktur von drei Bataillonen von einer Sollstärke, welche nach 1914 wohl nie auch nur annähernd erreicht wurde, von ca. 2300 Mann aus, so betrug die Verlustquote für dieses Regiment innerhalb von 24 Tagen mehr als 50 Prozent.

Steht man heute an der »Menin Road«, deutet wenig auf das Grauen hin, welches sich im Herbst 1917 dort abspielte. Die Straße verläuft durch eine landwirtschaftlich geprägte Landschaft entlang von Autohäusern und einzelnen Geschäften einen sanft abfallenden Hügel hinab in Richtung Ypres, wobei man von keiner verstörenden Mondlandschaft umgeben ist, wie etwa im Falle Fleurys und des Douaumonts. Die geographischen Spuren des Krieges sind fast vollständig beseitigt. Der menschlichen Tragödie der Dritten Flandernschlacht kommt man wohl nicht an den unmittelbaren Schauplätzen des Kampfes und des Leidens am nächsten, sondern wenn man der Menin Road bis zum westlichen Stadtrand von Ypres folgt. Dort, am Menin Gate, wird seit 1929 jeden einzelnen Tag um 20:00 Uhr mit der Last Post Ceremony unter großer öffentlicher Anteilnahme den Gefallenen gedacht. Der Last Post Call der britischen Armee wird »in the English style« durch eine Freiwilligenabordnung der Stadt Ypres bei absoluter Stille im Innenraum des Gates geblasen, wo noch immer etwa 54 900 Namen von im Großraum Ypres vermissten Soldaten des Commonwealth eingraviert sind.[62] Das Zentrum der Zeremonie stellt jedoch das von allen gemeinsam gesprochene Versprechen dar:

„We will remember them.“

Fast schon symbolisch liegen sich die beiden zentralen Gedenkstätten gegenüber: Das Menin Gate, im Zentrum des von den Briten gehaltenen »Salient«, und die Kriegsgräberstätte Langemarck auf dem von den deutschen Truppen gehaltenen Höhenzug im Nord-

---

[61] Vgl. RIETZ, Alfred: Das Königlich Bayerische Reserve-Infanterie-Regiment Nr. 4. Bamberg. 1934. S. 146.

[62] HOLT, Tonie: Ypres Salient and Passhendaele. Barnsley. 2011. S. 29.

westen des ehemaligen Schlachtfeldes. Aber nicht nur in der Geographie lassen sich Höhenunterschiede erkennen. Die Erosion des deutschen Gedenkens an den Ersten Weltkrieg wird in Langemarck physisch greifbar. Das Gras ist nicht, wie beim Ramparts oder Tyne Cot Cemetry, kurz geschnitten. Die Grabplatten der über 44 000 Gefallenen überwuchern, an den Mauern lassen sich Reste von Schmierereien erkennen, der den Friedhof umgebende Graben ist mit Müll übersät und in weniger gut einsehbaren Ecken finden sich benutztes Toilettenpapier und Damenbinden.

Mit Langemarck verbindet sich jedoch mehr als nur eine kontemporäre gedenkpolitische Bedeutung. Schon zu Kriegszeiten wurde der deutsche Angriff im Herbst 1914 zum Mythos stilisiert, zum »massacre of the innocent«. Junge deutsche Kriegsfreiwillige seien dort, so wird es kolportiert, zu Tausenden patriotische Lieder singend, sehenden Auges in den Tod gegangen. Wohl kein Ereignis des Ersten Weltkrieges wurde so ambivalent in der Debatte um den Kriegsverlauf zu Felde geführt wie der »Mythos von Langemarck«. Auf der einen Seite wurde Langemarck dazu herangezogen, um den deutschen Kriegseinsatz propagandistisch zu untermalen bzw. ideologisch zu überhöhen. Auf der anderen Seite steht im allgemeinen Bewusstsein, vielleicht abgesehen von Verdun, kaum eine Episode so sinnbildlich für den Stereotyp der Massenarmeen, welche durch die Industrialisierung hoch- und aufgerüstet und durch überschwänglichen Nationalismus aufgepeitscht, mit überkommenen Methoden 1914 zu Felde zogen und trotz Millionen von Toten diese nie überwanden.

Der Begriff Langemarck beinhaltet jedoch noch eine weitere Facette. Im Juni 1940 besuchte Adolf Hitler Ypres und den Friedhof von Langemarck. Er hatte als Angehöriger des 16. bayerischen Reserve-Infanterie-Regiments auch in Flandern gekämpft. Bewusst stellte er bei seinem Besuch eine Verbindung zwischen dem Jahr 1914 und dem Juni 1940 her. Langemarck steht auch für die Vereinnahmung des Gedenkens an den Ersten Weltkrieg durch den Nationalsozialismus.

Besucht man den Friedhof von Langemarck, befindet man sich somit an einer Art Knotenpunkt, in welchem Aspekte von einhundert Jahren deutscher Gedenkkultur und Erinnerns an den Ersten Weltkrieg zusammenfließen und bis heute nachwirken. Seziert und durchleuchtet man diese Facetten jedoch etwas gründlicher, wird sehr schnell deutlich, dass das heute vorherrschende Bild der deutschen Armee im Ersten Weltkrieg teilweise immer noch durch diese Vereinnahmungen geprägt ist und an den historischen Tatsachen vorbeischrammt.

> *„Politisch-historische Bildung trägt entscheidend zur Entwicklung eines verfassungskonformen Traditionsverständnisses und einer zeitgemäßen Traditionspflege bei. Dies fordert, den Gesamtbestand der deutschen Geschichte in die Betrachtung einzubeziehen und nichts auszuklammern. "*
> Zentrale Dienstvorschrift (ZDv) 10/1 »Innere Führung«

Dass es den Ansturm der singenden Jünglinge am 10. November 1914 so nie gegeben hat, ist heute geschichtswissenschaftlicher Konsens. Hartnäckig hält sich jedoch eine Perzeption des Erstens Krieges als Abfolge sinnloser Angriffe und Gegenangriffe, welche außer hohen Verlusten nichts einbrachten. Auch wenn alle europäischen Armeen mit falschen Verfahren und Konzepten 1914 in den Krieg zogen und diese Irrtümer blutig bezahlten: Einen militärischen Stillstand bezüglich taktischer und operativer Verfahren gab es zu diesem Zeitpunkt wie auch später nicht. Das Bild der deutschen Armee im Ersten Weltkrieg leidet dabei wohl besonders unter zwei Aspekten: Der angelsächsischen Debattenhoheit auf dem Felde der Militärwissenschaft und den Nachwirkungen der effektiven alliierten Propaganda des Ersten Weltkrieges.[63]

Unmittelbar nach dem Ende der Kampfhandlungen begannen britische Schriftsteller und Militärtheoretiker, allen voran Basil Liddell Hart und J.F.C. Fuller, die militärische Führung der kriegs-

---

[63] Es muss hier auf der anderen Seite eingeräumt werden, dass ohne die Arbeiten britischer und amerikanischer Historiker, vor allem ab den 1990er Jahren, eine aktuelle und differenzierte Betrachtung des Deutschen Heeres im Ersten Weltkrieg schwerlich möglich wäre.

führenden Parteien massiv zu kritisieren. Liddell Hart prangerte die »dogmatische Starrheit« der Strategie an, in der er den »Ghost of Napoleon« ausmachte und welche folglich auf anachronistischen Annahmen beruhe.[64] Die Borniertheit und Ideenlosigkeit der militärischen Planer hätten den Krieg zum »Selbstzweck« degradiert und letztlich in ein »Massenschlachten« geführt.[65] Nach dem Zweiten Weltkrieg knüpfte eine neue Generation britischer Historiker an diese Perzeption an und demontierte endgültig die alliierte Kriegsführung im Ersten Weltkrieg unter der griffigen Formel „*Lions led by donkeys*".[66] Die deutsche Geschichtswissenschaft hingegen hatte zu dieser Debatte wenig beizutragen und im öffentlichen Bewusstsein scheint daher bis heute das britische Paradigma zu dominieren. Neuere deutsche populärwissenschaftliche Publikationen und TV-Dokumentationen fokussieren sich nahezu ausschließlich auf das Scheitern der deutschen Offensive an der Marne im Sommer 1914 und die »Blutpumpe« von Verdun. Aber auch in der deutschen Fachliteratur findet man nur wenige aktuelle militärwissenschaftliche Beiträge zu den deutschen Abwehrerfolgen von 1915 und 1917 an der Westfront, der Winterschlacht in den Masuren und der Schlacht von Gorlice-Tarnów im Jahre 1915, dem Angriff bei Tarnopol im Juli oder dem Durchbruch am Caporetto im Oktober 1917.

Der Stereotyp des preußischen Soldaten und besonders des Offiziers, welcher sich sinnbildlich in der Person Falkenhayns als steifen, technokratischen und mitleidlosen Militaristen zu verdichten scheint, wirkt bis heute nach. Dabei bleibt zunächst festzuhalten, dass, auch wenn Preußen in der Armee federführend war, es so kei-

---

[64] Vgl. LIDDELL HART, Basil: The Ghost of Napoleon. London. 1933; LIDDELL HART, Basil: Vom staatlichen und vom militärischen Ziel, In: DILL, Günther (Hrsg.): Clausewitz in Perspektive – Materialien zu Carl von Clausewitz: Vom Kriege. Frankfurt am Main. 1980. S. 544.

[65] LIDDELL HART, Basil: Vom staatlichen und vom militärischen Ziel, In: DILL, Günther (Hrsg.): Clausewitz in Perspektive – Materialien zu Carl von Clausewitz: Vom Kriege. Frankfurt am Main. 1980. S. 546.

[66] Dieser Satz geht auf folgendes Werk zurück, welches diese Debatte maßgeblich prägte: CLARK, Alan: The Donkeys – A History of the British Expeditionary Force in 1915. London. 1992.

ne preußisch-deutsche Armee gab. Vielmehr setzte sich das kaiserlich-deutsche Heer im Ersten Weltkrieg aus verschiedenen Landeskontingenten zusammen. Eine vollkommen einheitliche Sozialisation gab es damit in der deutschen Armee nicht. Darüber hinaus zeigt sich, dass die Perzeption des Dienstes in der kaiserlichen Armee und im deutschen Heere während des Ersten Weltkrieges, welche auch durch die Schriften eines Kurt Tucholskys oder eines Hermann Hesses im öffentlichen Bewusstsein mitbestimmt wurde, sich bei genauerer Betrachtung deutlich differenzierter darstellt, als es zunächst scheinen mag. Im Folgenden sollen daher einige Aspekte etwas genauer skizziert werden, um darzulegen, dass eine Beschäftigung mit dem Deutschen Heere zwischen 1914 und 1918 auch heute noch zum Verständnis von taktischen und operativen Grundlagen entscheidend beitragen kann, wodurch man letztlich auch zu einer differenzierteren Betrachtung des kaiserlich-deutschen Heeres gelangt.

Für den deutschen Offizier kann sich jedoch die Beschäftigung mit dem Ersten Weltkrieg nicht in dieser militärwissenschaftlichen Perspektive erschöpfen. Folgt man Guido Knopp in seinem »Weltenbrand«, so wird der Erste Weltkrieg entlang der Biographien von Bernard Law Montgomery, Hermann Göring, Charles de Gaulle und Adolf Hitler gezeichnet. So wirkungsmächtig und folgenreich der Erste Weltkrieg auch sein mag: Eine alleinige Einordnung des Kaiserlichen Heeres durch die Perspektive des Zweiten Weltkrieges stellt eine enorme Verkürzung dar. In der kaiserlichen Armee dienten nicht nur Theodor Eicke und Hermann Göring, sondern auch Ernst Thälmann, Kurt Schumacher und Otto Dix. Friedrich Ebert verlor im Ersten Weltkrieg zwei seiner vier Söhne. Insgesamt dienten wohl an die elf Millionen Männer in der Kaiserlichen Armee zwischen 1914 und 1918, ein Querschnitt durch die Gesellschaft.[67] Es kann und soll hier kein Beitrag zur geschichtswissenschaftlichen These des »zweiten Dreißigjährigen Krieges« oder der »Sonderwegsthese« vorgebracht werden. Es wird jedoch entschieden dafür plädiert, das Deutsche Heer im Ersten Weltkrieg im Kontext seiner

---

[67] Vgl. SAMUELS, Martin: Doctrine and Dogma – German and British Infantry Tactics in the First World War. London. 1992. S. 101.

180

Zeit zu betrachten. Einhundert Jahre nach dem Beginn des Ersten Weltkrieges soll explizit dem militärischen Gedenken an die deutschen Gefallenen ein adäquater Platz eingeräumt werden.

Taktik und Operation. Begriffsdefinitorische Problematik bezüglich des Ersten Weltkrieges

Wohl kaum wird heutzutage in der Bundeswehr ein Begriff inflationärer benutzt als jener der Taktik. Von einer einzigen Magazintasche über den Stellungswechsel nach der Schussabgabe bis hin zum Gefecht der verbundenen Waffen im Gefecht kann alles »taktisch« sein. Eine genaue Definition dieses Begriffs fällt daher schwer. Noch diffiziler wird es, eine scharfe Trennlinie zu der nächst höheren, der operativen Ebene zu ziehen. Wo endet die taktische, wo beginnt die operative Führung? Orientiert man sich an der Größe oder der Zusammensetzung der zu führenden Einheit um eine solche Differenzierung vorzunehmen, führt dies den Betrachter vor einige Schwierigkeiten. Man bewegt sich wohl auf relativ sicherem Terrain, wenn man die These vertritt, dass Erwin Rommel mit der Führung des Deutschen Afrikakorps im Frühjahr 1941, bestehend aus insgesamt vier Divisionen, welche oft über weite Entfernungen agierten, in der operativen Sphäre führte. Gilt dies jedoch auch gleichermaßen für Lieutenant General Hunter-Weston, welcher am 1. Juli 1916 das VIII Korps mit ebenfalls vier Divisionen beim Sturm auf Beaumont-Hamel auf einer Breite von etwa 2500 Metern befehligte?[68] Kann somit die operative Ebene so unterschiedliche Aspekte wie das Führen der Einheiten eines gesamten Kriegsschauplatzes als auch das Nehmen einer befestigten Ortschaft umfassen? Besonders bei der Betrachtung des Ersten Weltkrieges tritt diese Problematik zu Tage.[69] Die Herausforderungen des Stellungskrieges ab dem Spätherbst

---

[68] Vgl. ADKIN, Mark: The Western Front Companion. Mechanicsburg. 2013. S. 216.

[69] Es kann hier z.B. die Frage aufgeworfen werden, ob es sich bei den deutschen Frühjahrsoffensiven von 1918 um einen operativen Durchbruch/Einbruch handelte, welcher nicht ausgenutzt wurde oder werden konnte, oder um einen teuer erkauften taktischen Erfolg, welcher aber keine operativen Auswirkungen hatte.

1914 stellten zuvorderst zunächst eine taktische Problemstellung dar. Diese Materie bildete das obsessive Gravitationszentrum für die militärischen Planer bis zum Ende des Krieges. Dies konnte zum Teil groteske Züge annehmen. So gab es für die deutschen Offensiven von 1918 keine konkreten Planungen für die Phase nach dem Durchbruch in die operative Tiefe. Die Planung und Vorbereitung richtete sich fast ausschließlich darauf, diesen zu erzielen und nicht darauf, diesen auszunutzen.

Das primäre Ziel der meisten Offensiven bis 1918 war zunächst die Überwindung des feindlichen Stellungssystems, um dann, nachdem dieses aufgerissen war, den Schlag in die operative Tiefe zu führen. Folglich war es die Prämisse des Verteidigers, dies durch Abwehrmaßnahmen zu vereiteln bzw. einzudämmen. Die taktischen und operativen Überlegungen entwickelten sich somit in zwei extreme, sich diametral gegenüberliegende Pole. Auf der einen Seite wurde versucht, mit Hilfe eines immer weiter zunehmenden Einsatzes von Artillerie, mit dem Anlegen von Minenfeldern, mit dem Einsatz von Gas und Tanks, den Stellungskrieg zu überwinden. Auf der anderen Seite wurden das System und die Praxis des Stellungskrieges immer weiter perfektioniert. Die Waffenwirkung des Maschinengewehrs und der Artillerie begründete bis zum Kriegsende die Überlegenheit der Verteidigung. Erst die Aufstellung von motorisierten und gepanzerten Verbänden sowie deren Einsatz als Hauptwaffe verschoben das Gewicht wieder zu Gunsten des Angriffs als stärkere Operationsart.[70] Im folgenden Teil sollen die konzeptionellen Innovationen auf der taktischen und operativen Ebene für beide Gefechtsarten skizziert werden. Die vordergründige operative Herausforderung des Ersten Weltkriegs in der Lösung eines taktischen Problems hat zur Folge, dass beide Sphären oft nicht klar zu unterscheiden sind. Es soll deshalb für diesen Beitrag folgende Einteilung vorgenommen werden: Unter dem Bereich Taktik wird in dieser Arbeit die Führung des Gefechtes bis auf Bataillonsebene verstan-

---

[70] Obwohl auch hier argumentiert werden kann, dass die beweglich geführte Verteidigung weiterhin die stärkere Operationsart darstellt.

den. Alles darüber, sowie die Ausgestaltung von Doktrinen, fällt in die operative Sphäre.

Exkurs: Das Ende des Bewegungskrieges im Westen

Die Grundlage der Kriegsführung des Deutschen Reiches 1914 bildete der nach seinem geistigen Vater, dem ehemaligen Generalstabschef und Generalfeldmarschall Alfred von Schlieffen, benannte Schlieffen-Plan. Dieser sah vor, aufgrund der als vergleichsweise zeitintensiv beurteilten russischen Generalmobilmachung Frankreich, dessen Mobilmachung zügiger vonstatten gehen würde, zuerst niederzuringen, um sich anschließend nach Osten zu wenden. Von daher gedachte man, im Osten zunächst ein Verzögerungsgefecht zu führen, Raum gegen Zeit zu opfern und die deutschen Kräfte maßgeblich auf den westlichen Kriegsschauplatz zu konzentrieren. Absicht war es, dort mit zwei Armeen die deutsch-französische Grenze zu den von Seiten Frankreichs begehrten – im Krieg von 1870/71 wieder zum Reich gelangten – Provinzen Elsass und Lothringen zu halten. Zugleich sollte so die Masse des französischen Heeres gebunden werden und diesem mit fünf Armeen, welche zügig durch Belgien und Nordfrankreich heranzuführen wären, in Flanke und Rücken zu fallen. Das Ziel des Schlieffen-Planes war also die Vernichtung des französischen Heeres, nicht, wie oftmals fälschlicherweise kolportiert, die Einnahme der französischen Hauptstadt. Am 4. September 1914 begann mit einem Gegenangriff einer französischen Armee in die rechte Flanke der 1. Armee Generaloberst von Klucks die Schlacht an der Marne, welche daraufhin nach Nordwesten abschwenkte, um diesen abweisen zu können. Der von der Obersten Heeresleitung bevollmächtigte und zur Lagefeststellung zur 1. und 2. Armee entsandte Oberstleutnant i.G. Hensch sah in der sich durch den Schwenk zwischen den Armeen entstandenen Lücke sowie dem Erscheinen starker französischer und britischer Kräfte an unvorhergesehenen Orten eine Bedrohung, weswegen sich in der Nacht vom 9. auf den 10. September die deutschen Kräfte vom Feind lösten und auswichen. Dies war das »Wunder an der Marne« – gleichzusetzen mit dem Scheitern des Plans Alfred von Schlieffens. Nun standen sich die Kriegsgegner entlang einer Front gegenüber, welche von der Schweizer Grenze im Süden bis auf Höhe der Städte Compiègne und Noyon im Norden reichte. Sie begannen, sich einzugraben. Die bei einem frontalen Angriff auf einen in befestigten Stellungen befindlichen Gegner zu erwartenden Verluste vor Augen, suchte man auf beiden Seiten den jeweiligen Gegner auszumanövrieren und in der offenen Flanke zu fassen. Diese wechselseitigen Umfassungsbewegungen resultierten im »Rennen zum Meer«, da die Nordsee die nördlichste Grenze für derartige Manöver darstellte. Dieses endete in der ersten Flandernschlacht, und Anfang November 1914 waren die Fronten auf der Linie von Basel im Süden über Verdun, Reims, Noyon, Lille und Ypern bis nach Nieuport im Norden im Stellungskrieg erstarrt. Mit dieser Problematik sah sich das kaiserlich-deutsche Heer Ende des Jahres 1914 konfrontiert. Doch wo die Fronten statisch geworden waren, waren die Geister rege – insbesondere auf Seiten der kaiserlich-deutschen Armee.

Innovationen auf der taktischen Ebene

Nunmehr waren sämtliche weitere Angriffe dazu verdammt, frontal, ohne die Möglichkeit einer Umfassung, ausgeführt zu werden – gegen einen Gegner, welcher sich in ausgebauten Stellungen befand, versehen mit weit reichenden Repetiergewehren und auflafettierten Maschinengewehren. Einen Gegner, welcher Gelegenheit hatte, sein Vorfeld über einen Zeitraum von Tagen, bis hin zu Wochen, genauestens zu studieren, sich über mögliche Annäherungswege und Sturmausgangsstellungen klarzuwerden, Drahtsperren an- und Feuerräume festzulegen, seine Maschinenwaffen und Artillerie in seine Verteidigungspläne effektiv einzubinden. Kurz, ein Gegner, der bestens darauf vorbereitet war, jeden über die einigen Meter »Niemandsland« zwischen den Fronten gegen seine Position vorgetragenen Angriff unter hohen Verlusten abzuweisen, ungeachtet der Begeisterung, Aggressivität und des Opfermutes der angreifenden Truppe. Dies zeigte sich etwa bei den Angriffen der 4. Armee[71] oder dem der aus Garderegimentern bestehenden Division Winckler im

---

[71] Aus diesem Angriff erwuchs der Mythos von Langemarck.

Herbst 1914.[72] Die »alte Art«, einen Infanterieangriff zu führen, in dichten Formationen, die Mannschaften unter direkter Kontrolle ihrer Unteroffiziere und Offiziere, hatte sich damit endgültig überlebt.

Desweiteren machte man die Erfahrung, dass die Feuervorbereitung eines Angriffs durch indirekt wirkende Artillerie, auch der schwersten Kaliber und bei höchstem Munitionseinsatz, längst kein Garant dafür war, die Besatzung eines gut ausgebauten gegnerischen Grabens samt ihrer in die Verteidigung integrierten, befestigten Maschinengewehre und direkt wirkenden Geschütze auszuschalten – zumal man Grabensystemen gegenüberstand, welche tief gestaffelt waren und längst nicht nur aus einem vorderen Graben bestanden. Eine massive Artillerievorbereitung hatte zudem den Nachteil, den Gegner ahnen zu lassen, was auf ihn zukam. Dies gab ihm Zeit zur Vorsorge und Vorbereitung. Allein das damals aufgrund der im Kriegsverlauf zunehmenden Abnutzungserscheinungen der Rohre erforderliche Einschießen der Geschütze vor Offensiven gab der gegnerischen Seite rechtzeitig genügend Anhalt zur Ermittlung der Anzahl der zum Einsatz gebrachten Rohre, und damit über die eigenen Angriffsabsichten.

Beim Vorgehen der Infanterie war daher die Gefahr groß, dass diese von einem Geschütz oder Maschinengewehr in der Flanke erfasst bzw. von der durch das Vorbereitungsfeuer gewarnten feindlichen Artillerie abgeriegelt oder auf freier Pläne beschossen wurde und dadurch blutig scheiterte.[73] Hinzu kam die Problematik, dass das Vorgehen der Infanterie sich nach Feuerplänen der auf Divisionsebene aufgehangenen, ihre Feuerstellungen in der Regel mehrere tausend Meter im Hinterland besitzenden Feldartilleriebrigade zu richten hatte, welche vor einem Angriff »auf dem Dienstwege« koordiniert wurden. Auf unvorhergesehene Situationen ließ sich entsprechend nur schwerfällig und unflexibel reagieren, zudem war man

---

[72] Vgl. GUDMUNDSSON, Bruce I.: Stormtroop Tactics. Innovation in the German Army, 1914-1918. London. 1989. S. 10ff.

[73] Vgl. Ebd. S. 43f.

auf eine funktionierende Feldtelefonleitung[74] zum Artillerieverbindungsoffizier angewiesen.[75]

Auch der Kampf in den Gräben selbst, nach erfolgtem Sturm und Einbruch, stellte ganz eigene, neue Gesetzmäßigkeiten und Bedingungen auf. In den Gräben tobte ein Kampf Mann gegen Mann, was eine Koordination und Kontrolle der Soldaten durch ihre Offiziere, hatten diese doch schon in der Annäherung gelitten, endgültig unmöglich machte. Außerdem waren die Angreifer, ebenso wie die Verteidiger, mit Gewehr und Bajonett bewaffnet, weswegen keine der beiden Seiten einen Vorteil gegenüber der anderen erreichen konnte. Ferner hatte beim Vorgehen im Graben nur der vorderste und hinterste Mann die Möglichkeit, seine Waffe zur Wirkung zu bringen – und war zudem bei jedem Grabenknick aufgrund der Länge des Gewehrs[76] gezwungen, einen Großteil seines Körpers zu exponieren , wollte er dieses einsetzen, um weiter vorgehen zu können. Diese Erkenntnisse hatte die kaiserlich-deutsche Armee bereits zum Ende des Jahres 1914 gewonnen. Sie begann daraufhin, auf diese zu reagieren und zu experimentieren.

Gewehr und Spaten: Infanterie und Pioniertruppe

Infanterie und Pioniere zeigten sich besonders innovativ. Man erinnerte sich in Infanteriekreisen des Erfolges der Buren, welche sich im Burenkrieg von 1899 bis 1902 gegenüber der konventionell in dichten Formationen vorgehenden britischen Infanterie als überle-

---

[74] Alternativ wurde auch auf Meldehunde oder –tauben zurückgegriffen.

[75] Vgl. Ebd. S. 48f.

[76] Das deutsche Standardgewehr dieser Zeit, das M1898, hatte etwa eine Länge über alles von 1250mm – ohne aufgepflanztes Bajonett, wohlbemerkt. Die zu Anfang des Krieges noch genutzten Bajonette des Typs M1898 n/A kamen auf eine stolze Klingenlänge von 521mm, und auch im weiteren Kriegsverlauf eingeführte Modelle kamen auf Klingenlängen von 251mm bis 368mm. Vgl. dazu COBB, Ralph E.: Imperial German Bayonets 1871-1918. Worldbayonets.com – The collectors edge. 2013.
[http://worldbayonets.com/Bayonet_Identification_Guide/Germany__Imperial_/Germany_Imperial_2.html, Zugriff am 13.02.2014.]

gen erwiesen hatten. Die irregulären Kämpfer der Buren fochten und bewegten sich damals auf dem Schlachtfeld in aufgelöster Formation, als Individuen oder in kleinen Gruppen, unter Ausnutzung des Geländes – und errangen gegen die britischen Invasoren beachtliche Erfolge. Bereits 1902 war diese Kampfweise im deutschen Militär in aller Munde gewesen. Mit dem Scheitern der in dichten Formationen vorgetragenen Angriffe des Herbstes 1914 war die Debatte endgültig entschieden.[77]

Eine logische Weiterentwicklung dieser Kampfweise ist in dem erfolgreichen Vorgehen des Garde-Schützen-Bataillons unter Major von Hadeln am 31. Dezember 1914 zu sehen. Von Hadeln hatte am Vortag den Auftrag erhalten, einen von den Franzosen genommenen und gehaltenen Teilabschnitt des vordersten deutschen Grabens zurückzuerobern. Dieser Teil war von den Resten der deutschen Besatzung zu beiden Seiten mit einer Sandsackbarrikade abgeriegelt worden. Der Major, ein Teilnehmer des Angriffes der Division Winckler, entschied sich aufgrund seiner Erfahrungen mit dem frontalen Angriff dicht formierter Infanterie auf einen in befestigter Stellung befindlichen Gegner dazu, unter Zurückhaltung einer kampfstarken Reserve mit zwei Abteilungen unterhalb der Kompaniestärke von zwei Seiten gleichzeitig in den Graben einzubrechen und diesen zur Mitte hin freizukämpfen. Der um 04:45 Uhr unter Wahrung äußerster Ruhe vorgetragene Angriff hatte die Rückeroberung des Grabenabschnittes um 04:55 Uhr bei geringen Verlusten zum Erfolg. Ein in der Folge in Schützenlinie vorgetragener Gegenangriff französischer Kolonialinfanterie blieb im Feuer der Garde-Schützen liegen.[78]

Dieses kurze Gefecht kann als gutes Beispiel für die in der kaiserlich-deutschen Armee gängige Praxis der sog. Angriffe mit begrenztem Ziel dienen, welche unter und auf Verantwortung des

---

[77] Vgl. GUNDMUNDSSON, Bruce I.: Stormtroop Tactics. Innovation in the German Army, 1914-1918. London. 1989. S. 20f., S. 24.

[78] Vgl. BULL, Stephen: Stormtrooper. Elite German Assault Soldiers. London. 1999. S. 16. Vgl. GUDMUNDSSON, Bruce I.: Stormtroop Tactics. Innovation in the German Army, 1914-1918. London. 1989. S. 33f.

jeweiligen lokalen Kommandeurs geführt, d.h. nicht im Detail von einer übergeordneten Führung befohlen wurden. Sinn und Zweck dieser Angriffe mit begrenztem Ziel waren häufig die Sicherung, Wegnahme oder Verweigerung von Schlüsselgeländen, etwa einer Höhe, gegenüber dem Gegner..[79]

Senkrecht zu den gegnerischen Gräben vorangetriebene Sappen und Stollen waren weitere Innovationen, diesmal aus den Reihen der Pioniere, zur Senkung der Verluste bei der Überwindung des Niemandslandes.[80] Die Pioniertruppe verfügte zudem zur Zerstörung von Hindernissen wie Spanischen Reitern und Drahtsperren über leichte bis schwere Minenwerfer, de facto über Mörser, d.h. eine Steilfeuerkomponente. Deutsche Militärbeobachter hatten sich von ihrer Wirkungsweise und ihrem Wert im Russisch-Japanischen Krieg während der Belagerung Port Arthurs überzeugen können, weswegen bereits 1905 von Seiten des Kriegsministeriums eine Anforderung an die Rüstungsschmieden Krupp und Ehrhardt bezüglich dieser Minenwerfer gegangen war.

Auch waren die Pioniere in der Frühphase des Krieges aufgrund ihrer Einsatzbestimmungen gegen Festungswerke die einzige im Umgang mit Handgranaten geschulte Truppe. So entwickelte sich aus ihren Reihen die Methode des Aufrollens eines Grabens alleine durch den Einsatz von Handgranaten. Dies führte zur Einführung einheitlicher Standardhandgranaten[81] und ihrer Nutzung auch durch die Infanterie.[82]

Ein weiterer »Spross« der Pioniertruppe ist ferner im tragbaren Flammenwerfer zu sehen. Der Hauptmann der Landwehr Reddemann, im Zivilleben ironischerweise Feuerwehrmann in Leipzig,

---

[79] Vgl. DRURY, Ian: German Stormtrooper 1914-18. Oxford. 1995. S. 46.

[80] Vgl. GUDMUNDSSON, Bruce I.: Stormtroop Tactics. Innovation in the German Army, 1914-1918. London. 1989. S. 36.

[81] Diese waren die Eierhandgranate und die markante, 1915 eingeführte Stielhandgranate.

[82] Vgl. GUDMUNDSSON, Bruce I.: Stormtroop Tactics. Innovation in the German Army, 1914-1918. London 1989. S. 34f. Vgl. BULL, Stephen: Stormtrooper. Elite German Assault Soldiers. London. 1999. S. 16f.

hatte bereits 1907, inspiriert von der Belagerung Port Arthurs, damit begonnen, Experimente mit Flammenwerfern durchzuführen. Gemeinsam mit einem Ingenieur hatte er daraus ein großes Gerät, welches aus Sappen heraus zur Wirkung gebracht werden konnte, und einen portablen Flammenwerfer für einen Zwei-Mann-Trupp entwickelt. Insbesondere dieser »Kleine Flammenwerfer« erwies sich als effektive Waffe im Kampf gegen einen aus Befestigungen heraus kämpfenden Gegner. Als Konsequenz daraus wurde im Januar 1915 eine Flammenwerfer-Abteilung unter dem Kommando Reddemanns, bestehend aus Freiwilligen der Pioniertruppe, aufgestellt. Diese, im weiteren Verlauf des Krieges zu einem Bataillon, später einem ganzen Regiment unter direkter Kontrolle der Obersten Heeresleitung aufgestockt, stellte fortan für Offensivunternehmungen ihre Spezialisten den angreifenden Verbänden zur Verfügung.[83]

Anfang März 1915 wurde eine weitere Einheit speziell zu einem besonderen Zweck aufgestellt: Der umtriebige Oberstleutnant Max Bauer gedachte, den Mangel an Feuerkraft der Infanterie zur Bekämpfung von in der Artillerievorbereitung unbeschädigt gebliebenen befestigten gegnerischen MG-Nestern und Geschützen, mit der Mitführung eines Geschützes durch die stürmende Infanterie selbst zu lösen, welches die erkannten Ziele im direkten Richten bekämpfen sollte. Krupp hatte dazu eine leichte Kanone im Kaliber 3,7 cm entwickelt. Diese »Sturmkanonen« wurden in einer Sturmabteilung unter dem Major Calsow zu Übungs- und Erprobungszwecken zusammengefasst. Nach eher durchwachsener Performanz aufgrund falschen Einsatzes der Geschütze und seiner Bedienungen[84] wurde Calsow im August 1915 durch den Hauptmann Willy Rohr ersetzt.

---

[83] Vgl. Ebd. S23f. Vgl. GUDMUNDSSON, Bruce I.: Stormtroop Tactics. Innovation in the German Army, 1914-1918. London. 1989. S. 44f.

[84] Die Geschütze erwiesen sich aufgrund ihres markanten Mündungsfeuers, welches feindliches Feuer unweigerlich anzog, als von eher geringerem Wert. Auch wurden die Pioniere der Kompanien der Sturmabteilungen wie reguläre Pioniere eingesetzt, die Geschütze ebenfalls nicht gemäß ihrer Bestimmung als Infanteriebegleitwaffen, sondern als fest in das Stellungssystem verbaute Feldartillerie

Hauptmann Rohr, Jahrgang 1877, hatte eine der Sturmabteilungen des Garde-Schützenbataillons unter Major von Hadeln während des Angriffes auf den verlorenen Grabenabschnitt geführt. Unter seiner Ägide als Kommandeur dieser Experimental- und Lehreinheit[85], welche auf Bataillonsgröße aufgestockt wurde, vollzog die deutsche Infanterie einen Quantensprung. Rohr erhielt zu seiner Einheit zwei schwere MG 08, vier leichte Minenwerfer sowie sechs kleine Flammenwerfer. Die Sturmkanonen ließ er nach Tests durch russische Beutegeschütze ersetzen, welche nach diversen Modifikationen als »Infanteriegeschütz«[86] dienten, die angreifende Infanterie begleiten und im direkten Richten unterstützen sollten. Dem Vorgehen in Schützenlinien setzte er den Einsatz von in Gruppengröße operierenden Sturmtrupps gegenüber, welche aggressiv, dem Gelände angepasst, vorzugehen und den Vorteil der Überraschung auszunutzen hatten. Sie waren die Speerspitze des Angriffs und zogen die reguläre Infanterie, mit MG 08 und Munition versehen, nach, welche verbliebene Widerstandsnester niederkämpfte und das nun genommene Gelände zu besetzen und gegen Gegenstöße des Feindes zu halten hatte, während die Sturmtrupps weiter vordringen sollten. Essentiell war dabei die Erhaltung des Angriffsschwunges. Die Unterstützungswaffen wie Maschinengewehre, Flammenwerfer, leichte Minenwerfer, Infanteriegeschütze und die Artillerie wurden auf der niedrigsten möglichen Ebene koordiniert, um maximalen Erfolg

---

zweckentfremdet. Vgl. dazu GRUSS, Hellmuth: Aufbau und Verwendung der deutschen Sturmbataillone im Weltkriege. Berlin. 1939. S. 15ff.

[85] So kommandierte etwa die OHL nach der im April 1916 erfolgten Umgliederung zum Bataillon im Folgemonat zwei Offiziere und vier Unteroffiziere jeder Armee der Westfront zum Lehrgang in Rohrs Sturmbataillon. Mit Anfang Dezember dieses Jahres besaßen bereits die 1., 2. und 5. Armee ein Sturmbataillon, und die weiteren vierzehn Armeen zogen in eben jenem Monat gleich. Vgl. dazu DRURY, Ian: German Stormtrooper 1914-18. Oxford. 1995. S. 6.

[86] Die russischen Geschütze im Kaliber 7,62 cm wurden gemäß ihrer Bestimmung als Infanterie-Unterstützungswaffen modifiziert. Dies beinhaltete den Wegfall sämtlichen unnötigen Gewichtes, so z.B. eine Verkürzung der Rohre, Wegfall der Visierungen für hohe Entfernungen u.ä.. Allein am stählernen Schutzschild wurde festgehalten. Vgl. dazu GUDMUNDSSON, Bruce I.: Stormtroop Tactics. Innovation in the German Army, 1914-1918. London. 1989. S. 48f.

beim Niederhalten des Gegners während der Phasen der Annäherung, des Sturms und Einbruchs sowie des Kampfes durch die Tiefe
der Sturmtrupps zu erzielen. Gräben waren durch Grenadiere im
Handgranatenkampf aufzurollen; Bunker, befestigte MG-Nester und
Geschützstände durch geballte Ladungen auszuschalten.[87]

Bis dato bestanden Bataillone aus homogen mit Gewehren
und Bajonetten bewaffneten Kompanien – die Experimente und
Neuerungen Rohrs verwandelten sie letztlich in schlagkräftige, heterogen bewaffnete Einheiten, welche ihr Gefecht weitaus effektiver
und selbstständiger als bisher zu führen in der Lage waren. Zudem
wurden die Infanteriegruppe, vorher nur eine rein administrative
Einheit, und der Sturmtrupp zur kleinsten taktischen Einheit auf
dem Schlachtfeld. Damit einher ging eine Veränderung der Rolle
und des Auftrages der Unteroffiziere. Zu Beginn des Krieges war ihr
Platz noch wie zur Zeit der alten Preußenkönige hinter der Schützenlinie gewesen, wo sie für die Einhaltung der Formation zu sorgen
sowie Disziplin und Kohäsion auch unter Feuer und bei auftretenden Verlusten aufrecht zu erhalten hatten. Nunmehr waren sie in
Führungsverantwortung, hatten von vorne und durch Beispiel zu
führen sowie taktische Entscheidungen zu treffen. Auch die Mannschaften erfuhren eine Aufwertung. Ihr Einsatz in Sturmtrupps, ihr
Sturm auf ein zuvor aufgeklärtes, festgelegtes Angriffsziel wurde
geplant, in maßstabsgetreuen Modellgrabensystemen im scharfen
Schuss geprobt. Jeder Mann musste das Ziel, seinen Platz und seinen
Auftrag kennen, ihn auch bei Abwesenheit oder Ausfall des Führers
vor Ort ausführen können.[88]

Doch obwohl Rohrs experimentelles Sturmbataillon mehr
Labor und Lehrtruppe als kämpfende Einheit war und seine Innovationen dem Rest des kaiserlich-deutschen Heeres durch Lehrgänge
vermittelt wurde, ist es nicht der entscheidende Faktor für die Ka-
tharsis, welcher sich die deutsche Infanterie im Ersten Weltkrieg

---

[87] Vgl. Ebd. S. 47; S. 49f.; S. 64; S. 85f.
[88] Vgl. DRURY, Ian: German Stormtrooper 1914-18. Oxford. 1995. S. 55. Vgl.
GUDMUNDSSON, Bruce I.: Stormtroop Tactics. Innovation in the German
Army, 1914-1918. London. 1989. S. 50f.

unterzog. Kampfbeispiele zeigen, dass diese Kampfweise und Taktik nicht allein dem Geiste Rohrs entsprang, sondern bei vielen Offizieren als zweckmäßig und praktikabel galt und mitgetragen sowie mitentwickelt wurde. Rohrs Sturmabteilung hielt ihren ersten Lehrgang für andere Einheiten im Dezember 1915[89] ab – bereits am 8. September 1915 nahm jedoch ein junger Infanterieoffizier mit dem Namen Erwin Rommel am Angriff auf das französische Festungswerk Central an der Westfront teil:

„Mit den letzten Einschlägen soll der Sturm auf die Sekunde genau um 11.00 Uhr losbrechen. Nochmals zeige ich den einzelnen Trupps die Ziele [...] und schärfe ihnen ein, daß sie schnurstracks auf ihr Ziel loszustürmen haben. Den Feind im Zwischengelände zu erledigen, ist Sache der in zweiter Linie folgenden Teile der Kompanie. Die Tätigkeit nach gelungenem Sturm, Festhalten des Gewonnenen, Verbindungsaufnahmen, Abriegeln usw. wird nochmals eingehend besprochen. [...] Noch 10 Sekunden! Die letzten Minen schlagen dicht vor uns in die feindliche Stellung. Ehe ihr Rauch verflogen ist, stürzen die drei Sturmtrupps der Kompanie in einer Gesamtbreite von etwa 250m über die Brüstung lautlos auf den Feind, rennen wie in den Tagen zuvor am Übungswerk geradeaus durch Rauch und Qualm auf ihre Ziele zu.“[90]

Als sich im weiteren Kriegsverlauf die Anzahl der Sturmbataillone erhöhte, konnten diese nicht nur in der Lehre, sondern auch geschlossen im Gefecht eingesetzt werden. Dazu gliederte man sie in Abhängigkeit von ihren Angriffszielen und Aufträgen zu so genannten Sturmblocks um – ad hoc-Einsatzverbände, also Task-Forces, welche Zug- bis Bataillonsstärke erreichen konnten. Ihre Aufträge konnten das Stellen der ersten Welle beinhalten, welche in das gegnerische Stellungssystem einzubrechen, es aufzureißen und die reguläre Infanterie und etwaige Begleitbatterien nachzuziehen hatte, um weiter antreten zu können. Sie umfassten aber auch das Verbleiben innerhalb der Reserve, um zur Vernichtung hartnäckiger, das weitere Vordringen behindernder Widerstandsnester eingesetzt zu werden.[91]

---

[89] Vgl. Ebd. S. 50.

[90] ROMMEL, Erwin: Infanterie greift an. Salzburg. 1995. S. 86.

[91] Vgl. GUDMUNDSSON, Bruce I.: Stormtroop Tactics. Innovation in the German Army, 1914-1918. London. 1989. S. 141ff.

Die Innovationen Rohrs und anderer veränderten jedoch nicht nur Kampfweise und Taktik der deutschen Infanterie – auch ihr Aussehen und ihre Ausrüstung unterzog sich dementsprechend einem Wandel. Die aufwendigeren Uniformschnitte der Vorkriegszeit wichen zunächst einem zweckmäßigeren Schnitt. In den Sturmformationen erwiesen sich zudem eine Lederverstärkung der durch das fortwährende Kriechen und Gleiten besonderer Belastung ausgesetzten Partien der Uniform wie Ellenbogen und Knie als praktikabel. Ferner wurden die schweren genagelten Stiefel, die »Knobelbecher«, durch halbhohe, geschnürte Bergstiefel ersetzt, welche zusammen mit Wickelgamaschen getragen wurden. Die lederne Koppel, Patronentaschen und Trageriemen wurden geschwärzt. Ferner wurde nunmehr auf die stetige Mitführung des rindsledernen Tornisters verzichtet; an seine Stelle trat das leichte und weniger behindernde Sturmgepäck, bestehend aus dem auf dem Rücken um das Essgeschirr geschlungenen, zusammengerollten Mantel.[92] Gegen Ende 1914 war zudem mit Erprobungen von Körperpanzerungen begonnen worden. Während Rohr Stahlschilde für Infanteristen und Pioniere sowie Brustpanzer als bewegungshemmend und damit von Nachteil für die Erhaltung des Angriffsschwunges beurteilte und ablehnte, befand er doch einen Teil der Körperpanzerung für zweckmäßig: den Stahlhelm.[93] Da sich das Gewehr M1898 als zu unhandlich im Nahkampf in den Gräben erwiesen hatte, nutzte man in Sturmformationen nach Möglichkeit den führigeren Karabiner 98a oder Selbstladepistolen[94], ferner kamen Gewehrgranaten und Sprengrohre zum Einsatz. Dolche, selbstgefertigte Keulen und ge-

---

[92] Vgl. DRURY, Ian: German Stormtrooper 1914-18. Oxford. 1995. S. 8f., 57, 60f.

[93] Der unweigerlich an die spätmittelalterliche deutsche Schaller erinnernde Stahlhelm M1916 erwies sich von seiner Formgebung und Machart her als der beste Kopfschutz des 1. Weltkrieges. Infolgedessen wurde eine Modifikation dieses Helmes im 2. Weltkrieg verwandt, und noch heute orientieren sich viele im Dienst befindliche Militärhelme an seiner Formgebung, so etwa die PASGT- und MICH-Helme der US-Streitkräfte und der Gefechtshelm der deutschen Bundeswehr.

[94] Einige dieser Pistolen, wie die Mauser C96 oder die legendäre Pistole 08 konnten mit Anschlagschäften, teilweise auch mit verlängerten Läufen und Magazinen mit erhöhter Kapazität versehen, zudem als Pistolenkarabiner dienen.

schärfte Spaten gewannen wiederum für den Nahkampf an Wert.[95] Ein gutes Bild des damaligen »Gefechtsanzuges« vermag folgende Beschreibung Ernst Jüngers aus dem Jahre 1917 zu vermitteln:

„Ich hatte dem Handwerk, das wir auszuüben gedachten, angemessene Arbeits-tracht angelegt: vor der Brust zwei Sandsäcke mit je vier Stielhandgranaten, links mit Aufschlag-, rechts mit Brennzünder, in der rechten Rocktasche eine Pistole 08 am langen Bande, in der rechten Hosentasche eine kleine Mauserpistole, in der linken Rocktasche fünf Eierhandgranaten, in der linken Hosentasche Leuchtkompaß und Trillerpfeife, am Koppel Karabinerhaken zum Abreißen der Handgranaten, Dolch und Drahtschere. [...] Als Erkennungszeichen trugen wir an jedem Arm eine weiße Binde.'[96]

Hinzu kam eine weitere wirkungsmächtige Entwicklung. Nach den positiven Erfahrungen von Sturmformationen mit der Feuerkraft erbeuteter gegnerischer leichter MGs, wie dem russischen Madsen-MG aus dänischer oder dem von Großbritannien genutzten Lewis-MG aus amerikanischer Fertigung, erkannte man das Potential und den Mehrwert, den eine Ausstattung deutscher Sturmtrupps mit einer derartigen Waffe haben würde. 1915 erfolgte dementsprechend die Einführung des später sprichwörtlich gewordenen MG 08/15, welches, wie die Bezeichnung erkennen lässt, auf dem MG 08 basierte.[97] Zu Anfang seiner Einführung noch in geringen Stückzahlen verfügbar und dementsprechend innerhalb einer Kompanie in einem z.b.V.-Zug neben anderen Spezialisten wie Scharfschützen, Bedie-

---

[95] Vgl. DRURY, Ian: German Stormtrooper 1914-18. Oxford. 1995. S. 11ff.; Vgl. HEIDLER, Michael: Deutsche Gewehrgranaten und ihre Abschussgeräte bis 1945. Offenhausen. 2003. Vgl. GUDMUNDSSON, Bruce I.: Stormtroop Tactics. Innovation in the German Army, 1914-1918. London. 1989. S. 191.

[96] JÜNGER, Ernst: In Stahlgewittern. Stuttgart. 1978. S. 209f.

[97] Dieses war nach heutigen Maßstäben aufgrund seines z.T. durch die Wasserkühlung bedingten Gewichtes von 17.6 Kilogramm immer noch kein wirklich »leichtes« MG, konnte aber aufgrund seines Zweibeines und dem damit einhergehenden Verzicht auf die Lafette seines Vorgängermodells von einem Sturmtrupp im Angriff mitgeführt werden und diesem eine erheblich erhöhte Feuerkraft zu Disposition stellen. Vgl. dazu: BAYERISCHES ARMEEMUSEUM: Maschinengewehr 08/15. (o.J.) http://www.armeemuseum.de/de/sammlungen/ausgewaehlte-objekte/feuerwaffen/ [letzter Zugriff am 19.02.2014.]

nungsmannschaften von Granatwerfern oder dem aus handverlesenen Männern bestehenden kompanieeigenen Sturmtrupp aufgehangen, läutete seine erhöhte Verfügbarkeit und Distribution in späteren Kriegsjahren einen weiteren Quantensprung ein: Die Entstehung der heterogen bewaffneten, aber zur Bedienung aller gemeinsamen Waffen befähigten »Einheitsgruppe«, der »Urgroßmutter« der heutigen Infanteriegruppe. Damit waren nun auch Infanteriezüge und -gruppen dazu in der Lage, zur Erreichung eines Zieles, wie z.B. der Wegnahme eines Grabenabschnittes, Stosstruppgliederung einzunehmen, das heißt in Sturmelemente und ein Deckungselement umzugliedern und unter den Grundsätzen von Feuer und Bewegung eigenständig vorzugehen.[98] Die Einführung der ersten Maschinenpistole, der als »Grabenfeger« bekannt gewordenen Bergmann MPi 18, schloss eine weitere Lücke und setzte so schließlich nur noch ein Ausrufezeichen hinter die Metamorphose, welcher sich die deutsche Infanterie im Ersten Weltkrieg unterzogen hatte.

Abriegeln, Niederhalten und Lähmen: Die Artillerie

Doch beschränkten sich Innovationen längst nicht nur auf die kämpfende Truppe. Die Artillerie, welche die Erfahrung machen musste, dass ihr Feuer, und sei es noch so massiert, der Infanterie das blutige Geschäft des Überquerens des Niemandslandes und des Kampfes durch die Tiefe der gegnerischen Stellungen nicht in zufriedenstellender Weise abnehmen konnte, sah sich gleichsam unter Zugzwang zur Entwicklung neuer Verfahren gesetzt, um die kämpfende Truppe adäquat unterstützen zu können.

So erkannte man den Effekt, welcher ein unvermittelter kurzer, aber heftiger Artillerieschlag auf die gegnerischen, in ihren Stellungen befindlichen Kräfte hatte – sie nahmen unmittelbar volle Deckung. Mochten ihre Verluste auch gering sein, waren sie aufgrund der Überraschung dennoch höher, als nach über einen länge-

---

[98] Vgl. DRURY, Ian: German Stormtrooper 1914-18. Oxford. 1995. S. 52f.; Vgl. GUDMUNDSSON, Bruce I.: Stormtroop Tactics. Innovation in the German Army, 1914-1918. London. 1989. S. 100f.

ren Zeitraum aufrecht erhaltenem Beschuss. Zudem waren sie während der Einschläge der Artilleriegeschosse unfähig, das Vorfeld zu beobachten, geschweige denn ihre Waffen einzusetzen. Daraus schloss man, dass der Sturm und Einbruch der Infanterie in die feindlichen Stellungen den größten Erfolg bei geringsten Opfern versprach, wenn man die Sturmtrupps in kürzest möglicher Entfernung einer sich vorwärts bewegenden Feuerwand, einer Feuerwalze, folgen ließ und ihnen so beim Sturm und Einbruch ein maximales Überraschungsmoment verschaffte.[99] Dies erforderte genaueste Einhaltung des Feuerplanes, höchste Disziplin und Exaktheit der Kanoniere sowie das Vertrauen der Infanterie in die Fähigkeiten ihrer Kameraden an den Geschützen. Der Oberstleutnant Georg Bruchmüller arbeitete dazu minutiöse Feuerpläne aus, welche er im Detail den Offizieren und Unteroffizieren der Infanterieeinheiten, mit welchen er auf Zusammenarbeit angewiesen war, unterbreitete. Ferner legte er darin auf das genaueste Koordinationsmaßnahmen wie den Einsatz von Signalpistolen, Verbindungsoffizieren und Artilleriebeobachtern fest. Zur Bereitstellung dieser Feuerwalze nutzte Bruchmüller allein die leichteren Kaliber der Feldgeschütze und Minenwerfer. Die schwereren Kaliber hatten das Artillerieduell zu führen. Er hatte erkannt, dass die Rolle der Artillerie im Stellungskrieg nicht in der Vernichtung des Feindes liegen konnte, sondern vielmehr darin liegen musste, ihn und seine Artillerie niederzuhalten und zu lähmen, ihn abzuriegeln und etwaige Gegenstöße zu unterbinden, kurz, der eigenen Infanterie die unbehelligte Bewegung zu ermöglichen.

Zu erwähnen ist ferner der Hauptmann Erich Pulkowski, welcher ein Verfahren entwickelte, um das nötig gewordene, verräterische Einschießen von großen Geschützmengen vor Offensiven zu umgehen. Viele dieser Geschütze wurden in Feuerstellungen im Hinterland auf ihre Abweichungen überprüft und mit Feuertabellen versehen, worauf diese ermittelten Abweichungen auf Karten unter Miteinbeziehung von Umweltfaktoren, wie z.B. Windgeschwindig-

---

[99] Vgl. GUDMUNDSSON, Bruce I.: Stormtroop Tactics. Innovation in the German Army, 1914-1918. London. 1989. S. 52, S. 65f., S. 71, S. 85.

keit, Luftfeuchtigkeit und Luftdruck, mathematisch verrechnet wurden, um sie bei der Erstellung der Feuerpläne genauestens einkalkulieren zu können. Massiv u.a. von Georg Bruchmüller unterstützt, gelang es Pulkowski nach mehreren Memoranden, die Unterstützung der Obersten Heeresleitung zu erhalten und seine Methode der Artillerietruppe in Lehrgängen zugänglich zu machen. Allein im Winter 1917 bis 1918 gelang ihm die Ausbildung von mehr als 6000 Offizieren und Unteroffizieren in seiner Methode.[100]

Damit soll die Betrachtung der durch das kaiserlich-deutsche Heer im Ersten Weltkrieg vollzogenen Innovationen bezüglich Ausrüstung, Kampfweise, Verfahren und Taktik abgeschlossen sein.[101] All diese Innovationen und Neuerungen beeinflussten zwangsläufig auch die darüber befindliche operative Führungsebene. Dies soll anhand des nächsten Teilabschnittes dieser Arbeit nachvollzogen und belegt werden.

Abwehr und Angriff. Die operative Doktrin des Deutschen Heeres 1916 bis 1918

Wie die taktische mit der operativen Ebene verwoben ist, so bedingt sich der operative Rahmen aus den strategischen Gegebenheiten. Ab August 1916 wies die deutsche Strategie der Westfront eine defensive Rolle zu, welche das deutsche Heer fast die nächsten zwei Jahre ausfüllen sollte. Während dieses Zeitraums war das kaiserliche Heer mit den bisher massivsten Angriffsoperationen des Krieges konfrontiert. Es galt somit, die Angriffe der Entente im Westen abzuwehren

---

[100] Vgl. GRAY, Randal: Kaiserschlacht 1918. The Final German Offensive. In: CHANDLER, David G.: Campaign Series 11. London. 1991. S. 21.; Vgl. GUDMUNDSSON, Bruce I.: Stormtroop Tactics. Innovation in the German Army, 1914-1918. London. 1989. S. 161f.; Vgl. ZABECKI, David C.: The German 1918 Offensives. A case study in the operational level of war. London. 2006. S. 126ff.

[101] Die Betrachtung vollzog sich explizit auf das Heer und erhebt keinen Anspruch auf Vollzähligkeit. Innovationen fanden sich jedoch auch in den anderen Teilstreitkräften: hier sei etwa auf die Gefechtskehrtwendung der Hochseeflotte oder die Schlachtfliegerei, welche ihren Ursprung in den mit in späteren Kriegsjahren sogar mit speziellen Erdkampfflugzeugen ausgestatteten Schlachtstaffeln der Luftstreitkräfte des Kaiserreiches hatte, verwiesen.

und dabei möglichst die eigene Kampfkraft aufrecht zu erhalten, um später wieder in der Lage zu sein, das Heft des Handelns an sich zu reißen.

Obwohl die Vorbereitungen der Briten und Franzosen für ihre Offensive an der Somme schon früh durch die deutsche Führung erkannt wurde, traf die Offensive ab dem 1. Juli 1916 die deutsche 2. Armee mit unerwarteter Wucht.[102] Auch wenn die deutschen Verteidiger den angreifenden britischen und französischen Verbänden horrende Verluste zufügen konnten, der massive Einsatz der alliierten Artillerie verursachte schwerste Verluste auf deutscher Seite. Zwar hatte sich die deutsche Verteidigungsdoktrin im Laufe des Jahres 1915 weiterentwickelt, so gab es z.B. nun zwei hintereinander liegende Verteidigungslinien[103] – im Sommer 1916 galt jedoch noch immer der Grundsatz Falkenhayns, dass die erste Linie unter allen Umständen zu halten sei.[104] Diese Vorgabe verlangte es, dass die erste Linie möglichst stark mit eigener Infanterie besetzt wurde. Dies führte wiederum dazu, dass diese gezielten Artillerieschlägen ausgesetzt waren und folglich hohe Verluste erlitt.

Während der Abwehrschlacht an der Somme begann sich die deutsche Führung sukzessive von dieser Dogmatik zu lösen. Die bis zum November 1916 gemachten Erfahrungen führten letztlich dazu,

---

[102] Insgesamt verlor das deutsche Heer bis zum Abbruch der Schlacht ca. 430 000 Mann. Vgl. FOLEY, Robert: Learning War's Lessons: The German Army and the Battle of the Somme 1916. In: The Journal of Military Histoy. Lexington. 75/2011. S. 472.

[103] Welche wiederum aus drei Gräben bestanden. Vgl. RATHS, Ralf: Die Überlegenheit der Verteidigung: Die Entwicklung der deutschen Defensivkonzepte im Grabenkrieg. In: JÄGER, Thomas, BECKMANN, Rasmus (Hrsg). Handbuch Kriegstheorien. Wiesbaden. 2012. S. 399.

[104] Er setzte dies u.a. damit durch, dass einzelne Befehlshaber, aufgrund scheinbar freiwilliger Rückzugsbewegungen, abgesetzt wurden. Der Stabschef der 2. Armee, Generalmajor Grünert, wurde von Falkenhayn durch Oberst von Lossberg am 2. Juli 1916 ersetzt, weil dieser vor dem Hintergrund der massierten alliierten Offensive einen begrenzten Rückzug vorgeschlagen hatte. Vgl. dazu MEYER, Bradley: Innovation and Expertise - Some Changes in German Tactical Doctrine during World War 1. Ohio State University. 1981. S. 46.

dass die OHL mit den »Vorschriften für den Stellungskrieg für alle Waffen« das System der tiefen und der flexiblen Abwehr in einer einheitlichen Doktrin verankerte.[105]

Die Dislozierung der eigenen Verbände ergab sich zunächst eher aus der Not heraus. Der massive Artillerieeinsatz der Alliierten sowie der Verlust von Teilen der ersten Linie bei Beginn der Offensive führten dazu, dass sich die deutsche Verteidigungslinie aus einer Trichterstellung zusammensetzte. Kleine Gruppen bildeten darin mit einzelnen Widerstandsnestern in Trichtern die vordere Linie, wobei gleichzeitig die Anzahl der Maschinengewehre erhöht wurde. Die Hauptwiderstandslinie befand sich 500 bis 1000 Meter dahinter und war, bei günstigen Geländebedingungen, noch der unmittelbaren Artilleriebeobachtung durch den Feind entzogen. In den Abwehrschlachten an der Westfront im Jahre 1917 lagen meistens von drei Bataillonen eines Stellungsregiments nur noch zwei gestaffelt in unmittelbarer Reichweite der feindlichen Artillerie. Diese Dislozierung machte jedoch eine rein statische Verteidigung zwecklos. Die deutsche Führung versuchte diese Problematik durch ein Konzept zu konterkarieren, mit welchem gleichzeitig noch ein weiterer Nachteil der Verteidigung überwunden bzw. abgeschwächt werden sollte. Grundsätzlich hat der Angreifer den Vorteil „des Überfalls in der Strategie wie in der Taktik".[106] In der Natur der Defensive liegt es, dass der Verteidiger in eine reaktive Rolle gezwängt wird. Der Angreifer zwingt ihm das Gesetz des Handelns auf.

Die neue Doktrin der »Tiefengliederung« verortete die „Führung des Kampfes im großen nicht um Linien, sondern in Kampfzonen".[107] Das Gefechtsfeld wurde in Zonen unterteilt, in denen der Abwehrkampf beweglich geführt werden sollte. Die eigenen Truppen wurden somit nicht nur der verheerenden Wirkung der Artillerie

---

[105] Vgl. dazu FOLEY, Robert: Learning War's Lessons: The German Army and the Battle of the Somme 1916. In: The Journal of Military Histoy. Lexington. 75/2011. S. 500ff.

[106] CLAUSEWITZ, Carl von: Vom Kriege. Essen. 1999. S. 347.

[107] Vgl. dazu UNBEKANNT. Sammelheft der Vorschriften für den Stellungskrieg für alle Waffen. Berlin. 1917. S. 5.

zumindest teilweise entzogen, sondern waren noch dazu angehalten, mit »Gegenstößen« und »Gegenangriffen« dem Gegner die Initiative zu entreißen. Das Gefecht gewann so wieder an Dynamik.

Der schwächste Moment eines Angriff tritt dann ein, wenn der erste Angriffsschwung abgeflacht und der Angreifer zusehends physisch und psychisch erschöpft ist. Die Führer vor Ort benötigen an diesem Punkt eine gewisse Zeit, um entweder das weitere Vorgehen zu koordinieren oder sich zur Verteidigung einzurichten. Genau in dieser Zeitspanne galt es, den Angreifer wieder aus der eigenen Stellung zu werfen. Es konnte daher nicht darauf gewartet werden, bis die rückwärtigen Stäbe koordinierend eingriffen. Es lag somit an den Führern vor Ort, vom Bataillonschef[108] bis hinab zum Gruppenführer, selbstständig Gegenstöße zu führen. Konnte ein Angriff so nicht abgeschlagen werden, trat das Bereitschaftsbataillon an. Welchen Stellenwert diese flexible Verteidigung einnahm, wird vor allem daran deutlich, dass im Laufe des Jahres 1917 oft zwei Drittel eines Stellungsregiments nicht stationär verteidigten, sondern für Gegenstöße bereitgehalten wurde. Bei größeren Einbrüchen wurde dann durch höhere Stäbe ein koordinierter »Gegenangriff« angesetzt. Ab Juli 1917 stand in bedrohten Sektoren hinter einer Stellungsdivision eine Eingreifdivision bereit. Strittig war lange, inwieweit es den Führern in der ersten Linie gestattet sein sollte, selbstständig auszuweichen. Es bestand zum einen die Befürchtung, dass der Ausbildungsstand für ein Ausweichen unter Feinddruck nicht hoch genug war und zum anderen, dass der jeweilige Führer nicht immer genau beur-

---

[108] Der Bataillonskommandeur des vordersten Bataillons nahm in der neuen Doktrin die Funktion des Kampftruppenkommandeurs (KTK) ein. Er war für alle Truppenteile in seinem Verantwortungsbereich verantwortlich, d.h. ihm war auch bei dessen Einsatz das Bereitschaftsbataillon unterstellt. Darüber hinaus fielen alle neuen Verstärkungen etc. unter seinen Befehlsbereich. Es wurde dadurch sichergestellt, dass ein Offizier alle Einheiten an der Front koordinierte, der sowohl das Gelände als auch die letzte Lageentwicklung kannte. Diese Einteilung bürdete den oft noch jungen Bataillonskommandeuren jedoch eine enorme Verantwortung auf. Darüber hinaus wurde der Regimentskommandeur dadurch mehr oder weniger entmachtet, da er primär nur noch für das Einfließen von Verstärkungen und die Zuführung von Nachschub verantwortlich war. Vgl. SHELDON, Jack: The German Army at Passhendaele. Barnsley. 2007. S. XIIIf.

teilen könne, was ein solches Ausweichen für benachbarte Einheiten bedeuten würde. Es zeigte sich jedoch schon während der Schlacht bei Arras im Frühjahr 1917, dass die Infanterie dazu in der Lage war und dadurch auch unnötige Verluste vermieden wurden.[109] Diese tiefe und bewegliche Verteidigung bildete die Grundlage für die Abwehrschlachten von 1917.

Die weiter oben erläuterten taktischen Verfahren wurden jedoch nicht nur für Gegenstöße nutzbar gemacht, sondern bildeten auch ein wesentliches Element für Erneuerungen in der Offensive. Die deutschen Offensiven bei Tarnopol im Frühjahr 1918 beruhten zwar auf einer akribischen und methodischen Vorbereitung, in der Durchführung wurde jedoch größter Wert auf Initiative auf allen Ebenen gelegt. Die Erfahrungen, welche während der Schlacht an der Somme und in Flandern gemacht wurden, zeigten deutlich, dass auch das stärkste Vorbereitungsfeuer einen gut eingegrabenen Feind nicht zu vernichten vermochte und darüber hinaus, dass die massiven Zerstörungen ein zügiges Nachrücken, besonders der Artillerie, enorm erschwerten. Es wurde daher der Schwerpunkt darauf gelegt, durch Überraschung den Gegner möglichst unvorbereitet zu treffen. Das Beziehen der Artilleriestellungen wurde so z.B. vor Beginn der Frühjahrsoffensiven erst in der Nacht vor dem Angriff unter höchster Geräuschdisziplin vorgenommen.[110] Die Wucht des Ersten Artillerieschlages erzielte dadurch oft verheerende Wirkung. Anschließend gingen die Stoßtrupps vor. Es sollte dabei nicht die feindliche Stellung unmittelbar genommen, sondern der Durchbruch erzielt werden. Die Stoßtrupps umgingen daher möglichst Widerstandsnester, welche dann später, abgeschnitten von den eigenen Linien, durch die Infanterie niedergekämpft wurden.

---

[109] Ironischerweise führte dies Oberst Fritz von Lossberg ein, der vormals schärfste Kritiker der flexiblen Verteidigung. MEYER, Bradley: Innovation and Expertise - Some Changes in German Tactical Doctrine during World War 1. Ohio State University. 1981. S. 67.

[110] Stellungen und Munitionsdepots wurden vorher angelegt. Vgl. ZABECKI, David: Steel Wind – Colonel Georg Bruchmüller and the Birth of Modern Artillery. London. 1994. S. 47ff.

Wie die taktischen Führer, so waren auch die Divisions- und Korpskommandeure dazu angehalten, selbstständig die Initiative zu erringen und zu erhalten. Auf Flankenbedrohung und das Aufschließen von Nachbareinheiten sollte dabei nur begrenzt Rücksicht genommen werden. Wichtig war die Erhaltung des Angriffsschwungs.

Obwohl die deutschen Offensivbemühungen letztlich scheiterten, kombinierten sie doch eine Reihe von taktischen und operativen Innovationen von teils enormer Wirkungskraft.
Die alliierte Führung antizipierte wenig von den neuen deutschen Offensivkonzepten. Deutlich wird dies an der Aussage Fieldmarshal Haigs, welche er zwei Wochen vor Beginn der ersten deutschen Offensive im Frühjahr 1918 tätigte:

„I [am] only afraid that the enemy [will] find our front so very strong that he will hesitate to commit his army to the attack." [111]

Zweiundzwanzig Tage später, am 11. April 1918, erließ Haig seinen berühmten Durchhaltebefehl:

„With our backs to the wall" [112]

Innovation und inneres Gefüge. Zusammenfassung und Ausblick

Vor dem Hintergrund dieser Innovationen, welche auf Seiten der kaiserlich-deutschen Armee zwischen 1914 und 1918 hervorgebracht wurden und von denen einzelne Aspekte bis heute nachwirken, tun sich zwei große Fragen auf: Warum war ausgerechnet diese Armee so innovativ und was unterschied sie von den Armeen der Kriegsgegner, welche ihr in puncto operativer und taktischer Innovation wohl nicht ebenbürtig waren? Und wie soll das mit dem oftmals von

---

[111] Vgl. SAMUELS, Martin: Doctrine and Dogma – German and British Infantry Tactics in the First World War. London. 1992. S. 1.

[112] Vgl. HAIG, Douglas: Special Order of the Day. 1918. http://www.firstworldwar.com/source/backstothewall.htm [letzter Zugriff am 26.02.2014].

ihr kolportierten Bild des Zuckmayerschen Molochs zusammenpassen, den monokelbewehrten reaktionären Offizieren, den brüllenden Unteroffizieren und perfiden Schleifern, den auf strengste Disziplin und tumben Kadavergehorsam gedrillten Soldaten, deren militärische Ausbildung sich größtenteils darauf zu beschränken schien, im preußischen Paradeschritt an Majestäten vorbei zu defilieren?

Das Offizierskorps der kaiserlich-deutschen Armee war – im Frieden wie im Kriege – in hohem Maße bestrebt und angehalten, sich in Eigenverantwortung stetig weiterzubilden, was an den zahlreichen Debatten um in die Ausbildung eingeflossenen Erkenntnissen aus zeitgenössischen militärischen Auseinandersetzungen wie dem Burenkrieg deutlich wird.[113] Die kaiserliche Armee war daher nicht dogmatisch traditionell – was sich nicht bewährte, hatte keinen Bestand.[114] Auch während des Krieges zeichnete sich die innere Struktur des Heeres durch eine enorme Flexibilität aus. Oberstleutnant Max Bauer konnte, ohne sonderliche bürokratische Hürden überwinden zu müssen, das erste Sturmbataillon aufstellen. Einheits- und Unterführer wurden ermutigt, Meinungen und Erfahrungen zu äußern, welche dann in die Ausgestaltung der Doktrin und Ausbildung einflossen. Öffentliche Gegendarstellungen, wie im Falle von Fritz von Lossberg, wurden teilweise geduldet und sogar zirkuliert.[115] Ferner war das kaiserlich-deutsche Heer in hohem Maße dezentralisiert und räumte seinen Offizieren einen großen Freiraum bezüglich der Ausbildung ihrer Einheiten ein. Grundlage dessen war der gemeinsam verinnerlichte Grundsatz, dass nur das zur militärischen Ausbildung herangezogen wurde, was für den Kampf als relevant

---

[113] Vgl. RATHS, Ralf: Vom Massensturm zum Stoßtrupp – Die deutsche Landkriegstaktik im Spiegel von Dienstvorschriften und Publizistik 1906 bis 1918. Berlin. 2009.

[114] Vgl. SAMUELS, Martin: Doctrine and Dogma – German and British Infantry Tactics in the First World War. London. 1992. S. 179.

[115] Vgl. FOLEY, Robert: Learning War`s Lessons: The German Army and the Battle of the Somme 1916. In: The Journal of Military Histoy. Lexington. 75/2011. S. 502.

erachtet wurde.[116] Dies korrespondierte mit dem angewandten Führungsprinzip des »Führens mit Auftrag«, welches den Einheitsführern auch im Gefecht ein hohes Maß an Unabhängigkeit und Handlungsfreiheit zugestand und dem auf allen Führungsebenen ein aus einer gemeinsamen Sozialisation erwachsenes hohes Maß an gegenseitigem Vertrauen und Verständnis sowie Einsatzfreude und Verantwortungsbereitschaft zugrunde lag. Dies wird besonders anhand der praktizierten Angriffe mit begrenzten Zielen deutlich. Von deutschen Offizieren wurde erwartet, selbstständig und flexibel im Sinne der Absicht der übergeordneten Führung zu handeln.[117] Darüber hinaus muss, zumindest für die deutsche Seite, das Bild der »fernen Stäbe« teilweise revidiert werden. Seit der Ernennung zum Chef des Stabes der 2. Armee am 2. Juli 1916 kontrollierte Oberst von Lossberg nahezu täglich die Schwerpunkte des Kampfes unmittelbar an der Front, wobei er die Meinungen derer einholte, welche direkt an den Kampfhandlungen teilnahmen.[118]

Zum anderen war im Vergleich etwa zur britischen Armee das »Ausmaß« des Exerzierens und des Drills gering und wurde der Verantwortungsbereich von Mannschaften und Unteroffizieren stetig erweitert.[119] Bereits die Felddienstordnung von 1908 verlangte die sinn- und zweckmäßige Anpassung der Unteroffiziersausbildung an die der Offiziere[120] und konstatierte ferner:

---

[116] Vgl. SAMUELS, Martin: Doctrine and Dogma – German and British Infantry Tactics in the First World War. London. 1992. S. 99.

[117] Vgl. Ebd. S. 103ff.

[118] Vgl. MEYER, Bradley: Innovation and Expertise - Some Changes in German Tactical Doctrine during World War 1. Ohio State University. 1981. S. 50.

[119] Vgl. etwa: BAYERISCHES KRIEGSMINISTERIUM: Exerzier-Reglement für die Infanterie. München. 1906. S. 51.

[120] Vgl. PREUSSISCHES KRIEGSMINISTERIUM: Felddienstordnung 1908. Berlin. 1908. S. 12.

„[W]ichtig ist die Erziehung des Mannes zum selbstständigen Handeln. Selbst-ständigkeit und Pflichttreue werden ihn auch dann seine Schuldigkeit tun lassen, wenn das Auge des Führers nicht über ihn wacht." [121]

In diesen Faktoren ist der fruchtbare Nährboden zu sehen, aus welchem die kooperative, an Erfahrungen gekoppelte Ausarbeitung der Doktrin der flexiblen Verteidigung sowie die wegweisenden, teilweise bis heute nachwirkenden taktischen Innovationen erwachsen konnten. Dieses innere Gefüge der Armee stellte dafür die Grundvoraussetzung dar. Deutlich wird dies u.a. daran, dass die British Expeditionary Force (BEF) zwar die deutsche Tiefenverteidigung Ende 1917 konzeptionell übernahm, diese jedoch aufgrund ihrer inneren Struktur nie zum Tragen bringen konnte. [122]

Das eingangs skizzierte und heute noch in weiten Kreisen kolportierte Bild der kaiserlich-deutschen Armee zeigt schon nach einer kurzen tiefer gehenden Betrachtung Risse. Die skizzierten Entwicklungen gewinnen wirklich an Signifikanz, wenn sie in Relation zu der alliierten Kriegsführung gesetzt werden. Dies hätte jedoch den Rahmen dieses Beitrages vollends gesprengt. Es bleibt jedoch festzuhalten, dass wesentliche Vorstellungen über die deutsche Armee im Ersten Weltkrieg nicht mit dem übereinstimmen, wie das Heer im Felde tatsächlich agierte. Eine zeitgemäße Einordnung bzw. Betrachtung des deutschen Heeres scheint daher zwingend angebracht, besonders wenn man sich vor Augen führt, dass es momentan weder signifikante und aktuelle Abhandlungen zu den einzelnen Landeskontingenten noch zu militärischen Entscheidungsträgern unterhalb der OHL, wie z.B. zu Oskar von Hutier oder Fritz von Lossberg, im deutschsprachigen Raum gibt.

---

[121] PREUSSISCHES KRIEGSMINISTERIUM: Felddienstordnung 1908. Berlin. 1908. S. 14.

[122] Die strikte Befehlstaktik der britischen Armee schloss die Eigeninitiative der Unterführer aus, welche jedoch für die tiefe und v.a. flexible Verteidigung Grundvoraussetzung ist. Vgl. SAMUELS, Martin: Doctrine and Dogma – German and British Infantry Tactics in the First World War. London. 1992.

Die Art und Weise, wie neue Erfahrungen unmittelbar in den Entstehungsprozess einer Doktrin einflossen, ist wohl auch heute noch relevant, wenn es darum geht, Erfahrungen aus den Einsatzgebieten in Ausbildung und Vorschriftenwesen möglichst schnell und kohärent zu integrieren. Will man grundsätzlich verstehen, warum und wie sich die heutige Infanterie in allen modernen Armeen zusammensetzt und worauf elementare infanteristische Vorgehensweisen fußen, kommt man an der Entstehungsgeschichte der Stoßtrupptaktik und besonders jener der Sturmbataillone nicht vorbei. Das moderne Artilleriewesen sowie deren Einsatzgrundsätze basieren teilweise heute noch auf den Erneuerungen, welche unter der Regie von Georg Bruchmüller in die Wege geleitet wurden.[123] Betrachtet man die operativen Grundsätze, mit denen Erich von Manstein seine bewegliche Abwehr im Jahre 1943 organisierte, springen eindeutige Parallelen zu den Wesenszügen der tiefen und flexiblen Verteidigung ins Auge. Die strikte Weigerung, Linien stur zu halten, die Bereitschaft, Raum aufzugeben, wenn dies erforderlich war, und der flexible und bewegliche Einsatz der unterstellten Verbände lassen in ihren Grundzügen den Kern dieser Doktrin erkennen. Von Manstein selbst diente während des Ersten Weltkrieges u.a. unter Fritz von Lossberg an der Somme.[124] Dieses operative Konzept des Gegenschlages fand letztlich durch Offiziere der Bundeswehr Eingang in die NATO-Doktrin und ist bis heute relevant.[125]

Nur wer versteht, warum etwas ist, wie es ist, also wer in der Lage ist, bestehende Strukturen in einen historischen Entwicklungsprozess einzuordnen, kann letztlich vernünftig und zielgerichtet auf neue Herausforderungen reagieren. Die militärwissenschaftliche Auseinandersetzung mit dem Ersten Weltkrieg und im Besonderen mit dem deutschen Heer kann auch heute noch Erkenntnisse liefern

---

[123] Vgl. ZABECKI, David: Steel Wind – Colonel Georg Bruchmüller and the Birth of Modern Artillery. London. 1994. S. 203ff.

[124] Vgl. MELVIN, Mungo: Manstein. London. 2010. S. 28.

[125] Vgl. ebd.; SENGER UND ETTERLIN, Ferdinand: Der Gegenschlag – Kampfbeispiele und Führungsgrundsätze der Beweglichen Abwehr. Neckargemünd. 1959. S. 11ff.

und sollte damit auch weiterhin, oder vielleicht wieder, einen Platz auf dem Arbeitstisch des heutigen Offiziers einnehmen.

Vergessen und Erinnern. Das kaiserlich-deutsche Heer im Jahr 2014

Allein zwischen März und Juni 1918 hatte die kaiserlich-deutsche Armee etwa 530.000 Verluste an Toten, Verwundeten und Vermissten zu verzeichnen. Bei der Analyse der Schlachten des Ersten Weltkrieges und der Exegese von militärischer Innovation darf nicht vergessen werden, welche unvorstellbaren Ausmaße die Verluste in diesem Krieg annahmen. Gerade weil Verlustzahlen in dieser Größenordnung gedanklich nicht wirklich erfassbar sind, sollte man sich vergegenwärtigen, dass hinter all diesen Zahlen und Statistiken Einzelschicksale stehen. Der humanitäre Aspekt darf nicht in Vergessenheit geraten und wie auch immer die ideologische oder politische Bewertung des Ersten Weltkrieges ausfallen mag: Der respektvolle Umgang mit Toten ist nicht nur Bestandteil des Wertekanons jedes Kulturkreises dieser Welt, er hat sich auch im Paragraf 189 des Strafgesetzbuches manifestiert, welcher dezidiert die »Verunglimpfung des Andenkens Verstorbener« unter Strafe stellt.

Schon Otto Dix prangerte mit seinem »Streichholzhändler« das Desinteresse der Gesellschaft in den »Roaring Twenties« bezüglich des Krieges und vor allem seiner Versehrten drastisch an, also in einer Zeit, in der in nahezu jedem Dorf noch ein Gedenkstein für die Gefallenen errichtet wurde. Die Problematik, wie eine Gesellschaft mit den Nachwirkungen eines Krieges umgeht, ist also nicht neu und scheint sich heute noch weiter zu verschärfen. Man findet kaum noch ein Kriegerdenkmal, welches nicht durch Graffiti geschändet ist oder an welchem keine Spuren von notdürftig entfernten Schmierereien zu sehen sind.[126] Die regelmäßige mutwillige Be-

---

[126] Im Folgenden sollen jeweils nur einzelne Beispiele herausgegriffen werden. Die Liste lässt sich jedoch beliebig verlängern. Vgl. u.a. RUHRNACHRICHTEN: Unbekannte beschmierten Kriegerdenkmal in Westhofen [http://www.ruhrnachrichten.de/staedte/schwerte/Unbekannte-beschmierten-Kriegerdenkmal-in-Westhofen;art937,1096196, Zugriff am 28.02.2014]; MERKUR

schädigung von Denkmälern, bspw. das Abschlagen von Gliedmaßen, ist leider auch keine Seltenheit.[127] Ein neuerer Trend geht dahin, Kriegerdenkmäler durch buntes Häkel- und Strickwerk zu »verschönern« oder in ein »neues Licht« zu rücken.[128] Um einer Auseinandersetzung zu entgehen, welche eventuell auch einmal das Verteidigen von gesellschaftlich polarisierenden Standpunkten beinhalten könnte, scheint sich der politische Konsens mittlerweile zusehends dahin zu entwickeln, Kriegerdenkmäler schlichtweg umzuwidmen. Aus einem Denkmal wird dann ein Mahnmal, welches nicht mehr dezidiert an die Gefallenen des Weltkrieges, sondern schlicht an die Opfer von Krieg und Gewaltherrschaft erinnern soll.[129] Doch wer alles verteidigt, verteidigt nichts. Eindeutiger Sinn und Zweck eines Denkmals ist es ja, „zum Gedächtnis an eine Person oder ein Ereignis [eine] größere plastische Darstellung" zu errichten.[130] Das Gedenken an die Gefallenen wird damit zur Beliebigkeit. Auch wenn so

---

ONLINE: Vandalen beschmieren Kriegerdenkmal [http://www.merkur-online.de/lokales/muenchen-lk-nord/vandalen-beschmieren-kriegerdenkmal-144195.html; Zugriff am 27.02.2014].

[127] Vgl. u.a. HALLO MÜNCHEN: Vandalen schlagen Steinstatue Kopf ab. [http://www.hallo-muenchen.de/muenchen/m-sued/solln-fuerstenried/kriegerdenkmal-forstenried-unbekannte-enthaupten-steinstatue-2430539.html, Zugriff am 28.02.2014]; ZOLLERN – ALB KURIER: Kriegerdenkmal in Zillhausen zerstört und mit Öl beschmiert [http://www.zak.de/artikel/5164/Balingen-Zillhausen-Denkmal-faellt-Vandalen-zum-Opfer, Zugriff am 28.02.2014].

[128] Vgl. u.a. REMSZEITUNG: Das umhäkelte Kriegerdenkmal [http://remszeitung.de/2013/10/5/das-umhaekelte-kriegerdenkmal/, Zugriff am 27.02.2014, um 15:44]; NW-NEWS: Der Infanterist friert nicht mehr [http://www.nw-news.de/owl/kreis_paderborn/paderborn/paderborn/?em_cnt=5984122, Zugriff am 27.02.2014].

[129] Vgl. NEUBERT, Hildigund: Feierstunde anlässlich der Umwidmung des Kriegerdenkmals in das Mahnmal für die Opfer von Krieg und Gewaltherrschaft. [http://www.thueringen.de/imperia/md/content/tsk/feierstunde_anl__sslich_der_umwidmung_des_kriegerdenkmals_in_das_mahnmal_f__r_die_opfer_von_krie gen_und_gewaltherrscha.pdf, Zugriff am 28.02.2014, um 18:02];

[130] DUDEN: Denkmal. [https://www.duden.de/rechtschreibung/Denkmal, Zugriff am 20.02.2014 um 14:35].

mancher oft an der Ausgestaltung solcher Denkmäler Anstoß nehmen mag, darf dabei eines nicht vergessen werden: Nur die wenigsten Gefallenen wurden in die Heimat überführt. In weiten Teilen ruhen sie in Massen- und Kameradengräbern oder sind bis heute auf den Schlachtfeldern vermisst. Die namentliche Erwähnung oder vielleicht sogar nur die Nennung der entsprechenden Einheit auf einem Denkmal ist oft der letzte materielle Rest, welcher an einen Menschen erinnert.

Kriegerdenkmäler sind auch Grabsteine

Vergegenwärtigt man sich den Umgang der staatlichen Institutionen mit dem zweihundertjährigem Jubiläum der Befreiungskriege (1813 bis 2013), so wirkt auch das Argument der politischen »Vorbelastung« eher fadenscheinig. Die preußischen Reformen, deren Kulminationspunkt die Befreiungskriege waren, stellen eine der drei Traditionssäulen der Bundeswehr dar. Zentrale Elemente des heutigen soldatischen Selbstverständnisses haben dort ihren Ursprung. Die akademische Bildung des Offiziers, das Konzept des Staatsbürgers in Uniform sowie, letztlich, sogar die bundesdeutschen Nationalfarben sind auf diese Ereignisse zurückzuführen. Den Autoren ist nicht bekannt, dass staatliche Institutionen, im Besonderen die Bundeswehr, in irgendeiner nennenswerten Art und Weise diese Ereignisse zeremoniell eingebunden hätten. Letztlich verkamen so die Gedenkveranstaltungen, wie z.B. jene zu der Völkerschlacht von Leipzig, zu einem bunten Spektakel, in dessen Rahmen kostümierte Laiendarsteller mit Platzpatronen versehen die Schlacht noch einmal durchfochten. Ein würdevolles Gedenken sieht anders aus. Zieht man dieses Beispiel heran, drängt sich einem der Eindruck auf, dass diese mangelhafte Gedenkkultur weniger auf politische oder historische Berührungsängste zurückzuführen ist, sondern schlichtweg auf eine geschichtsvergessene Grundhaltung. Dies darf 2014 nicht mehr passieren.

Ein klares und eindeutiges Bekenntnis staatlicher Institutionen zu den deutschen Gefallenen des Ersten Weltkrieges ist daher angebracht. Dementsprechend sollte die Bundeswehr nicht zurückstehen und den Ereignissen und Toten sowohl der deutschen Befreiungskriege als auch des Ersten Weltkrieges eine explizite Würdigung und ein dezidiert militärisches Gedenken zuteilwerden lassen. Kontemporäre, politisch-subjektive Berührungsängste dürfen im Falle des Ersten Weltkrieges das militärische Andenken an die deutschen Soldaten von 1914 bis 1918 nicht schmälern. Für die Unterführer und Soldaten von damals waren die großen politischen Fragen ebenso fern, wie dies heute der Fall ist. Es wäre ebenso unzulässig, die militärische Würdigung eines Soldaten der Bundeswehr anhand der politischen Bewertung des deutschen Engagements in Afghanistan vorzunehmen.

Darüber hinaus ist festzustellen, dass die Rolle des deutschen Soldaten im Ersten Weltkrieg in weiten Teilen zu der eines Opfers des imperialistischen Größenwahns stilisiert und verengt wurde. Dieses postheroische Portrait ist maßgeblich dem Zeitgeist geschuldet und daher subjektiv. Die Autoren plädieren daher für ein tiefergehendes, kritisches Hinterfragen bestehender und oft vorbehaltlos übernommener Perspektiven. Ein neuer Entwurf, welcher unabhängig von den »großen Fragen« des Jahres 1914 militärische Grundtugenden wie Tapferkeit, Entschlusskraft und Selbstlosigkeit würdigt, soll dazu zur Debatte gestellt werden. Die deutsche Bundeswehr hat allen Grund zu selbstbewusstem Umgang mit dem militärischen Erbe des Ersten Weltkrieges.

Es bleibt demnach festzuhalten, dass das Traditionsverständnis der Bundeswehr in einzelnen Bereichen ebenso der Überholung bedarf wie manche Thesen der Kriegsschulddebatte. Einhundert Jahre nach dem Beginn des Ersten Weltkrieges zeigt sich anhand des aktuellen Diskurses, dass die zeitgenössische Geschichtswissenschaft den Dogmatismus der 1960er und 1970er Jahre schon überwunden hat. Der gegenwärtige Prozess der Transformation der Bundeswehr sollte diesem Umstand durch eine Überarbeitung des Traditionsverständnisses gerecht werden, in welchem die Leistung und Opferbereitschaft der deutschen Soldaten des Ersten Weltkrieges explizit gewürdigt wird.

Das ein solch ehrendes Gedenken nicht automatisch in einen nationalistischen Chauvinismus mündet, zeigt sich eindrucksvoll am Beispiel der britischen Erinnerungskultur in Flandern und dem damit verbundenen Zeremoniell, an welchem auch schon seit mehreren Jahren Soldaten und Mitarbeiter der Helmut-Schmidt-Universität/Universität der Bundeswehr Hamburg teilweise aktiv teilnehmen.[131] Dort erfahren die Leistungen und Leiden des deutschen Soldaten oft mehr Anerkennung als im eigenen Land. Unvergessen bleibt den Autoren jener britische Grundschullehrer, welcher während ihres Besuches auf dem Friedhof von Langemarck das Wort an seine Schüler richtete, sie zu respektvollem Gedenken aufrief und sprach:

„They were soldiers like ours. They also were fathers or had fathers, mothers and siblings, and they also fought and died for their country. There is no reason why we shouldn't remember them as the human beings that they were."

Ein von ehrlicher, aufrichtiger Anteilnahme, Würde und Pietät geprägtes Gedenken, frei von falscher Scham und verkrampftem Holismus, erweist sich nach Meinung der Autoren als der Völkerverständigung über die Gräber hinweg weitaus zuträglicher als jedwede unnatürlich anmutende Leisetreterei sowie Ressentiments und Befremden befördernde Schuldeingeständnisse bzw. -zuweisungen.

Letztendlich sollte mit diesem Beitrag deutlich geworden sein, dass die Beschäftigung mit dem Ersten Weltkrieg aus deutscher Perspektive in vielerlei Hinsicht lohnenswert ist und vor dem Hintergrund des gemeinsamen Gedenkens anlässlich des 100. Jahrestages des Kriegsbeginns 2014 dringend geboten scheint. Dies gebietet allein der Respekt vor den unzähligen Toten der »Urkatastrophe des 20. Jahrhunderts«.

„Wer ihn gebar? Wen er verließ?
Und wer er war? Und wie er hieß?
Wer's wissen will, muß suchen gehn,
Wo namenlose Gräber stehen."
Ludwig Ganghofer, Das letzte Wort

---

[131] Das Sprachenzentrum der Helmut-Schmidt-Universität/Universität der Bundeswehr Hamburg unternimmt schon seit mehreren Jahren eine jährliche Exkursion nach Ypres in Belgien.

Von Tradition und Kamerad Pferd.
Worum sich heut nur mancher noch schert

von Diana Dänner

„Tradition ist nicht das Halten der Asche,
sondern das Weitergeben der Flamme."[132]

Gibt man in der wohl bekanntesten Suchmaschine der Welt »Google« einmal „Traditionen innerhalb der Bundeswehr" oder ähnliche Formulierungen ein, so wird man bitter enttäuscht. Ich denke, Sie werden als aufmerksamer Leser nun genau dies tun und feststellen, dass diese Aussage der Wahrheit entspricht.

Was ist Tradition und im speziellen Militärtradition? Was bringt es uns, als treu dienende und stets dem Erhalt des Friedens und der Sicherheit Deutschlands verschriebene Staatsbürger in Uniform irgendwelchen alten, verstaubten Ritualen zu folgen? Ich bin mir sicher, dass jeder seine persönliche Antwort auf diese Frage bereithält, wobei die eine mehr wissenschaftlich, die andere eher emotional und ideologisch anmutet.

So soll dieser kurze Artikel sich nicht in die Reihe der wissenschaftlichen Diskurse einreihen, die sich darüber den Kopf zerbrechen, wie man die Realität an allgemeingültige Definitionen und Richtlinien anpasst. Lediglich ein Denkanstoß sei hier angeführt, eine kleine weltanschauliche Reise eines jungen Offiziers der Panzertruppe soll es sein, der sowohl die Moderne als auch die Tradition schätzt und vor allem im Erhalt Letzterer eine große Bereicherung des heutigen Dienstalltages sieht und gleichzeitig ihrem Verfall mit großer Besorgnis entgegenblickt. Allerdings werde auch ich nicht umhin kommen, zumindest die Richtlinien zum Traditionsverständnis und zur Traditionspflege in der Bundeswehr als Grundlage für meine freien Betrachtungen zu verwenden, da ich diese doch sehr schätze und für wichtig erachte. Ich habe keinesfalls die Absicht, jeden einzelnen Punkt des Erlasses abzuarbeiten und akribisch genau zu überprüfen, ob dieser denn heute noch Gültigkeit besitzt oder nur noch auf dem Papier Bestand hat. Vielmehr geht es mir darum,

---

[132] Tomas Morus. (o.J.).

214

die Leserschaft, die sicherlich aus einer großen Anzahl an Kameraden, aber hoffentlich auch Teilen der zivilen Bevölkerung bestehen wird, für Traditionen der Bundeswehr zu begeistern. Vielleicht kann ich sogar einen kleinen Beitrag dazu zu leisten, dass die Traditionspflege – und sei es einfach nur die Achtung und Anerkennung der Tradition unserer Armee – einem jeden von uns ein Stück weit zur Aufgabe wird, lässt sich daraus doch eine gewisse Kraft und ein Zusammenhalt der Truppe schöpfen, um gemeinsam anfallenden Herausforderungen begegnen zu können.

Als großer Pferdefreund bin ich einmal mehr dankbar, dass sich mir die Gelegenheit bot, diesen Artikel verfassen zu dürfen, da ich somit ganz uneigennützig auch dem Kameraden Pferd, welcher fast schleichend und unspektakulär aus dem Deutschen Heer verschwand, ein ganz persönliches, mir durchaus wichtiges Denkmal setzen kann. Immerhin stand das Pferd in sämtlichen nachweisbaren Kriegen unserer Vorfahren dem Menschen immerzu mehr als treu zur Seite. Doch dazu später.

Ich möchte gern zur eingangs gestellten Frage zurückkehren: Was ist Tradition? Das Bundesministerium der Verteidigung sieht Tradition als die Überlieferung von Werten und Normen an. Sie bildet sich in einem Prozess weltorientierter Auseinandersetzung mit der Vergangenheit. Tradition verbindet die Generationen, sichert Identität und schlägt eine Brücke zwischen Vergangenheit und Zukunft.[133] Lese ich diese Zeilen, so kommen mir hehre Begriffe wie Kameradschaft, Zusammenhalt, geistige Erneuerung, Selbstverständnis und die Besinnung auf unsere Wurzeln in den Sinn. Doch wie kann man diese Ideale greifbar machen? Dazu würde ich gerne von einem persönlichen Erlebnis aus der schwedischen Armee berichten, das mir einmal mehr gezeigt hat, wie begeisternd und bedeutend der Erhalt alter militärischer Traditionen sein kann. Während meines Aufenthaltes im schwedischen Offizieranwärterbataillon an der Militärhögskolan Karlberg in Stockholm wurde mir eine besondere Ehre zuteil. Ich konnte Einblick in den Umgang mit den Pfer-

---

[133] Vgl. Bundesministerium der Verteidigung. 1982.

den des Life Guards Regiments (schwedisch: Livgardet) erhalten und durfte mich einige Wochen um diese wohl ausgebildeten, disziplinierten und wunderschönen vierbeinigen Staatsdiener kümmern. Es wurden fünf der Tiere in das Offizierbataillon (OA-Btl) gebracht, um dort den wohlverdienten »Urlaub« vom anstrengenden Alltagsdienst im Zentrum Stockholms zu verbringen. Jeder Kadett und spätere schwedische Offizier, gleich welcher Streitkraft zugehörig, wird nach alter Tradition dazu angehalten, eine Reitausbildung zu absolvieren, da das Reiten nun mal ein wichtiger Bestandteil der früheren Offizierausbildung darstellte. Obwohl das Pferd längst aus dem aktiven Militärdienst ausrangiert wurde, hatte die Ausbildung aus Traditionsbewusstsein dennoch Bestand und erfreute sich großer Beteiligung. Während gemeinsamer Reitstunden – natürlich in Uniform – sowie dem abwechselnden Stalldienst wurden die Kadetten behutsam an den Umgang mit dem vierbeinigen Kameraden herangeführt, sofern sie nicht schon mit ihm vertraut waren. Auch viele Offiziere des Bataillons trugen sich fleißig für Reitstunden sowie den Stalldienst ein, kam man sich doch durch die gemeinsamen Aufgaben und das wachsende Interesse des einen oder anderen am Kameraden Pferd über Dienstgrade hinweg bedeutend näher. Am Rande bemerkt sei, dass schon früher der Dienst in der Kavallerie als einer der härtesten und schwierigsten galt. Ein harter Umgang bildete den edlen und verlässlichen Charakter des Kavalleristen. Zu aller Zeit stand das Soldatenpferd an erster Stelle: gefüttert, getränkt, herausgeputzt und eingedeckt. Erst dann interessierte das Wohl des Soldaten.

Nun mag sich der eine oder andere die Frage stellen, was denn das Reiten und der Erhalt dieser alten Tradition zum heutigen Dienst für den Staat beiträgt und wo der Zusammenhang zu den weiter oben angeführten Idealen zu suchen ist? Nun, diese Frage ist durchaus berechtigt, wenngleich es verschiedene Antworten geben mag. Ich möchte hier meine ganz persönliche Antwort niederschreiben. Dazu zitiere ich Punkt 11 des Traditionserlasses der Bundeswehr: „Traditionsbewusstsein zu wecken, ist eine wichtige Aufgabe der Vorgesetzten". Da wir als junge Offiziere alle einmal – und das schon sehr bald – militärische Vorgesetzte sein werden, sehe ich für mich persönlich eine Pflicht darin, die Liebe zur Tradition und zur

Achtung alter Sitten und Bräuche zu pflegen und zumindest im Gespräch über jene den alten »Korpsgeist« zu erhalten. Sicherlich wird man nicht jeden Soldaten dafür begeistern können, kann und soll man doch Leidenschaft und Begeisterung nicht befehlen, doch manchmal genügt schon der Gedanke daran sowie das Engagement eines Einzelnen, um längst Vergangenes wieder aufleben zu lassen.

Ich stelle mir oft die Frage, wieso das Heeresmusikkorps seine Auftritte bevorzugt ins Ausland verlagert, anstatt in Deutschland aufzutreten. Das Singen und gemeinsame Musizieren ist doch als Brauch ausdrücklich im Traditionserlass erwünscht, da diese Elemente die Kameradschaft bilden und stärken. Gerade noch die Nationalhymne bringt man bei feierlichen Anlässen mehr schlecht als recht über die Lippen, obwohl es doch viele schöne Soldatenlieder gibt. Traurig stimmt mich jedes Mal auf's Neue, wenn aus den meist nur dürftig funktionierenden Lautsprechern während eines Appells eine blasse und klanglose Aufnahme irgendeines immer wieder kehrenden Marsches abgespielt wird oder selbst dieser Marsch durch »Wind of Change« von den Scorpions ersetzt wird. Wo bleibt da der Bezug zur langen und reichen Geschichte der Militärmusik, die im Traditionserlass angepriesen wird?

Eine ähnliche Frage stelle ich mir während der Betrachtung unseres Dienstanzuges. Fast jede andere Nation trägt historische und traditionsreiche feierliche Uniformen als Zeichen der Verbundenheit zur Vergangenheit mit einem gewissen Nationalstolz. Unsere »graue« Uniform vermittelt im Auge des Betrachters nicht viel dieses Stolzes. Natürlich haben Deutschland und die Bundeswehr sich immer noch mit den geschichtlichen Ereignissen aus der Zeit des Nationalsozialismus, von Kritik mehr oder weniger intensiv begleitet, auseinanderzusetzen. Jedoch gab es auch vor dieser Zeit deutsche Armeen, denen man ein würdiges Denkmal setzen würde, wenn man nur bereit wäre, einen Deut mehr Kreativität bei der Gestaltung der Uniform zuzulassen. Ich denke hierbei nicht nur an die Zeit des Ersten Weltkrieges, sondern z.B. an die preußische Armee. Ferner muss man leider immer öfter beobachten, dass militärische Veranstaltungen mit traditioneller Vergangenheit immer häufiger aus der Öffentlichkeit hinter die gut geschützten Kasernenzäune verschwinden, um ja nicht in den Fokus der Gesellschaft zu gelangen. Man könnte doch Kritik und Anfeindungen begegnen. Doch macht nicht gerade der Zusammenhalt einer starken Truppe auch gegen die Kritik der Öffentlichkeit den Korpsgeist aus? Ist nicht das »sich Zeigen« in der Öffentlichkeit und das Näherbringen militärischer Tradition und militärischen Brauchtums ein Schritt hin zum Erhalt und zur Wertschätzung sowie zur Repräsentation der eigenen Identität? Und trägt dies nicht auch zur Stärkung unserer Identität als Offiziere und Staatsbürger in Uniform bei? Ist dies nicht auch ein wenig mit der Präsentation von Stolz auf den eigenen Beruf verbunden, mehr noch: Der Berufung, dem Vaterland treu zu dienen und die Werte und Normen der Bundesrepublik Deutschland tapfer zu verteidigen?

Es dürfte als sicher gelten, dass viele Bürger öffentliche Appelle begrüßen würden und dadurch besser, weil eigens beobachtet, nachvollziehen könnten, dass sich auch heutzutage noch viele junge Menschen dazu entscheiden, dem Vaterland dienen zu wollen und dies mit Stolz nach außen tragen. Gegner und Menschen mit kontroversen Ansichten wird es immer geben. Dies ist jedoch der Tatsache geschuldet, dass man, wie der Traditionserlass so schön anmerkt, Traditionsbewusstsein nicht verordnen kann. Es hängt von einer persönlichen Wertentscheidung ab. Man kann sie jedoch formen und Anstöße geben, einmal in die Wertentscheidung anderer Menschen hineinzublicken. Sicher dürfte sein, dass ein jeder dort etwas entdecken wird, das ihn zum Staunen oder zumindest zum Nachdenken über seine eigenen Wertvorstellungen bringen könnte. Ich möchte mit diesem Beitrag ermutigen, keinen Horror vor Traditionen und deren Pflege zu haben, sondern sie als treue Begleiter und Ratgeber auf berufliche und private Reisen in die Zukunft mitzunehmen.

Nun möchte ich, wie bereits angeklungen, dem Kameraden Pferd noch einen Abschnitt widmen. Innerhalb der Richtlinien zum Traditionsverständnis wird dem militärischen Brauchtum ein verschwindend geringer Anteil gewidmet. Ist Brauchtum nicht auch den Traditionen unterzuordnen oder sind Traditionen gar Brauchtum? Traditionen hin, Brauchtum her. Als höchst unverständliche Maßnahme dürfte der Entzug der Reiterstaffeln, sprich Kavallerie, aus der deutschen Heeresaufstellung zu betrachten sein. Der Kamerad Pferd, das Militär-Pferd – seine totale Ausmusterung bedeutet klägliche Verarmung einer jeden Armee. Welche großartige, weil berechtigte Wertschätzung würde dem Edel-Geschöpf Pferd zuteilwerden, wenn es denn, auch in kleineren Einheiten, landauf, landab, ausdrücklich in die Bundeswehr Zugang und damit Anerkennung finden würde. Anerkennung finden als wahrhaftiger vierbeiniger Kamerad des deutschen Soldaten, als der es hinweg über hunderte bis tausende von Jahren galt. Sind nicht Scharen der edlen Rosse, in der Symbiose mit ihren Reitern, wagemutig, weil dem Menschen auf Gedeih und Verderb zugetan, in Kämpfe hinein geprescht, wo sie meist, gemeinsam mit ihren Rittern, den Heldentod erlitten? Mit welcher Hingabe, Geduld, Ausdauer, dem Menschen treu ergeben, zogen einzig und allein Pferde das Hab und Gut der Flüchtlingstracks über Hunderte von Kilometern von Ost nach West am Ende des damals in Aussicht gestellten »Großdeutschen Reiches«, nach dessen elendem Scheitern? Auch hier, was ausdrücklich festzuhalten sei, wurden Pferde bedauernswerte Opfer eines gescheiterten Kriegs-Heeres. Pferde zogen Militär-Kanonen und andere Lasten über höchste Berge, durch Sumpfland und Wüsten. Pferde wurden in Minenfelder getrieben, um Menschen zu schützen. Pferde kamen zuhauf in mörderischen Kriegsgeschehen zu Schaden, wie das Pferd, das bei dem schwersten Luftangriff auf Köln in Panik und voll Hoffnung auf Hilfe seiner Menschen vor dem Tor eines überfüllten Luftschutzbunkers stand, um Einlass förmlich »flehte« und es keinen Platz mehr gab für das große Tier. Des Pferdes Mähne, mit Phosphor getränkt, brannte bereits. Nach dem Bomben-Inferno wurde das Pferd, ein paar hundert Meter vom Bunker entfernt, tot daliegend, aufgefunden. Diese wahre Begebenheit, von meinem Vater persönlich erlebt und weitergegeben, lässt mich oft und immer wieder erschauern. Einmal mehr möchte ich mit diesem Gedankenanstoß eine Lanze brechen für all die Soldatenpferde, die gleich vielen Menschen den Grausamkeiten der Kriege zum Opfer fielen. Ein Pferd hatte, durch militärische Bombenwerfer, einen grausamen Tod erlitten. Stünde nicht dem Pferd ein wesentlich höheres Ansehen zu, auch im heutigen Soldatentum?

Es gab in der Vergangenheit Feldherren und auch Soldaten, die sich neben ihren verendeten Pferden haben beerdigen lassen. Sind nicht Tausende von Standbildern in aller Welt, die die Mächtigsten der Menschheit sitzend auf Pferden darstellen, untrügliche Zeichen der einst herausragenden Hochachtung vor diesem ehrwürdigen Geschöpf? Den »Alten Fritz«, den Krieger, hört man herabrufen von seinem Reiterstandbild:

„Soldaten! Ehret die Pferde, die in Wahrheit Euch geben,
himmlisches Glück ins irdische Leben!"

Zitiert sei am Rande die ehrerbietende Haltung eines Mohammed gegenüber der Wertschätzung des Pferdes anhand seiner sinngemäßen Aussage: Kann jemand seine Pflichten nicht erfüllen, so soll er ein Pferd halten für des GOTTES Anliegen, und alle seine Sünden werden ihm vergeben. Mohammed weiter: Wer ein Pferd für GOTTES Dienste züchtet, wird dergestalt entlohnt, als ob er den ganzen Tag fastet und die ganze Nacht darauf stehend betet. Mohammed weiter: Jedes Haferkorn, dem Pferd gegeben, wird von GOTT auf der Liste der besten Taten festgehalten.

Hat der Mensch – in seiner inzwischen leider so bedauerlichen Überheblichkeit und Arroganz – nicht dem Mitgeschöpf Tier nicht schon viel zu viele Leiden, Qualen, Schmerzen, Ängste, Brutalitäten zugefügt? Müsste man nicht in jedem Heer, gleich welcher Nation, dem »Soldaten-Tier«, dem »Kamerad Pferd«, ein für alle Zeiten in tiefstem Dank gehülltes Existenz-Recht sichern, ohne Wenn und Aber!

Zum Abschluss ein Gedicht:

Das treue Ross

Der Krieg ist aus, der grimme Feind besiegt,
Von fern noch hört man Knattern der Gewehre,
In seinem Zelt ein müder Krieger liegt,
Zu tot verwundet auf dem Feld der Ehre.

Sein Regiment war's das den Feind bezwang,
Beim letzten Sturm ihn jäh' die Kugel fällte,
Sie traf zu gut, es währt Wohl nicht mehr lang,
Der Tod hält Einkehr in dem Zelte.

Es reicht ein Freund ihm der Geliebten Bild,
Damit ein letzter Abschiedsgruß ihr werde,
Er küsst es heiß und lächelt mild
Sein letzter Wunsch jedoch gilt seinem Pferde.

O, bringt mir noch mein gutes, treues Tier,
Das mutig mich durch manchen Kampf getragen,
Das oft gerettet hat das Leben mir,
Lasst mich noch Lebewohl ihm sagen.

Man führt ans Lager hin das treue Ross,
Noch einmal schlägt er auf die Augenlider,
Er streichelt liebend seinen Schlachtgenoss'
Und Tränen rinnen auf die Mähne nieder.

Das Pferd, es schmiegt sich an den Hals des Herrn,
Sein Wiehern klingt wie leises Klagen,

Dann starb der Krieger seiner Heimat fern,
Im Osten fing es langsam an zu tagen.[134]

---

[134] Danny Gürtler. (o.J.)

Elmar Wiesendahls Athen und Sparta.
Eine Kritik mit persönlichen Anmerkungen

von Martin Böcker

Über die Notwendigkeit der Debatte

Wir beteiligen uns an der Debatte über das Bild des Soldaten in der Bundesrepublik Deutschland. Der ehemalige Generalinspekteur der Bundeswehr, General a.D. Klaus Naumann, betont dabei die Verantwortung der Bundestagsabgeordneten:

> *„Sie haben durch den Parlamentsvorbehalt nicht nur das Recht über den Einsatz der Bundeswehr zu entscheiden und dessen Ausführung zu überwachen, sie haben auch die Pflicht, sich um die Menschen und deren Achtung durch die Gesellschaft zu kümmern, die für Deutschland in Einsätze gehen und dort kämpfen."*[135]

Das heißt auch, dass die Abgeordneten als Vertreter der Gesellschaft, mithin also auch die Gesellschaft selbst, ihren Soldaten erklären müsste, welche Art von Soldaten sie haben möchte. Sie tun es aber nicht, was weder bejubelt noch beklagt werden sollte; es stehen andere, akutere Aspekte auf der Tagesordnung. Diese Form des »freundlichen Desinteresses«, nicht an der Bundeswehr, sondern an den existenziellen Fragen der Begründung des Dienens, hat zur Folge, dass die Idee der Inneren Führung kompliziert, mehrdeutig und abstrakt[136] bleibt, ohne Bezug auf die sehr unterschiedlichen Lebenswirklichkeiten der Soldaten aller Teilstreitkräfte, Truppengattungen und Ämter.

Das nimmt gerade die Bundeswehr und die Soldaten der Bundeswehr in die Pflicht, sich an der Debatte zu beteiligen. Denn auch wenn sich vieles theoretisch erarbeiten lässt: Das Erlebnis, Soldat zu sein, die Erfahrung von Kameradschaft, die Möglichkeit des Einsatzes und – vor allem! – der Einsatz selbst hat Rückschlüsse zur

---

[135] NAUMANN, Klaus: Soldatentum?! Zur Notwendigkeit einer Debatte. In: BÖCKER, Martin, KEMPF, Larsen, SPRINGER, Felix: Soldatentum. Auf der Suche nach Identität und Berufung der Bundeswehr heute. München. 2013. S. 9ff.
[136] HAMANN, Rudolf: Abschied vom Staatsbürger in Uniform. Fünf Thesen zum Verfall der Inneren Führung. In: BALD, Detlef, FRÖHLING, Hans-Günther, GROSS, Jürgen, ROSEN, Claus Freiherr von: Zurückgestutzt, sinnentleert, unverstanden: Die Innere Führung der Bundeswehr. Hamburg. 2008. S. 30.

Folge, die durch Lektüre nicht erarbeitet, höchsten geglaubt werden können. Darum ist die berufsethische Reflexion von Soldaten eine unabdingbare Zuarbeit für die Zivilgesellschaft, um ihr einen Konsens mit ihren Uniformträgern über deren Selbstbild zu ermöglichen, ohne dass das weltanschaulich dominierende „Friedensparadigma der deutschen Gesellschaft eine einsichtig selbstverständliche Identität des Kämpfertypus [...] verhindert"[137].

Vor allem die akademisch ausgebildeten Offiziere kommen in Frage, die Interessen und Identitäten ihrer Soldaten zu formulieren. Dabei muss klar sein, dass die diesbezügliche Zurückhaltung des deutschen Offizierkorps in den letzten Jahrzehnten einen erheblichen Raumverlust im gesellschaftlichen Diskurs zur Folge hatte, der jedoch rückgängig gemacht werden kann. Ebenso muss klar sein, dass Diskussionsbeiträge aus diesen Reihen in der Regel nur eine Minderheit erreichen wird und Antworten auf Fragen nach der Identität nicht leicht sind.

Die Macht von Schlagworten

Trotz dieser zuletzt genannten Schwierigkeit sollten Lösungsvorschläge in dieser Debatte derart ausgefeilt und nachvollziehbar sein, dass die Ergebnisse auf Schlagworte reduziert und in Bildern ausgedrückt werden können. Denn nur so werden sie dem einfachen Soldaten einsichtig, nur so werden sie wirksam und vermittelbar.

Die komplizierte, mehrdeutige und abstrakte Idee der »Inneren Führung« vermag dies höchstens eingeschränkt, weil mit der Kopfgeburt des »Staatsbürgers in Uniform« nur spärlich Bilder verknüpft werden können. Elmar Wiesendahl hat in seinem Essay „Athen oder Sparta – Bundeswehr quo vadis?" die ungeklärte Identitätsfrage der Einsatzarmee diskutiert und zwei von ihm beobachtete Entwicklungsstränge beschrieben, die in diesem Sinne dargestellt

---

[137] KEMPF, Larsen: Der Soldat als Feindbild im Inneren? In: BÖCKER, Martin, KEMPF, Larsen, SPRINGER, Felix: Soldatentum. Auf der Suche nach Identität und Berufung der Bundeswehr heute. München 2013. S. 193.

werden können: Er nennt sie »Denkschule Athen« und »Denkschule Sparta«.

Diese Schlagworte überbringen klare Botschaften, sind also auch für den einfachen Soldaten handhabbar und können ganz selbstverständlich in Diskussionen eingesetzt werden. Außerdem gewinnt das Essay aufgrund Wiesendahls Position als Direktor an der Führungsakademie der Bundeswehr in Hamburg an Relevanz: Er bildet die Stabsoffiziere der Bundeswehr aus. Darum und aufgrund der guten Transportierbarkeit seiner Ideen ist das ein entscheidender Beitrag in der Diskussion über das Selbstbild deutscher Soldaten. Wegen dieser Bedeutung für unsere Debatte soll der Text kritisch diskutiert werden.

Stärken und Schwächen der Idee des »Staatsbürgers in Uniform«

Gemäß der Zentralen Dienstvorschrift 10/1 der Bundeswehr ist die Innere Führung die verbindliche geistige Grundlage des gesamten militärischen und zivilen Dienstes in der Bundeswehr. Bei aller berechtigten und erlaubten Kritik ist sie keine Kann- oder Soll-Vorschrift, sondern definiert eine Grundpflicht für alle Soldaten und auch aller anderen Angehörigen der Bundeswehr. Insbesondere Vorgesetzte sollen das Konzept zur Wirkung bringen. Das zentrale Element ist die Idee vom »Staatsbürger in Uniform«.

Die vier Ziele der Inneren Führung, Legitimation, Integration, Motivation sowie die Gestaltung der Inneren Ordnung, hatten das nachvollziehbare Ziel, die positiven Auswirkungen der Demokratie in den Streitkräften erlebbar zu machen und damit den Verteidigungswillen der Soldaten nicht nur auf das Land, sondern auch auf das System zu beziehen. Außer diesen ideellen (und nachvollziehbaren) Gründen sah der Vater der Inneren Führung, Wolf Graf von Baudissin, auch militärpraktische Argumente für seine Philosophie: Die Unübersichtlichkeit der Gefechtssituation und der hochtechnisierte Krieg lässt bedingungslosen Gehorsam unzweckmäßig werden, ein leichtfertiger Verzicht darauf löst jedoch die militärische Ordnung auf:

„In diesem Grenzbereich kann sinnvoll und vertrauend nur gehorcht werden, wenn hinter dem Befehl sittliche Bindungen spürbar sind, die nur das fordern lassen, was der Lage entsprechend nach bestem Wissen und Gewissen zumutbar erscheint. Voraussetzung für dieses »nach bestem Wissen und Gewissen« sind aber Vorgesetzte, die nur befehlen, was ausführbar ist. Sie allein geben ihren Untergebenen die Möglichkeit, sich mit den erhaltenen Befehlen zu identifizieren und wahrhaftig zu melden.“[138]

In Verbindung mit der Auftragstaktik wird die Idee in dieser Hinsicht also der modernen Kriegführung und der gegenwärtigen Auftragslage gerecht. Auch die Gestaltung der Inneren Ordnung gibt Soldaten aller Dienstgradgruppen durch die Beteiligung der Vertrauenspersonen, einem sinnvoll geregelten Beschwerderecht und eindeutig geregelter Vorgesetztenverhältnisse Rechtssicherheit, die im Rahmen der militärischen Erfordernisse der des nichtuniformierten Staatsbürgers entsprechen.

Trotz dieses Erfolges konnte die Idee des Staatsbürgers in Uniform nicht mit Leben gefüllt werden. Sie ist hinsichtlich der Themen Legitimation, Integration und Motivation keine Erfolgsgeschichte:

- Die als selbstverständlich empfundene Gestaltung der Inneren Ordnung wird nicht mit dem Staatsbürger in Uniform in Verbindung gebracht.

- Die in der Einleitung festgestellte Notwendigkeit der Debatte und die Ergebnisse einer Untersuchung zur Integrationssituation der Bundeswehr[139] belegen die schlechte Integration.

---

[138] BAUDISSIN, Wolf Graf von: Soldatische Tradition und ihre Bedeutung in der Gegenwart. Ohne Jahr. Ohne Ort. S. 19.

[139] Vgl. FRANKE, Jürgen: Wie integriert ist die Bundeswehr? Eine Untersuchung zur Integrationssituation der Bundeswehr als Verteidigungs- und Einsatzarmee. Baden Baden. 2012.

- Umfragen zur Berufszufriedenheit des Führerkorps der Bundeswehr belegen die schlechte Motivation im Allgemeinen.[140]

- Die breite Ablehnung z.B. des Engagements in Afghanistan durch die Bevölkerung ist zumindest ein Indiz für Schwierigkeiten hinsichtlich der Legitimation der Einsätze.

Wolf Graf von Baudissin hat die Umsetzung eines Konzeptes angestoßen, „das als einheitliches Gedankengebäude nicht existiert, sondern in vielen Gesetzen, Vorschriften, Reden und Schriften Eingang gefunden hat und heute noch fortgeschrieben wird."[141] Daraus ergibt sich eine Unklarheit, dessen Folge die oben beschriebene Erfolglosigkeit ist. Bis heute dienen Baudissins in vielen Texten und Reden verstreute Gedanken eher als »Steinbruch«, um die Ideen der Inneren Führung je nach politischer Fasson mal so, mal anders auszulegen.

So heißt es in einer Schrift, die 1995 vom Informations- und Pressestab des Verteidigungsministeriums zum Thema Innere Führung herausgegeben wurde, selbst »alte Hasen« hätten so ihre Schwierigkeiten zu erklären, was Innere Führung sei. Die Innere Führung ist als Führungsphilosophie nicht in den Köpfen der Soldaten verankert, sie fungiert eher als schmückendes »Gütesiegel«, das nicht nur in der praktischen Durchführung gescheitert ist, sondern auch in theoretischer Hinsicht an Halt verliert.[142]

---

[140] Vgl. z.B. STROHMEIER, Gerd: Militärische und zivile Führungskräfte bewerten die aktuelle Situation der Bundeswehr. Zielgruppenbefragung der TU Chemnitz im Auftrag des Deutschen BundeswehrVerbands (zweite Erhebungswelle), Chemnitz 2012. URL: http://www.tu-chemnitz.de/zielgruppenbefragung/ [letzter Abruf: 15.10.2013].

[141] HESSLER, Klaus: Einleitung. In: HESSLER, Klaus: Militär, Gehorsam, Meinung (Dokumente zur Diskussion in der Bundeswehr). Berlin. 1971. S. 8.

[142] Vgl. HAMANN, Rudolf: Abschied vom Staatsbürger in Uniform. Fünf Thesen zum Verfall der Inneren Führung. In: BALD, Detlef, FRÖHLING, Hans-Günther, GROSS, Jürgen, ROSEN, Claus Freiherr von: Zurückgestutzt, sinnentleert, unverstanden: Die Innere Führung der Bundeswehr. Hamburg. 2008. S. 29.

Die Idee des Staatsbürgers in Uniform als Verteidiger einer freiheitlichen Gesellschaft basierte auf drei Grundannahmen: (1) das Wissen des Menschen um seine sittliche Verpflichtung gegenüber einer transzendenten Größe, (2) die Möglichkeit, diese Verpflichtung theoretisch haltbar zu begründen und für die verschiedenen Bereiche menschlichen Zusammenlebens zu entfalten, und schließlich (3) die praktische Relevanz und Wirkmächtigkeit des Sittlichen innerhalb der menschlichen Gemeinschaft.[143]

Doch ein darauf aufbauendes Ethos verliert zusehends Halt und Macht. Die sittlichen Erwartungen an die freiheitlich-rechtlichen Bedingungen scheinen sich zu verflüchtigen, und so lässt sich die von Baudissin noch behauptete Grenze zwischen Gut und Böse, zwischen Freund und Feind kaum noch ziehen. Die Frage nach dem Ethos des deutschen Soldaten verlangt sichtlich nach einer veränderten Antwort.[144]

Zu diesem innenpolitischen Wandel gesellt sich der außen- und sicherheitspolitische, den Wiesendahl im eingangs erwähnten Essay auf den Punkt bringt: „Mit dem Auslaufen der Landesverteidigung und dem Beginn der weltweiten Einsätze sei mit dem geborenen Vaterlandsverteidiger kein Staat mehr zu machen."[145] Wiesendahl hat also Recht, wenn er schreibt, dass die Bundeswehr mit ihrer „überholten Identität als Verteidigungsarmee den neuen Herausforderungen einer Einsatzarmee" nicht gerecht werden kann, Gewiss-

---

[143] BOHN, Jochen: Die Grenzen des Menschenrechts und das Ethos des Soldaten. Überlegungen zur Haltbarkeit einer Idee. In: BOHRMANN, Thomas, LATHER, Karl-Heinz, LOHMANN, Friedrich: Handbuch Militärische Berufsethik. Band 1: Grundlagen. 2 Bände. Wiesbaden. 2013. S. 399f.

[144] BOHN, Jochen: Die Grenzen des Menschenrechts und das Ethos des Soldaten. Überlegungen zur Haltbarkeit einer Idee. In: BOHRMANN, Thomas, LATHER, Karl-Heinz, LOHMANN, Friedrich: Handbuch Militärische Berufsethik. Band 1: Grundlagen. 2 Bände. Wiesbaden. 2013. S. 401.

[145] WIESENDAHL, Elmar: Athen oder Sparta. Bundeswehr quo vadis? Bremen. 2010. S. 33.

heiten und Denkweisen der vergangenen Epoche also abzulegen sind.[146]

Fragwürdig ist jedoch seine Methode: Er konstruiert zwei vermeintliche Denkschulen innerhalb der Bundeswehr, Athen und Sparta, von denen er erstere in den leuchtendsten und letztere in finstersten Farben darstellt.

Wiesendahls Athen und Sparta

In seinem Essay „Athen oder Sparta – Bundeswehr quo vadis?" begründet der ehemalige Direktor der Führungsakademie der Bundeswehr ausführlich und nachvollziehbar die Schwächen und die fehlende Aktualität des Konzepts der Inneren Führung. Im Anschluss beschreibt er die aktuelle Einsatzwirklichkeit, entwirft ein Idealbild des „neuen Soldaten im Einsatz"[147] und kommt dann zum wesentlichen Abschnitt des Textes, in dem er die von ihm ausgemachten »geistigen Denkschulen in der Bundeswehr« vorstellt und mit den Begriffen Athen und Sparta belegt. Er stellt auch dar, welche Grundvorstellungen er mit den Schlagworten verbindet:

Athen stehe…

> …als Inbegriff für ein demokratisch legitimiertes, weltoffenes, republikanisch gesonnenes bürgerliches Gemeinwesen. Historisch bildete Athen eine republikanische Polis mit Bürgersoldaten und auf Zeit gewählten Heerführern bzw. Strategen.[148]

Sparta hingegen liefere…

> …das Sinnbild einer Kriegergesellschaft. Den historischen Wurzeln nach steht Sparta für eine auf

---

[146] Vgl. WIESENDAHL, Elmar: Athen oder Sparta. Bundeswehr quo vadis? Bremen. 2010. S. 6.

[147] WIESENDAHL, Elmar: Athen oder Sparta. Bundeswehr quo vadis? Bremen. 2010. S. 25.

[148] WIESENDAHL, Elmar: Athen oder Sparta. Bundeswehr quo vadis? Bremen. 2010. S. 38.

sich selbst bezogene, umweltverschlossene Land-
macht mit kultureller und politischer Zentralität
des Militärischen. Dem spartanischen Ideal des
Soldaten nach speist sich dessen Identität aus der
Essenz des Kämpfers.[149]

Einerseits ist es legitim, Begriffe zum Gebrauch in einer philosophischen Herleitung neu zu definieren, zumal Wiesendahl von »Inbe-
griff« und »Sinnbild« schreibt. Andererseits wirkt diese stark verein-
fachte Kontrastierung auch ohne Geschichtskenntnisse über das
antike Griechenland unglaubwürdig, z.B. beim Gedanken an das
athenische Hegemonialstreben oder beim Gedanken daran, dass
auch in Sparta Bürgersoldaten gekämpft haben. So beurteilt etwa
Martin van Creveld das Verhältnis anders. Die Athener Demokratie
sei nach Thukydides Beschreibung »fiebrig« gewesen, zudem instabil
und von zum Krieg entschlossenen Demagogen beeinflusst. Sparta
jedoch „hatte nicht nur Könige, sondern war seinem Charakter nach
auch immer aristokratischer als Athen. Zum Teil deswegen, aber
auch aus anderen Gründen war es für sein Zögern bekannt, Krieg zu
führen."[150]

Doch Wiesendahl verstärkt die Kontrastierung noch: Wäh-
rend in Athen „das Politische im Mittelpunkt der Herleitung alles
Militärischen und des Selbstverständnisses des Soldaten"[151] stehe,
starrten die Spartiaten der Bundeswehr mit „Tunnelblick auf die
Vorbereitung und Durchführung des Gefechts"[152]. Den athenischen
Akteuren gehe es „nicht darum, im Krieg zu obsiegen, sondern ei-

---

[149] WIESENDAHL, Elmar: Athen oder Sparta. Bundeswehr quo vadis? Bremen.
2010. S. 43.

[150] CREVELD, Martin van: Kriegs-Kultur. Warum wir kämpfen: Die tiefen Wurzeln bewaffneter Konflikte. Graz. 2011. S. 277.

[151] WIESENDAHL, Elmar: Athen oder Sparta. Bundeswehr quo vadis? Bremen.
2010. S. 38.

[152] WIESENDAHL, Elmar: Athen oder Sparta. Bundeswehr quo vadis? Bremen.
2010. S. 43.

nen Beitrag zum Gewinn des Friedens zu leisten"[153], während die Spartiaten dem Konzept vernetzter Sicherheit keinerlei Beachtung schenkten, und der Kampf „emphatisch zum Ausgangs- und Endpunkt allen Strebens und Denkens"[154] werde. Der athenische Bundeswehr-Soldat sei ein Treuhänder für Sicherheit, dem Spartaner jedoch bleibe Schützen, Vermitteln und Helfen lebensfremd.[155]

Während die Athener also das Konzept des Staatsbürgers mit der Motivation des überzeugten Demokraten der gegenwärtigen Einsatzlage anpassten,[156] sei den Spartiaten „die Rückkehr zu den vordemokratischen militärgesellschaftlichen Mythen der Wertelite, der Standesehre, von monarchischem Staat, von Volk, Rasse, Vaterland verbaut, genauso wie der Heldentod auf dem Feld der Ehre."[157] Sparta reiße „all die Dämme ein, die durch die von Baudissin geprägte Innere Führung gegen eine auf sich selbst bezogene und aus sich generierte Kämpferideologie errichtet wurden."[158]

Damit lässt Wiesendahl keinen Zweifel daran, welcher Typus moralisch und ästhetisch überlegen bzw. welcher Typus hoffnungslos rückwärtsgewandt ist und hinsichtlich Rassismus und Nationalismus auch immer ein wenig gefährlich bleibt. Letztlich ist es eine Trennung zwischen Gut und Böse. Seine Konstruktion ist eine Pathologisierung der als Zeugen Spartas vernommenen Autoren: Hans-Otto Budde, Rolf von Uslar, Fritz Zwicknagel und Christian Trull fallen als ernstzunehmende Diskussionspartner aus; und – schlim-

---

[153] WIESENDAHL, Elmar: Athen oder Sparta. Bundeswehr quo vadis? Bremen. 2010. S. 39.

[154] WIESENDAHL, Elmar: Athen oder Sparta. Bundeswehr quo vadis? Bremen. 2010. S. 43f.

[155] WIESENDAHL, Elmar: Athen oder Sparta. Bundeswehr quo vadis? Bremen. 2010. S. 45.

[156] Vgl. WIESENDAHL, Elmar: Athen oder Sparta. Bundeswehr quo vadis? Bremen. 2010. S. 42.

[157] WIESENDAHL, Elmar: Athen oder Sparta. Bundeswehr quo vadis? Bremen. 2010. S. 47.

[158] WIESENDAHL, Elmar: Athen oder Sparta. Bundeswehr quo vadis? Bremen. 2010. S. 50.

mer noch – die Soldaten, deren Selbstbild sich durch die Einsatzerfahrung dem vermeintlichen Sparta annähert,[159] werden ebenso pathologisiert, obwohl ja gerade sie zu denen gehören, die große Opfer gebracht haben.

Diese Dichotomie schadet der Diskussion, denn wer als Demokrat innerhalb seiner griffigen Kategorien bleibt, kann sich letztlich nur für Wiesendahls Athen entscheiden. Doch auch nach einer möglichen Entscheidung für Athen tut sich ein Widerspruch auf. Einerseits lehnt er das vermeintlich elitäre Kastendenken der Spartiaten ab, von den Athenern verlangt er jedoch Folgendes:

- Die Fähigkeit zur Androhung und Ausübung militärischer Gewalt, das jedoch nur als Beitrag zum Gewinn des Friedens;
- er soll seiner Aufgabe einen »höheren Sinn« abgewinnen, den er in abstrakten Werten wie Menschenwürde, Freiheit, Gleichheit, Gerechtigkeit, Solidarität und Demokratie erkennen soll;
- ein „hohes Maß an Bildung und Reflektiertheit, politische Urteilskraft, geistige Orientierungssicherheit, vorurteilsfreies interkulturelles Einfühlungsvermögen und ein festes ethisches Fundament"[160];
- außer der Rolle des Kämpfers die Fähigkeit zu der des technischen Aufbauhelfers, des Sozialarbeiters, des Polizisten und des Diplomaten;
- vom Offizier: Beherrschung des militärischen Handwerks, Kenntnisse und Fähigkeiten auf dem Gebiet der Wissenschaften, der Politik und der Diplomatie;
- „Einfühlungsvermögen und Empathie, diplomatisches Fingerspitzengefühl, Offenheit und Toleranz,

---

[159] OTTO, Wolfgang: Das Selbstverständnis des Soldaten. Chancen und Risiken. In: Der Panzergrenadier (30). 2011. S. 8.

[160] WIESENDAHL, Elmar: Athen oder Sparta. Bundeswehr quo vadis? Bremen. 2010. S. 40.

Kommunikations- und Kontaktfreude, interkulturelle Kompetenz, Ambiguitäts- und Frustrationstoleranz, Reflexions-, Kritik- und ausgeprägtes Urteilsvermögen"[161].

Das ist die Beschreibung einer außerordentlich leistungsstarken Elite, zumal einer solchen, die nicht etwa für konkret fassbare Dinge kämpft, wie Wohlstand oder das eigene Territorium, sondern für Ideen – was einen festen Glauben an den Sinn des Opfers abverlangt. Mit diesen Anforderungen adelt er das Militär und trennt es somit vom Gemeinwesen, weil diese Anforderungen an eine breite Masse nicht zu stellen sind, womit er dem Leitziel der Integration widerspricht, es aber gleichzeitig für sich in Anspruch nimmt. Mit der Verwirklichung dieser Anforderungen käme die Bundeswehr einer Wächterkaste gleich, was Wiesendahl letztlich auch selbst schreibt: Der Soldat ist Diener und Verantwortungsträger der Polis, er ist „Treuhänder der politischen Gemeinschaft, um Menschen vor dem Einwirken kollektiver Gewalt zu schützen."[162]

Symptomatisch dafür mag seine Bezeichnung für diesen Typus als „neuer Soldat"[163] sein, eine idealistische Vorstellung, die ganz nach der des „Neuen Menschen"[164] klingt: Eine Lebensform, die faktisch nicht erreicht werden kann, aber immer das Ziel politischer Ideologien ist.

Wiesendahls Dichotomisierung in Form von Überhöhung der eigenen und Pathologisierung der anderen Vorstellung ist also nicht nur unzweckmäßig im Sinne einer ergebnisoffenen Debatte. Beides nimmt den Menschen nicht ernst: Den einen nicht in seinem Standpunkt, den anderen nicht in seinem Bedürfnis auf „irdische

---

[161] WIESENDAHL, Elmar: Athen oder Sparta. Bundeswehr quo vadis? Bremen. 2010. S. 42.

[162] WIESENDAHL, Elmar: Athen oder Sparta. Bundeswehr quo vadis? Bremen. 2010. S. 40.

[163] Vgl. WIESENDAHL, Elmar: Athen oder Sparta. Bundeswehr quo vadis? Bremen. 2010. S. 25.

[164] Vgl. KÜENZLEN, Gottfried: Der Neue Mensch. Eine Untersuchung zur säkularen Religionsgeschichte der Moderne. München. 1994.

Bezugspunkte"[165], nämlich der anhand konkreter Interessen festgemachten Ziele des Einsatzes.[166] Wiesendahls Versuch, anhand deutlicher Schlagworte eine klare Philosophie zu schaffen, ist prinzipiell richtig und notwendig, seine Konstruktion der beiden Denkschulen ist allerdings widersprüchlich. Die von ihm favorisierte Denkschule Athen zeichnet ein idealistisches Soldatenbild, das aufgrund seiner Nichterreichbarkeit an der Realität scheitern muss.

Persönliche Anmerkungen

Wiesenthals Dichotomie kann jedoch für eine realitätsbezogene akademische Diskussion brauchbar gemacht werden, wenn man sie als überspitzt dargestellte Idealtypen benutzt. Zwischen ihnen spielt sich eine facettenreiche Realität ab, die immer nur eine Tendenz in diese oder jene Richtung aufweist. Es bedürfte einer langen Diskussion und gewissenhaften Operationalisierung der philosophischen Richtungen innerhalb des Militärs, um sinnvoll darüber zu diskutieren, mit welcher Intensität diese Tendenz in welche Richtung zeigen sollte.

Ich weiß jedoch, dass ich nicht wie der Idealtyp Athen für „Menschenwürde, Freiheit, Gerechtigkeit, Gleichheit, Solidarität und Demokratie"[167] in fremden Ländern kämpfen möchte. Das möchte ich vor allem deshalb nicht, weil ich daraus eben nicht die Gewissheit beziehe, etwas „zutiefst sittlich Gutes, ethisch-moralisch Gerechtfertigtes und politisch Notwendiges zu tun"[168]. Dafür sind diese Dinge viel zu abstrakt und beliebig interpretierbar. Ich weiß aber

---

[165] KARST, Heinz: Das Bild des Soldaten. Versuch eines Umrisses. Boppard am Rhein. 1964. S. 56.

[166] Vgl. KÜENZLEN, Gottfried: Kämpfer in postheroischer Zeit? Leitbilder für deutsche Soldaten zwischen Vision und Illusion, in: BÖCKER, Martin, KEMPF, Larsen, SPRINGER, Felix: Soldatentum. Auf der Suche nach Identität und Berufung der Bundeswehr heute. München 2013. S. 118.

[167] Vgl. WIESENDAHL, Elmar: Athen oder Sparta. Bundeswehr quo vadis? Bremen. 2010. S. 40

[168] WIESENDAHL, Elmar: Athen oder Sparta. Bundeswehr quo vadis? Bremen. 2010. S. 40.

auch, dass ich nicht wie der Idealtyp Sparta um des Kämpfens willen kämpfen möchte. Darauf habe ich keinen Eid geleistet.

Hin und wieder werde ich gefragt, warum ich als Zeitsoldat meinen zwölfjährigen Militärdienst absolviere. Die Antwort ist kompliziert; wie soll man auch die Gemengelage der eigenen Motivation auseinanderdividieren und geordnet darlegen? Der Wunsch nach Dienst am Gemeinwesen ist nur ein Antrieb neben einigen anderen, privaten, mitunter nicht so hehren Zielen, womöglich ist er auch mit dem Streben nach Sozialprestige verbunden.

Trotzdem ist dieser Wunsch relevant. Er bezieht sich auf das Gemeinwesen der deutschen Nation, der ich nur dann dienen kann, wenn die Einsätze zur Verwirklichung deutscher Interessen dienen – und das auch im weiteren Sinne. Mein soldatisches Selbstbild orientiert sich nicht an der unbeständigen Lage in den Einsatzländern, sondern versucht Kraft zu ziehen aus dem, was hier ist. Man könnte es die Denkschule Deutschland nennen: Sie kennt den interessengeleiteten Grund ihres Dienens und orientiert sich in militärischer Hinsicht pragmatisch und im Sinne der Sache an dem, was ist.

Anhang

Glossar/Abkürzungsverzeichnis

AGA/Allgemeine Grundausbildung Für alle Soldaten grundlegender Lehrgang, welcher zu Beginn der militärischen Laufbahn die Grundbefähigung zum infanteristisch geführten Gefecht herstellt.

August Neidhardt von Gneisenau 27.10.1760 bis 23.08.1831; Preußischer Generalfeldmarschall und Militärreformer, welcher maßgeblich an der Preußischen Heeresreform von 1807 bis 1814 beteiligt war.

BFD/Berufsförderungsdienst Dienstleistungsinstitution der Bundeswehr, welche die bessere Eingliederung von Zeit- und Berufssoldaten in das zivile Erwerbsleben unterstützt, z.B. in Form von Weiterbildungsangeboten oder finanziellen Übergangshilfen.

Carl von Clausewitz 01.07.1780 bis 16.11.1831; Preußischer General und Militärtheoretiker, war maßgeblich an der Preußischen Heeresreform von 1807 bis 1814 beteiligt; aus seiner Feder stammt u.a. das Werk „Vom Kriege", welchem auch in der Gegenwart noch große Bedeutung für Taktik und Strategie innerhalb der Führung von Streitkräften beigemessen wird.

Dienstherr Gem. § 2 Bundesbeamtengesetz und § 2 Beamtenstatusgesetz die beamtenrechtliche Bezeichnung für eine juristische Person des öffentlichen Rechts (Körperschaft, Anstalt oder Stiftung), die das Recht hat, Beamte zu beschäftigen; im Jargon von Soldatinnen und Soldaten häufig als Synonym für die Bundeswehr verwandt.

EAKK/Einsatzvorbereitende Ausbildung zur Krisenbewältigung und Konfliktverhütung Militärische Ausbildung, welche speziell auf Stabilisierungsoperationen vorbereitet und deren Bestandteil daher insbesondere »Schutzaufgaben« darstellen, wie z.B. die Errichtung von Checkpoints oder die Personenkontrolle.

FDGO/Freiheitlich-Demokratische Grundordnung Die Freiheitlich-Demokratische Grundordnung bezeichnet die Kernsubstanz des Verfassungsrechts sowie die Grundprinzipien der politischen Ordnungs- und Wertvorstellungen, auf denen die liberale und rechtsstaatliche Demokratie in Deutschland beruht. Die FDGO findet ihre Verankerung im Grundgesetz. Jeder Soldat schwört, sie tapfer zu verteidigen.

Gebhardt Leberecht von Blücher 16.12.1742 bis 12.09.1819; Preußischer Generalfeldmarschall, trug bei der „Schlacht von Waterloo" am 18.06.1815 zum Sieg gegen Napoleon bei und avanciert dadurch zum europäischen Kriegshelden.

Gerhard von Scharnhorst 12.11.1755 bis 28.06.1813; preußischer General und Heeresreformer, kann als federführend für die Preußische Heeresreform von 1807 bis 1814 angesehen werden.

GrpFhr/Gruppenführer Bezeichnet den Führer einer militärischen Einheit in Größe einer Gruppe, was z.B. in der Infanterie bis zu 12 Soldaten bedeutet, in der Panzertruppe zwei Kampfpanzer.

Grüne Woche (max) Ausbildungsabschnitt innerhalb des Studiums im Studentenfachbereich B (Geistes- und Sozialwissenschaften) an der Bundeswehruniversität in Hamburg, welche sich über eine Woche erstreckt. Innerhalb dieser Woche sollen auf dem Truppenübungsplatz militärische Grundfertigkeiten aufgefrischt werden, wobei besonders das Gruppengefechtsschießen und – damit einhergehend – das Führen einer militärischen Einheit in Truppstärke (4 Soldaten) auf dem Gefechtsfeld im Vordergrund stehen.

GTK Boxer Gepanzertes Transportfahrzeug der Bundeswehr mittlerer Gewichtsklasse (ca. 25t in der Basiskonfiguration).

Heeresmusikkorps Orchester der Bundeswehr, hier der Teilstreitkraft bzw. des Organisationsbereiches Heer; es existieren auch Musikkorps der Luftwaffe und der Marine.

Hermann von Boyen 23.06.1771 bis 15.02.1848; preußischer Generalfeldmarschall und Kriegsminister; maßgeblich beteiligt an der Preußischen Heeresreform 1807 bis 1814.

HQ/Hauptquartier logistisches Planungs-, Befehls- und Koordinationszentrum.

HSU/UniBwH Helmut-Schmidt-Universität/Universität der Bundeswehr Hamburg; eine von zwei Bundeswehr-Universitäten, an denen vorrangig deutsche Offiziere akademisch ausgebildet werden.

IED/Improvised Explosive Device Selbstgebaute Sprengfalle, welche häufig ferngezündet wird und zumeist nur sehr schwer aufzuklären ist.

IGF-Leistung Steht für Leistungen im Bereich der Infanteristischen Grundfertigkeiten, wozu z.B. Gepäckmärsche oder Schießfertigkeiten gehören.

Innere Führung Auf Wolf Graf von Baudissin und die Arbeit des »Amts Blank« zurückgehende Führungskonzeption der Bundeswehr, die sich am Leitbild des »Staatsbürgers in Uniform« orientiert und in der Zentralen Dienstvorschrift (ZDv) 10/1 dargestellt ist; seit den gefährlicher werdenden Auslandseinsätzen für die Bundeswehr ist eine Debatte um die Gültigkeit der Konzeption entbrannt, die im regelmäßig erscheinenden »Jahrbuch Innere Führung« nachverfolgt werden kann.

ISAF/International Security Assistance Force NATO-Einsatz in Afghanistan, welcher 2001 nach Zustimmung des Sicherheitsrates der Vereinten Nationen ratifiziert wurde. Seit 2001 beteiligt sich auch die Bundeswehr an ISAF; insgesamt sind bis zu 52.000 Soldaten aus etwa 40 Ländern an ISAF beteiligt; Auftrag ist es, die afghanische Regierung bei der Wahrung der Menschenrechte, der Herstellung und Wahrung der inneren Sicherheit, der Auslieferung von Hilfsgütern und der geregelten Rückkehr von Flüchtlingen zu unterstützen. Sie soll vor allem sicherstellen, dass sowohl die afghanischen Staatsorgane als auch die Vereinten Nationen in einem sicheren Umfeld arbeiten können.

Kamerad Pferd Schöngeistige, wertschätzende Darstellung des Pferdes als Kriegsgenosse.

Kavallerie Berittene, also zu Pferd kämpfende Waffengattung der Landstreitkräfte.

KDV/Kriegsdienstverweigerung Zu Zeiten des Grundwehrdienstes die Möglichkeit, den Wehrdienst auf Grund moralischer Bedenken nicht anzutreten und stattdessen Ersatzdienst zu leisten; in der Gegenwart die Möglichkeit für bereits aktive Soldaten, unter Nachweis moralischer Probleme mit dem Tätigkeitsfeld des Soldaten aus den Streitkräften auszutreten.

Kompanie Organisationseinheit der Bundeswehr innerhalb von Bataillonen, wiederum gegliedert in Züge.

KSK/Kommando Spezialkräfte Spezialverband der Bundeswehr, welcher 1996 für die weltweite Erfüllung spezieller Aufgaben geschaffen wurde. Dazu zählen Evakuieren deutscher Staatsbürger, Retten und Befreien aus Geiselsituationen und Gefangenschaft, Schutz von Personen und Einrichtungen in besonderen Situationen, Gewinnen von Schlüsselinformationen in Krisen- und Konfliktregionen, Kampfeinsätze gegen Ziele mit hoher Priorität und Abwehr von Terror.

K.u.K. Kaiserlich und Königlich; Abkürzung für Österreich-Ungarn, vor allem im Ersten Weltkrieg.

Live Guards Regiment Schwedisch: Livgardet; Kavallerie/Infanterieregiment der schwedischen Armee.

Mannschaften in der Bundeswehr häufig gebrauchte Kurzform für die rangniedrigste Laufbahn- und Dienstgradgruppe im deutschen Militär, die der Mannschaftssoldatinnen und -soldaten.

MILAN/Missile d'Infanterie Legér Antichar Deutsch-Französische Panzerabwehrlenkwaffe, welche in einer Reichweite von 300m bis 1950m in der Lage ist, Gefechtsfahrzeuge sämtlicher Schutzstufen bis hin zum Kampfpanzer zu vernichten.

Mohammed Ca. 570 n.Chr. bis 08.06.632; gilt im Islam als Prophet, welcher das Wort Gottes in Form des Koran empfangen hat.

MP7/Maschinenpistole 7 Maschinenpistole der Bundeswehr im Kaliber 4,6mm

MSM/Marineschule Mürwik Offizierschule der Deutschen Marine in Flensburg-Mürwik.

nSAK/Neues Schießausbildungskonzept Anpassung der Schießausbildung an den Handwaffen der Bundeswehr an die Erfahrungswerte aus dem Einsatz, also insbesondere verstärkte Ausbildung der Schussabgabe auf Kurzdistanzen bis 27m und die Abkehr von der gezielten Ausbildung des Präzisionsschusses auf bis zu 300m, welcher auf Bedingungen des Kalten Krieges basiert.

OA Offizieranwärter.

OA-Btl/Offizieranwärterbataillon Zentrale Einrichtungen in Hammelburg und Munster, an welchen sämtliche Offizieranwärter des Heeres zusammengefasst und nicht truppengattungsspezifisch ausgebildet werden.

OAL/Offizieranwärterlehrgang Wird in den Offizieranwärterbataillonen durchgeführt; erstreckt sich über sechs Monate und enthält neben der Vermittlung militärischer Grundfertigkeiten bis zur Ebene des Gruppenführers auch wehrrechtliche Elemente sowie die Vermittlung moralisch-ethischer Werte.

OKH Oberkommando des Heeres im Zweiten Weltkrieg

OKW Oberkommando der Wehrmacht im Zweiten Weltkrieg

OL 1/Offizierlehrgang 1 Für die Offizieranwärter des Heeres folgt dieser Lehrgang nach dem Offizieranwärterlehrgang und vor dem Eintritt ins Studium an der Offizierschule des Heeres in Dresden. Er erstreckt sich über drei Monate und beinhaltet die Prüfungsfächer Wehrrecht, Führung im Einsatz, Militärgeschichte, Politische Bildung sowie Sport. Das Bestehen ist Voraussetzung für die spätere Beförderung zum Leutnant.

OL3/Offizierslehrgang 3 Ein Lehrgang, der nach dem Studium in unterschiedlichen Ausbildungseinrichtungen des Heeres erfolgt. Der OL3 erstreckt sich über ca. 1,5 Jahre und beinhaltet die truppengattungsspezifische Ausbildung der jungen Offiziere, also deren Ausbildung an den spezifischen Waffensystemen sowie die Befähigung zum Führen von militärischen Organisationseinheiten bis zur Ebene eines Zuges unter Gefechtsbedingungen.

OMLT/Operation Mentoring and Liaision Team Einheiten, welche als Ausbilder und Betreuer der afghanischen Sicherheitskräfte im Rahmen von ISAF fungieren und diese begleiten sowie ihnen beratend zur Seite stehen.

OPZ/Offizierbewerberprüfzentrale Zentrales Assessment-Center der Bundeswehr, in dem Bewerber für die Offizierlaufbahn auf ihre charakterliche, psychische und physische Eignung geprüft werden; inzwischen umbenannt in Assessmentcenter für Führungskräfte der Bundeswehr (ACFüKrBw)

OSH/Offizierschule des Heeres Zentrale Ausbildungsstätte der Bundeswehr für die Offiziere des Heeres in Dresden.

OSLw/Offizierschule der Luftwaffe Zentrale Ausbildungsstätte für den Offiziernachwuchs der deutschen Luftwaffe in Fürstenfeldbruck.

P8 Pistole der Bundeswehr im Kaliber 9mm

Preußische Reformen Reformen, die nach der Niederlage Preußens gegen Napoleon ab 1807 initialisiert und bis 1814 fortgesetzt worden. Die Preußischen Reformen untergliederten sich in eine Staatsreform, eine Bildungs- und eine Militär- oder Heeresreform. Innerhalb der Staatsreform wurden entscheidende Maßnahmen wie z.B. die Freiheit des Eigentums oder auch der Fortfall des Zunftzwanges und die Aufhebung der Erbuntertänigkeit der Bauern verabschiedet, innerhalb der Bildungsreform wurde die Freiheit der Forschung und Lehre sowie ein neues Schulsystem etabliert. Den Kernpunkt der Reformen bildete jedoch die Heeresreform, welche das Heer reorganisierte. Dabei lag besonders die Offizierausbildung im Schwerpunkt, welche nun auf Eignung, Leistung und Befähigung ausgerichtet wurde. Das Adelsprivileg wurde folgerichtig aufgehoben und die mittlere Reife oder das Abitur Voraussetzung für den Eintritt in die Offizierlaufbahn. Auch Kriegsartikel wurden reformiert, u.a. drakonische Strafen aus dem Militär verbannt. Zudem wurde die allgemeine Wehrpflicht, ab 1808 in Form des Krümpersystems, ab 1813 offiziell, eingeführt. Die Preußischen Reformen bilden in der Gegenwart eine der drei Säulen des Traditionsverständnisses der Bundeswehr.

PUMA Neuer Schützenpanzer der Bundewehr in modularer Bauweise, welcher ab 2015 den ehemaligen Schützenpanzer MARDER ersetzen wird. Das Gewicht in der Grundkonfiguration beträgt 31,45t, womit er im Airbus A400M luftverladbar wird.

PzGrenFw/Panzergrenadierfeldwebel Soldat in der ersten Stufe der Dienstgradgruppe der Portepeeunteroffiziere in der Truppengattung der Panzergrenadiere.

PzGrenKp/Panzergrenadierkompanie Militärische Organisationseinheit in der Größenordnung Kompanie innerhalb der Truppengattung der Panzergrenadiere

PzGrenTr/Panzergrenadiertruppe Mechanisierte Infanterie der Bundeswehr. Truppengattung, welche sich dadurch auszeichnet, dass sie sowohl abgesessen infanteristisch als auch aufgesessen kämpft, wobei sie auf das Waffensystem des Schützenpanzers MARDER zurückgreift, der ab 2015 ersetzt durch den Schützenpanzer PUMA wird; die Panzergrenadiertruppe arbeitet eng mit der Panzertruppe zusammen, um deren Stoßkraft sicherzustellen.

PzTr/Panzertruppe Truppengattung der Bundeswehr, welche lediglich aufgesessen kämpft und dabei auf das Waffensystem Kampfpanzer LEOPARD 2 zurückgreift. Die Panzertruppe zeichnet sich durch Beweglichkeit, Feuerkraft und Panzerschutz aus, sie wird vorrangig gegen feindliche Panzerkräfte eingesetzt und ist durch ihre Vielseitigkeit und Reaktionsfähigkeit in der Lage, Entscheidungen im Gefecht herbeizuführen; die Panzertruppe ist auf die Zusammenarbeit mit den Panzergrenadieren angewiesen.

G36-S9 (WÜ) Wertungsübung mit dem Gewehr G36. Eine Übung, welche in Bronze, Silber oder Gold bestanden werden kann. Sie wird normalerweise mindestens einmal pro Jahr geschossen und entscheidet darüber, in welcher Stufe das jährlich zu erneuernde Leistungsabzeichen verliehen wird.

SaS/Soldat außerhalb der Streitkräfte Sonderstatus für Soldaten, welche in Behörden und Dienststellen der Bundeswehr verwendet werden und daher aus der Befehlskette der Streitkräfte herausgelöst werden. Verabschiedet durch den Bundesminister der Verteidigung am 01.04.2012.

SAusbZg/Schießausbildungszug Freiwilligengemeinschaft zur Sicherstellung militärischer Ausbildung an der Helmut-Schmidt-Universität/Universität der Bundeswehr Hamburg.

Schlacht von Jena und Auerstedt Schlacht Preußens gegen Frankreich am 14.10.1806, welche mit der vernichtenden Niederlage Preußens endete; der katastrophale Verlauf der Gefechte (eigentlich zwei Schlachten, deshalb oft auch die Rede von der „Doppelschlacht" bei

Jena und Auerstedt) ebnete den Weg für die Initialisierung der Preußischen Reformen.

SOP/Standard Operating Procedure Regelt anzuwendende Verfahren, insbesondere in Missionen internationaler Beteiligung; es soll auf Grund unterschiedlicher konzeptioneller Vorgehensweisen ein gemeinsames Verständnis für Zuständigkeiten, Kompetenzen und Zusammenarbeit geschaffen werden.

SS/Schutzstaffel Politisch motivierter Kampfverband im Nationalsozialismus, welcher sich in Waffen-SS und Totenkopfverbände gliederte; die Waffen-SS stand während des Krieges nahezu in Konkurrenz zur Wehrmacht; auf Grund der hohen Beteiligung der SS, insbesondere der Totenkopfverbände, an den nationalsozialistischen Verbrechen wurde die SS im Rahmen der Nürnberger Prozesse zur verbrecherischen Organisation erklärt.

Studentenfachbereich B Teilbereich der militärischen Verwaltung an der Universität der Bundeswehr Hamburg, zuständig für studierende Offizieranwärter und Offiziere im Bereich der Geistes- und Sozialwissenschaften (Geschichte, Bildungs- und Erziehungswissenschaften, Psychologie).

Taktischer Rettungszug Freiwilligengemeinschaft zum Erhalt militärischer Fähigkeiten im Studentenfachbereich C (Wirtschafts- und Sozialwissenschaften) der Helmut-Schmidt-Universität/Universität der Bundeswehr Hamburg. Inhaltlich wird sich u.a. der taktischen Notfallversorgung und dem Führungstraining gewidmet.

Wassili Danilowitsch Sokolowski 21.07.1897 bis 10.05.1968; sowjetischer Marschall und Militärtheoretiker; aus seiner Feder stammt bspw. das Werk »Militärstrategie«.

ZDv/Zentrale Dienstvorschrift Interne, übergeordnete Dienstvorschrift der Bundeswehr, die für alle Teilstreitkräfte bzw. Organisationsbereiche Gültigkeit besitzt.

ZgFhr/Zugführer Führer einer militärischen Organisationseinheit in der Größenordnung des Zuges, also über der Gruppe und unterhalb der Kompanie anzusiedeln; planmäßige Verwendung von Oberleutnanten nach Abschluss des OL3.

Zg/Zug Organisationseinheit der Bundeswehr innerhalb von Kompanien, wiederum aufgegliedert in Gruppen; ein infanteristischer Zug besteht bspw. aus etwa 40 Soldaten, ein Zug der Panzertruppe umfasst vier Kampfpanzer.

z.b.V./zur besonderen Verfügung/Verwendung Akronym im militärischen Bereich für eine Position außerhalb der üblichen Hierarchie.

Geleitwortautorenverzeichnis

Oberst Artur Schwitalla wurde 1954 geboren. Er trat seinen Dienst im Jahre 1975 im Panzergrenadierlehrbataillon 92 in Munster an. In seiner nunmehr 39 Jahre zählenden Laufbahn durchlief Oberst Schwitalla eine Vielzahl an Führungspositionen, begonnen beim Gruppenführer über den Zugführer, Kompaniechef und Taktiklehrer bis hin zum Dezernatsleiter und Kommandeur. Dabei verdiente er sich zahlreiche Orden und Ehrenzeichen, u.a. das Ehrenkreuz der Bundeswehr in Gold. 2006/2007 war Oberst Schwitalla als Kommandeur des Provincial Reconstruction Teams (PRT) Feyzabad in Afghanistan. Seine Eindrücke und Erfahrungen aus dieser Zeit hielt er in seinem Buch »Afghanistan, jetzt weiß ich erst...« fest. Derzeitig ist Oberst Schwitalla General der Panzertruppen.

Stabsfeldwebel Jan Hecht wurde 1974 geboren. Er trat seinen Dienst 1994 in der 3./Panzergrenadierbataillon 391 an. Stabsfeldwebel Hecht war in zahlreichen Verwendungen tätig, u.a. als Zugführer sowie als Multimedia Journalist in den Allied Joint Force Command Headquarters in Brunssum in den Niederlanden. Für seine Einsätze als im Rahmen von SFOR, KFOR und ISAF erhielt er die jeweiligen Einsatzmedaillen. Darüber hinaus wurde er mit der Einsatzmedaille Stufe Gefecht geehrt. Eine herausragende Würdigung seiner Leistungen als Zugführer während eines Gefechtes in Afghanistan stellt die Verleihung der höchsten Auszeichnung der Bundeswehr – des Ehrenkreuzes der Bundeswehr für Tapferkeit – dar. Diese Medaille wurde bisher nur 29 mal verliehen (Stand: Anfang Oktober 2014). Derzeitig verrichtet Stabsfeldwebel Hecht seinen Dienst als Panzergrenadierfeldwebel im Ausbildungskommando Heer. Er hat zahlreiche Beiträge zum Thema »Bundeswehr in Afghanistan« publiziert.

Stabsgefreiter Johannes Clair wurde 1985 geboren. Nach Erhalt seines Abiturs leistete er seinen Wehrdienst und verpflichtete sich danach als Soldat auf Zeit für weitere vier Jahre bei der Bundeswehr. Eingesetzt als Fallschirmjäger in der Division Spezielle Operationen nahm er 2010/2011 im Rahmen der ersten Task Force Kunduz in Afghanistan am ISAF-Einsatz teil, wobei er mehrfach in Gefechte verwickelt wurde. Seine Erlebnisse schrieb Clair in seinem Buch »Vier Tage im November« nieder, welches zum Bestseller avancierte. Im Jahre 2013 nahm er an der ZDF-Dokumentation »Auf der Flucht – Das Experiment« teil, die mit dem Deutschen Fernsehpreis ausgezeichnet wurde. Derzeitig engagiert sich Clair intensiv auf ehrenamtlicher Basis in der Veteranenarbeit und hat in diesem Zusammenhang den Posten des stellvertretenden Vorsitzenden des Bundes Deutscher Veteranen (BDV) inne.

Autorenverzeichnis

Leutnant Jan-Philipp Birkhoff wurde 1990 in Kevelaer geboren und trat nach dem Erhalt seines Abiturs im Jahre 2010 als Offizieranwärter seinen Dienst in der 2./Offizieranwärterbataillon Idar-Oberstein an. Er nahm erfolgreich an den Verwendungslehrgängen teil. Leutnant Birkhoff hat ein Auslandstrimester in Israel absolviert und befindet sich derzeit im Studium der Geschichtswissenschaften an der HSU/UniBwH.

Oberleutnant Martin Böcker wurde 1981 in Werne an der Lippe geboren. Nach dem Erhalt seines Abiturs im Jahre 2005 trat er als Offizieranwärter im Panzerpionierbataillon 1 in Holzminden seinen Dienst an. Seine Ausbildung zum Offizier setzte sich in der Pionierschule München sowie der Luftlandepionierkompanie 260 in Saarlouis fort. Er absolvierte ein Studium der Staats- und Sozialwissenschaften an der UniBw München. Oberleutnant Böcker versieht seinen Dienst im Brigadestab der Panzergrenadierbrigade 37 in Frankenberg (Sachsen). Er ist Mitherausgeber des Buchbandes »Soldatentum. Auf der Suche nach Identität und Berufung der Bundeswehr heute«, der 2013 bei Olzog erschienen ist.

Hauptmann Marcel Bohnert wurde 1979 in Schwerin geboren. Nach dem Erhalt seines Abiturs 1997 trat er im selben Jahr als Unteroffizieranwärter in die Bundeswehr ein und wechselte später in die Offizierlaufbahn. Er war 1999/2000 Gruppenführer in der Task Force Zur im Kosovo sowie 2011/2012 Chef einer Infanteriekompanie in der Task Force Kunduz in Af-

ghanistan. Hauptmann Bohnert ist ausgebildeter UN-Militärbeobachter und wird ab 2015 für zwei Jahre am nationalen Generalstabslehrgang an der Führungsakademie der Bundeswehr in Hamburg teilnehmen. Er versieht seinen Dienst derzeit an der HSU/UniBwH und hat zahlreiche Beiträge zum Thema »Bundeswehr in Afghanistan« publiziert – u.a. hat er mit Björn Schreiber das Buchprojekt »Der unsichtbare Veteran. Kriegsheimkehrer in der deutschen Gesellschaft« für den Bund Deutscher Veteranen (BDV) initiiert. Sein Einsatzbericht »200 Tage Kunduz« ist online verfügbar.

Leutnant Diana Annbella Dänner wurde 1989 in Zielona Góra (Polen) geboren und trat nach dem Erhalt des Abiturs am Eurogymnasium Guben im Jahre 2008 als Offizieranwärter in die 2./Offizieranwärterbataillon Hammelburg in die Bundeswehr ein. Sie absolvierte alle Verwendungslehrgänge erfolgreich und befindet sich zurzeit im Studium der Politikwissenschaften an der HSU/UniBwH.

Leutnant Nathalie Marie Falkowski wurde 1991 in Dortmund geboren und trat nach dem Erhalt des Abiturs im Jahre 2011 als Offizieranwärter ihren Dienst in der 1./Offizieranwärterbataillon Munster an. Sie nahm erfolgreich an den Verwendungslehrgängen teil. Leutnant Falkowski befindet sich im Studium der Bildungs- und Erziehungswissenschaften an der HSU/UniBwH und absolviert derzeit ein Auslandstrimester an der Norwich University in Northfield, Vermont, USA.

Leutnant Danny Görs wurde 1992 in Röbel (Müritz) geboren und trat nach Erhalt des Abiturs im Jahre 2010 als Offizieranwärter seinen Dienst in der 1./Offizieranwärterbataillon Munster an. Er nahm erfolgreich an den Verwendungslehrgängen teil. Leutnant Görs befindet sich momentan im Studium der Bildungs- und Erziehungswissenschaften an der HSU/UniBwH.

Leutnant Karen Haak wurde 1986 in Halle an der Saale geboren. Nach dem Erhalt ihres Abiturs im Jahre 2006 absolvierte sie sowohl eine Ausbildung an der Kölner Journalistenschule als auch ein Studium der Volkswirtschaftslehre an der Albertus-Magnus-Universität zu Köln, welches sie mit dem akademischen Grad des Bachelor of Science abschloss. 2011 trat Leutnant Haak als Offizieranwärter in der Offizierschule der Luftwaffe Fürstenfeldbruck in die Bundeswehr ein. Sie ist Angehörige der Luftwaffensicherungstruppe und befindet sich derzeit im Studium der Politikwissenschaft an der HSU/UniBwH. Leutnant Haak ist Chefredakteurin der *Univok* und publizierte bereits im *Handelsblatt,* in der *Welt am Sonntag* und bei *bw.tv.*

Oberfeldwebel Marc Kuhn wurde als Wehrpflichtiger in die Panzergrenadiertruppe eingezogen. Als Wiedereinsteller und Feldwebelanwärter wechselte er für ein Jahr zur Jägertruppe, bevor er wieder ins PzGrenBtl 212 zurückkehrte. Nach absolvierter Ausbildung zum Panzergrenadierfeldwebel und Schützenpanzer-Kommandanten war er 2011 in der Task Force Kunduz in Afghanistan als Truppführer eingesetzt. Anschließend wechselte er die Laufbahn und befand sich von 2012 bis 2014 in der Offizierausbildung, die er aus

persönlichen Gründen während seines Studiums in Hamburg abgebrochen hat.

Leutnant Torben Andreas Mayer wurde 1987 in Worms geboren und trat nach dem Erhalt seines Abiturs im Jahre 2006 seinen Grundwehrdienst im Jägerbataillon 292 der D/F Brigade an, in welchem er sich in der Laufbahn der Mannschaften weiterverpflichtete. 2009 wechselte er in die Laufbahn der Offiziere und nahm erfolgreich an den Verwendungslehrgängen teil. Leutnant Mayer befindet sich derzeit im Studium der Politikwissenschaften an der HSU/UniBwH.

Hauptmann Hendrik Müller* wurde 1983 in Dortmund geboren und trat nach Erhalt seines Abiturs im Jahre 2003 als Offizieranwärter seinen Dienst in einem Panzerbataillon an. Er setzte seine Ausbildung zum Offizier in unterschiedlichen Einheiten fort. Hauptmann Müller absolvierte ein Studium der Politikwissenschaften an der HSU/UniBwH. Er nahm 2013 erfolgreich am Stabsoffizierlehrgang an der Führungsakademie der Bundeswehr teil. Derzeitig leistet Hauptmann Müller seinen Dienst innerhalb eines Divisionsstabes.

Leutnant Max Udo Pritzke wurde 1990 in Halle an der Saale geboren und trat nach dem Erhalt seines Abiturs im Jahre 2010 als Offizieranwärter seinen Dienst in der 1./Offizieranwärterbataillon Munster an. Er nahm erfolgreich an den Verwendungslehrgängen teil. Leutnant Pritzke befindet sich im Studium der Bildungs- und Erziehungswissenschaften an der HSU/UniBwH und absolvierte erfolgreich ein Auslandstrimester an der Universidad Pablo de Olavide, Sevilla, Spanien.

Leutnant Lukas Jonatan Reitstetter wurde 1989 in Witten geboren und trat nach dem Erhalt des Abiturs im Jahre 2009 als Grundwehrdienstleistender in die Bundeswehr ein. Nach erfolgter Übernahme als Offizieranwärter nahm er erfolgreich an den Verwendungslehrgängen teil und befindet sich momentan im Studium der Geschichtswissenschaften an der HSU/UniBwH. Aktiv diente er u.a. im Logistikbataillon 461, dem Panzergrenadierbataillon 391 sowie dem Panzergrenadierbataillon 212. An der HSU/UniBwH hat er u.a. den Posten des 2. Vorsitzenden der »Kameradschaft der Grenadiere« inne.

Leutnant Felix Maximilian Schuck wurde 1986 in Langen geboren und trat im Jahre 2007 als Wehrpflichtiger in die Bundeswehr ein. In den Jahren 2008/2009 befand er sich im Auslandseinsatz in Afghanistan. Nach seiner Rückkehr wechselte Leutnant Schuck in die Laufbahn der Offiziere. Er befindet sich momentan im Studium der Politikwissenschaften an der HSU/UniBwH und absolvierte bereits ein Auslandsstudium an der University of Glasgow, Schottland, Großbritannien mit dem Schwerpunkt »War Studies«.

Leutnant Florian Rotter (geb. Schulz) wurde 1987 in Frankfurt am Main geboren und trat nach dem Abitur und einem freiwilligem sozialen Jahr am 01.01.2010 als Wehrpflichtiger in die Bundeswehr ein. Nach seiner Grundausbildung in der Panzergrenadierbataillon 371 erfolgte die Vollausbildung zum Raketenkanonier MARS im Artilleriebataillon 295. Nach dem Wechsel in die Offizieranwärter-Laufbahn 2011 und dem Bestehen aller Lehrgänge befindet er sich derzeit im Studium der Geschichtswissenschaften an der HSU/UniBwH. Aktiv diente er u.a. im Artilleriebatail-

lon 295, dem Panzergrenadierbataillon 112 und dem Panzergrenadierlehrbataillon 92.

Oberleutnant Patrick Schmidt* wurde 1986 geboren. Er trat nach Erhalt seines Abiturs im Jahre 2006 zuerst als Grundwehrdienstleistender in die Bundeswehr ein und verrichtete seinen Dienst in einem Panzergrenadierbataillon. Kurz vor Ende seines Grundwehrdienstes entschloss er sich, in die Offizierlaufbahn zu wechseln. Er absolvierte seine Ausbildung zum Fallschirmjägeroffizier in unterschiedlichen Einheiten. Oberleutnant Schmidt studierte Bildungs- und Erziehungswissenschaften an der HSU/UniBwH. Zur Zeit ist er in der Stabskompanie eines Divisionsstabes eingesetzt.

Leutnant Kai Stefan Skwara wurde 1990 in Wolfenbüttel geboren und trat nach dem Erhalt seines Abiturs im Jahre 2010 als Offizieranwärter seinen Dienst in der 1./Offizieranwärterbataillon Munster an. Er nahm erfolgreich an allen Verwendungslehrgängen teil und befindet sich im Studium der Geschichtswissenschaften an der HSU/UniBwH. Dort hat Leutnant Skwara den Posten des stellvertretenden Vorsitzenden des »Freundeskreis der Panzertruppe an der Universität der Bundeswehr Hamburg e.V.« inne, einem Verein, der sich der Verbindung studierender Offiziere zu ihrer Truppengattung sowie der Identitätsstiftung verschrieben hat.

Leutnant Richard Paul Unger wurde 1990 in Berlin geboren und trat nach dem Erhalt seines Abiturs im Jahre 2010 als Offizieranwärter seinen Dienst in der 2./Offizieranwärterbataillon Munster an. Er nahm erfolgreich an den Verwendungslehrgängen teil. Leutnant Unger befindet sich momentan im Studium der Bildungs- und Erziehungswissenschaften an der HSU/UniBwH. Er absolvierte einen Teil seines bisherigen Studiums am Royal Military College of Canada. Zudem gründete er den Verein »Kameradschaft der Grenadiere«, deren Vorsitz er innehat. Die Vereinigung hat es sich zum Ziel gemacht, den studierenden Offizieren militärische Weiterbildung sowie die Verbindung zur Truppengattung zu ermöglichen.

Die Autorinnen und Autoren dieses Bandes danken dem Freundeskreis der Panzergrenadiertruppe e.V. (www.FKPG.de) und dem Freundeskreis Offiziere der Panzertruppe e.V. (www.Panzertruppe.com) für die Unterstützung dieses unabhängigen Projektes durch einen Druckkostenzuschuss.

Literaturhinweise

Die meisten Autorinnen und Autoren dieses Bandes treten mit »Armee im Aufbruch« erstmalig publizistisch in Erscheinung. Einige von ihnen und die Geleitwortautoren können jedoch schon auf eine Reihe von Veröffentlichungen zurückblicken. Anbei finden sich Hinweise auf eine Auswahl dieser Beiträge, deren Lektüre zu einem vertieften Verständnis ihrer persönlichen Sichtweisen beitragen kann.

Martin Böcker (2013): *Soldat und Partisan als Antibürger,* In: M. Böcker, L. Kempf & F. Springer (Hrsg.): *Soldatentum. Auf der Suche nach Identität und Berufung der Bundeswehr heute.* München: Olzog, S. 201-214.

Martin Böcker (2011). Wirkung geht vor Deckung. *Campus. Zeitschrift des Studentischen Konvents der Universität der Bundeswehr München, 2,* S. 7-9.

Marcel Bohnert (2014): Feinde in den eigenen Reihen. Zur Problematik von Innentätern in Afghanistan. *if. Zeitschrift für Innere Führung, 2,* S. 5-12.

Marcel Bohnert (2014): *Zur Notwendigkeit lagebezogener Einsatzregeln für Soldatinnen und Soldaten in Auslandsmissionen,* In: F. Forster, S. Vugrin & L. Wessendorff (Hrsg.): *Das Zeitalter der Einsatzarmee. Herausforderungen für Recht und Ethik.* Berlin: Berliner Wissenschafts-Verlag, S. 131-140.

Marcel Bohnert (2013): *Extremerfahrungen als Zerreißprobe. Zum Wandel der Streitkräftekultur durch den Einsatz in Afghanistan,* In: U. Hartmann & C. von Rosen (Hrsg.): *Jahrbuch Innere Führung 2013. Wissenschaften und ihre Relevanz für die Bundeswehr als Armee im Einsatz.* Berlin: Miles, S. 334-351.

Jan-Philipp Birkhoff (2014): Führen und geführt werden. *Univok. Zeitschrift des Studentischen Konvents der Helmut-Schmidt-Universität/Universität der Bundeswehr Hamburg, 1,* S. 23.

Johannes Clair (2012): *4 Tage im November. Mein Kampfeinsatz in Afghanistan.* Econ: Berlin.

Karen Haak (2013): Wenn ein Soldat nicht mehr Soldat sein will. *Univok. Zeitschrift des Studentischen Konvents der Helmut-Schmidt-Universität/Universität der Bundeswehr Hamburg, 3*, S. 24-27.

Karen Haak (2013): An den Erfordernissen der Einsätze ausgerichtet. *Bundeswehr aktuell, 14*, S. 6-7.

Jan Hecht (2013): Das Wertvollste an der Front. *Loyal. Magazin für Sicherheitspolitik, 3*, S. 12-15.

Jan Hecht (2012): Afghanistan mit vollem Einsatz. *Der Panzergrenadier, 1*, S. 5-9.

Lukas J. Reitstetter (2013): Vom HS 30 zum SPz Marder. Ein Schützenpanzer als Wendepunkt in der deutschen Rüstungspolitik. *Der Panzergrenadier, 2*, S. 40-44.

Artur Schwitalla (2010): *Afghanistan, jetzt weiß ich erst... Gedanken aus meiner Zeit als Kommandeur des Provincial Reconstruction Team FEYZABAD.* Berlin: Miles.

Artur Schwitalla (2011): Bundeswehrfamilien Munster e.V. *Der Panzergrenadier, 1,* S. 28-30.

Richard P. Unger & Marcel Bohnert (2015): Zu den Aktivitäten studierender Panzergrenadiere an der Universität der Bundeswehr Hamburg. *Der Panzergrenadier, 1* (in Erstellung).

Weitere Informationen und Kontaktmöglichkeit zu den Autoren:

www.Armee-im-Aufbruch.de

Diskutieren Sie auf Facebook:

 **#ArmeeimAufbruch**

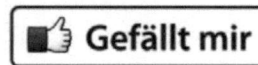

Verlagshinweise

Carola Hartmann Miles-Verlag

Politik, Gesellschaft, Militär

Rüdiger Schönrade, *General Joachim von Stülpnagel und die Politik,* Berlin 2007.

Uwe Hartmann, *Innere Führung. Erfolge und Defizite der Führungsphilosophie für die Bundeswehr,* Berlin 2007.

Dietrich Ungerer, *Militärische Lagen. Analysen – Bedrohungen – Herausforderungen,* Berlin 2007.

Klaus M. Brust, *Söldner – Ausverkauf der Exekutive,* Berlin 2007.

Ingo Werners, *Fahren, Funken, Feuern. Hinweise für die Einsatzvorbereitung,* Berlin 2010.

Peter Heinze, *Bundeswehr „erobert" Deutschlands Osten,* Berlin 2010.

Reinhard Schneider, *Neuste Nachrichten aus unseren Kolonien. Pressemeldungen von den Aufständen in Deutsch-Ostafrika und Deutsch-Südwestafrika 1905-1906,* Berlin 2010.

Dieter E. Kilian, *Politik und Militär in Deutschland. Die Bundespräsidenten und Bundeskanzler und ihre Beziehung zu Soldatentum und Bundeswehr,* Berlin 2011.

Hans Joachim Reeb, *Sicherheitskultur als kommunikative und pädagogische Herausforderung – Der Umgang in Politik, Medien und Gesellschaft, Berlin 2011.*

Reiner Pommerin (ed.), *Clausewitz goes global. Carl von Clausewitz in the 21st Century, Berlin 2011.*

Hans-Christian Beck, Christian Singer (Hrsg.), *Entscheiden – Führen – Verantworten. Soldatsein im 21. Jahrhundert,* Berlin 2011.

Dieter E. Kilian, *Adenauers vergessener Retter – Major Fritz Schliebusch,* Berlin 2011.

Ingo Pfeiffer, *Gegner wider Willen. Konfrontation von Volksmarine und Bundesmarine auf See,* Berlin 2012.

Eberhard Birk, Heiner Möllers, Wolfgang Schmidt (Hrsg.), *Die Luftwaffe zwischen Politik und Technik. Schriften zur Geschichte der Deutschen Luftwaffe, Bd. 2,* Berlin 2012.

Eberhard Birk, Winfried Heinemann, Sven Lange (Hrsg.), *Tradition für die Bundeswehr. Neue Aspekte einer alten Debatte,* Berlin 2012.

Holger Müller, *Clausewitz' Verständnis von Strategie im Spiegel der Spieltheorie,* Berlin 2012.

Dieter E. Kilian, *Kai-Uwe von Hassel und seine Familie. Zwischen Ostsee und Ostafrika. Militär-biographisches Mosaik,* Berlin 2013.

Angelika Dörfler-Dierken, *Führung in der Bundeswehr,* Berlin 2013.

Peter Heinze, *Berliner Militärgeschichten,* Berlin 2013.

Cornelia Fedtke, Kai-Uwe Hellmann, Jan Hörmann, *Migration und Militär. Zur Integration deutscher Soldaten mit Migrationshintergrund in der Bundeswehr,* Berlin 2013.

Torsten Konopka, *Afrikanische Wehrsysteme und ihre Entwicklung zwischen 1990/91 und 2011,* Berlin 2014.

Ingo Pfeiffer, *Seestreitkräfte der DDR,* Berlin 2014.

Wolf Graf von Baudissin, *Grundwert Frieden in Politik – Strategie – Führung von Streitkräften,* hrsg. von Claus von Rosen, Berlin 2014.

Wolf Graf von Baudissin, *Der Widerstand. „... um nie wieder in die auswegslose Lage zu geraten...",* hrsg. von Claus von Rosen, Berlin 2014.

Marcel Bohnert, Lukas J. Reitstetter (Hrsg.), *Armee im Aufbruch. Zur Gedankenwelt junger Offiziere in den Kampftruppen der Bundeswehr,* Berlin 2014.

Reihe: Jahrbuch Innere Führung

Uwe Hartmann, Claus von Rosen, Christian Walther (Hrsg.), *Jahrbuch Innere Führung 2009. Die Rückkehr des Soldatischen,* Eschede 2009.

Helmut R. Hammerich, Uwe Hartmann, Claus von Rosen (Hrsg.), *Jahrbuch Innere Führung 2010. Die Grenzen des Militärischen,* Berlin 2010.

Uwe Hartmann, Claus von Rosen, Christian Walther (Hrsg.), *Jahrbuch Innere Führung 2011. Ethik als geistige Rüstung für Soldaten,* Berlin 2011.

Uwe Hartmann, Claus von Rosen, Christian Walther (Hrsg.), *Jahrbuch Innere Führung 2012. Der Soldatenberuf zwischen gesellschaftlicher Integration und suis generis-Ansprüchen,* Berlin 2012.

Uwe Hartmann, Claus von Rosen (Hrsg.), *Jahrbuch Innere Führung 2013. Wissenschaften und ihre Relevanz für die Bundeswehr als Armee im Einsatz,* Berlin 2013.

Uwe Hartmann, Claus von Rosen (Hrsg.), *Jahrbuch Innere Führung 2014. Drohnen, Roboter und Cyborgs - Der Soldat im Angesicht neuer Militärtechnologien,,* Berlin 2014.

Einsatzerfahrungen

Kay Kuhlen, *Um des lieben Friedens willen. Als Peacekeeper im Kosovo,* Eschede 2009.

Sascha Brinkmann, Joachim Hoppe (Hrsg.), *Generation Einsatz, Fallschirmjäger berichten ihre Erfahrungen aus Afghanistan,* Berlin 2010.

Artur Schwitalla, *Afghanistan, jetzt weiß ich erst… Gedanken aus meiner Zeit als Kommandeur des Provincial Reconstruction Team FEYZABAD,* Berlin 2010.

Heinz Dietrich Minkewitz, *Aus dem Tagebuch eines Nachrichtensoldaten,* Berlin 2014.

Erinnerungen

Blue Braun, *Erinnerungen an die Marine 1956-1996,* Berlin 2012.

Harald Volkmar Schlieder, *Kommando zurück!,* Berlin 2012.

Harald Volkmar Schlieder, *Opa Willy. 1891 Dresden – 1958 Miltenberg. Von einem, der aufsteigen wollte. Eine sächsisch-deutsche Lebensgeschichte in Frieden und Krieg,* Berlin 2012.

Harald Volkmar Schlieder, *Mein Vater – Musiker und Offizier. 1918 Dresden – 1998 Miltenberg,* Berlin 2013.

Reinhart Lunderstädt, *Aus dem Leben eines Hochschullehrers. Persönlicher Bericht,* Berlin 2012.

Wulf Beeck, *Mit Überschall durch den Kalten Krieg. Mein Leben für die Marine,* Berlin 2013.

Jan Becker, *Aufgewühltes Wasser,* 3 Bde., Berlin 2014.

Heinz Dietrich Minkewitz, *An einem Sonnabend im Oktober,* Berlin 2014.

Klaus Grot, *So war's, damals. Dienstchronik eines Pionieroffiziers im Kalten Krieg 1954-1991,* Berlin 2014.

Monterey Studies

Uwe Hartmann, *Carl von Clausewitz and the Making of Modern Strai* Potsdam 2002.

Zeljko Cepanec, *Croatia and NATO. The Stony Road to Membership,* Potsdam 2002.

Ekkehard Stemmer, *Demography and European Armed Forces,* Berlin 2006.

Sven Lange, *Revolt against the West. A Comparison of the Current War on Terror with the Boxer Rebellion in 1900-01,* Berlin 2007.

Klaus M. Brust, *Culture and the Transformation of the Bundeswehr,* Berlin 2007.

Donald Abenheim, *Soldier and Politics Transformed,* Berlin 2007.

Michael Stolzke, *The Conflict Aftermath. A Chance for Democracy: Norm Diffusion in Post-Conflict Peace Building,* Berlin 2007.

Frank Reimers, *Security Culture in Times of War. How did the Balkan War affect the Security Cultures in Germany and the United States?,* Berlin 2007.

Michael G. Lux, *Innere Führung – A Superior Concept of Leadership?,* Berlin 2009.

Marc A. Walther, *HAMAS between Violence and Pragmatism,* Berlin 2010.

Frank Hagemann, *Strategy Making in the European Union,* Berlin 2010.

Ralf Hammerstein, *Deliberalization in Jordan: the Roles of Islamists and U.S.-EU Assistance in stalled Democratization,* Berlin 2011.

Ingo Wittmann, *Auftragstaktik,* Berlin 2012.

Uwe Hartmann, *War without Fighting? The Reintegration of Former Combatants in Afghanistan seen through the Lens of Strategic Thought,* Berlin 2014.

Neue Reihe: Standpunkte und Orientierungen

Daniel Giese, *Militärische Führung im Internetzeitalter – Die Bedeutung von Strategischer Kommunikation und Social Media für Entscheidungsprozesse, Organisationsstrukturen und Führerausbildung in der Bundeswehr,* Berlin 2014.

www.miles-verlag.jimdo.com